Thanos Vlekas

PAVLOS KALLIGAS

Thanos Vlekas

Roman aus der Zeit
des jungen griechischen Staates

GROSSER PREIS
DES GRIECHISCHEN ÜBERSETZVERBANDES
FÜR DIE BESTE LITERARISCHE ÜBERSETZUNG 2015

Aus dem Griechischen
von Dieter Motzkus

Mit einem Vorwort
von Thomas Plaul und Dieter Motzkus

AIORA

Dieter Motzkus, geb. 1937 in Königsberg. Studium der Klass. Philologie, Byzantinistik, Neogräzistik, Promotion in Hamburg. Lehrer in Göttingen, Addis Abeba und Athen. Seine Übersetzung von Thanassis Petsalis-Diomidis' „Die Glocke der Hagia Triada" (2009) stand 2010 auf der Shortlist des Staatspreises für Übersetzungen neugriechischer Literatur. Im 2016 ist er in Göttingen gestorben.

Thomas Plaul, geb. 1961 in Mainz. Studium der Germanistik, Philosophie und Theater-, Film- und Fernsehwissenschaften in Frankfurt am Main. Lange Jahre Mitarbeiter des Funkkollegs, arbeitet seit über 20 Jahren als Literaturkritiker und -dozent sowie als Lektor, Textredakteur und Radiomoderator. Lebt in Brüssel und Frankfurt am Main.

Die Abbildung des Autors Pavlos Kalligas stammt aus dem Privatbesitz seines Urenkels Pavlos Kalligas. Ihm sei herzlichst gedankt für die Überlassung des Bildes.

Titel des Originals: Θάνος Βλέκας

© Aiora Press 2013
Alle Rechte vorbehalten

Zweite, überarbeitete Auflage, 2014

ISBN : 978-618-5048-10-5

AIORA PRESS
Mavromichali 11
10679 Athen
Griechenland
Tel: +30 210 3839000
www.aiora.gr

Inhalt

Vorwort

Der Roman „Thanos Vlekas"
und sein Autor Pavlos Kalligas

> *„Autorität wie Vertrauen werden durch nichts mehr*
> *erschüttert als durch das Gefühl, ungerecht behandelt zu*
> *werden."*
>
> Theodor Storm

Dieser Satz des demokratisch gesinnten und engagierten deutschen Juristen und Schriftstellers Theodor Storm (1817–1888) könnte ohne Weiteres auf den Roman „Thanos Vlekas" des griechischen Juristen und Schriftstellers Pavlos Kalligas (1814–1896) übertragen werden, geht es darin doch u.a. um das „erschütterte" Vertrauensverhältnis zwischen dem jungen, 1830 gegründeten Staat Griechenland und seinen Bürgern. Zumal die Folgen dieser frühen „Erschütterung" auch in der Gegenwart noch deutlich zu spüren sind. Denn auch heute noch wird der griechische Staat von vielen Menschen im Land nicht als politische Autorität anerkannt, und das Vertrauen in seine Institutionen ist äußerst gering – eben auch deshalb, weil dieser Staat im Laufe der knapp zwei Jahrhunderte seines Bestehens bei den Griechen viel zu oft das „Gefühl, ungerecht behandelt zu werden" hervorgerufen und bestätigt hat.

Die demokratische Gesinnung ist indes nicht die einzige Gemeinsamkeit zwischen Theodor Storm, einem der

bekanntesten Dichter des deutschen Realismus, und Pavlos
Kalligas. So sind ihre Lebensdaten nahezu gleich, beide
übten den Beruf des Juristen in hohen Ämtern aus und ihre
demokratische Grundeinstellung schlug sich mehr oder
weniger direkt auch in ihrem literarischen Werk nieder.
Freilich waren die historischen Hintergründe und gesellschaftspolitischen Rahmenbedingungen, vor bzw. in denen
sie agierten, völlig verschieden: Während der Schleswig-
Holsteiner Storm sich in seinem Leben vehement und in
seinem Werk poetisch verfremdet für demokratische
Grundrechte einsetzte, darunter auch für das Selbstbestimmungsrecht seiner Landsleute gegenüber Dänemark und
Preußen, machte der Grieche Kalligas in den Strukturen
und im Handeln des drei Jahre nach dem Freiheitskrieg
gegen das Osmanische Reich (1821–1827) neu gegründeten Hellas einige Ungerechtigkeiten aus. Und da er dies in
seinem Roman „Thanos Vlekas" drastisch zur Darstellung
bringt, gilt dieser als der erste sozialkritische Roman der
neugriechischen Literatur. Doch anders als Storm, der eine
Vielzahl von Prosatexten (am bekanntesten wohl die No-
velle „Der Schimmelreiter") und Gedichte schrieb, ver-
fasste Pavlos Kalligas mit „Thanos Vlekas" nur ein einziges
literarisches Werk, das mit dieser Ausgabe zum ersten Mal
in einer deutschen Übersetzung vorliegt.

Pavlos Kalligas wurde 1814 als Sohn eines vermögen-
den griechischen Geschäftsmannes in Smyrna geboren,
dem heutigen Izmir. Bei Ausbruch des Freiheitskampfes
der Griechen gegen die Türken 1821 in Griechenland floh
die Familie nach Triest; Pavlos Kalligas ging dort und später auch in Venedig und Genf zur Schule. Nach seinem
Schulabschluss kehrte er nach Triest zurück und arbeitete
im Geschäft seines Vaters mit. Nach dessen Tod studierte

Pavlos Kalligas von 1833–1837 in München, Berlin und Heidelberg Jura, Philosophie und Geschichte. Nachdem er in Heidelberg promoviert hatte, kehrte er nach Griechenland zurück und war in Athen sowohl an der Universität als Professor für Römisches und Internationales Recht sowie Rektor als auch als Rechtsanwalt und Staatsanwalt beim Areopag, dem höchsten griechischen Gericht, tätig. Politisch bekleidete er jeweils für kurze Zeit die Ämter des Finanz-, Justiz- und Außenministers. Von 1890 bis zu seinem Tod 1896 wirkte er als Direktor der Griechischen Nationalbank in Athen.

Publiziert hat Pavlos Kalligas eine Vielzahl von juristischen Abfassungen, zudem einige Schriften zur Byzantinischen Geschichte. Sein einziger Roman, „Thanos Vlekas", erschien 1855/56 zunächst in Fortsetzungen in einer Literaturzeitschrift, erst drei Jahrzehnte später wurde er in Buchform veröffentlicht.

Die Bedeutung dieses selbst in Griechenland heute nur noch wenig bekannten Romans ist vielfältig. Bis in die Jahre seines Erscheinens hinein dominierte in der griechischen Literatur ein romantisierender und verherrlichender Blick auf die Historie des Landes, wobei mit dieser Vergangenheitsglorifizierung durchaus auch von den gesellschaftlichen Schwierigkeiten des Landes Mitte des 19. Jahrhunderts abzulenken versucht wurde.

Anders „Thanos Vlekas": In seinem Roman nimmt Pavlos Kalligas explizit die verwickelte politische Struktur und problembeladene soziale Realität des neuen griechischen Staates kritisch ins Visier, ohne die Menschen und ihre Mentalität zu vergessen, die eine Gesellschaft mitformen. Dazu gehörten u.a. die missliche Lage der Bauern und die Ungerechtigkeiten, die bei der Verteilung des von den Türken übernommenen Landes geschahen; Ungerechtigkeiten, für die der griechische Staat verantwortlich zeichnete, in dessen Besitz sich jener Grund und Boden seit der Unabhängigkeit vom Osmanischen Reich befand. Denn aufgrund von korrupten Strukturen in den Verwaltungen und den vielen „Schlupflöchern im Rechtssystem", wie Kalligas in „Thanos Vlekas" einmal schreibt, gelang es den mittellosen Bauern in dieser Zeit nur in seltenen Fällen, zu Landbesitz zu kommen; sie blieben Abhängige, wie schon zu Zeiten des Osmanischen Reichs. Darüber hinaus porträtiert Kalligas in seinem Roman einige, seiner Ansicht nach wohl besonders besorgniserregende Phänomene der griechischen Gesellschaft. Dazu gehören etwa das ausgeprägte System von Beziehungen im Sinne von gegenseitigen Verpflichtungen, die nahezu selbstverständliche Korruption im täglichen Leben (bes. die „fakelakia"; womit jene „kleinen Umschläge" mit Geldbeträgen gemeint sind, die man etwa Beamten, Ärzten und Rechtsanwälten zusteckt, damit diese sich eines Anliegens überhaupt annehmen), die Leichtgläubigkeit der breiten, ungebildeten Masse, das Fehlen einer unabhängigen Presse, die viel zu langsam mahlenden Mühlen der Gerichtsbarkeit und die überhaupt kaum vorhandene juristische Sicherheit, die schreienden Ungerechtigkeiten des Steuerwesens sowie die Geldverschwendung des Staates und nicht zuletzt die rasant steigende Anzahl von Staatsdienern, die ohne eigentliche Aufgabe und zudem besonders korruptionsanfällig sind.

Dieses kritische Potenzial des Romans „Thanos Vlekas" sorgte bei seinem Erscheinen für Aufregung und Verwunderung. Nicht nur wegen der darin geübten scharfen Kritik an den Verhältnissen im Land, sondern auch, weil Pavlos Kalligas als Verfasser dieser Anklage ein hoch geachteter

Vertreter des politischen Establishments des neuen griechischen Staates war. Wobei sich nur mutmaßen lässt, weshalb Kalligas die Schwächen dieses jungen Staates so sehr anprangerte. Möglicherweise war er im Verlauf seiner juristischen Tätigkeit nicht selten mit den reformbedürftigen sozialen Verhältnissen gerade der ärmeren Landbevölkerung konfrontiert worden und stand den Ursachen dafür kritisch gegenüber. Und aus seinen juristischen Schriften lässt sich erkennen, welche Bedeutung er etwa dem Gemeinsinn beimaß, einer Eigenschaft, an der es in der griechischen Gesellschaft offenbar mangelte und die in seinem Roman als Motiv eine wichtige Rolle spielt. Der Grund wiederum, weshalb Kalligas für seine heftige Kritik an den Verhältnissen die Form eines Romans wählte, der Fiktion und Verfremdung also, mag ebenfalls seiner gesellschaftlichen Position geschuldet sein: vermutlich wollte er so dem Vorwurf eines Nestbeschmutzers entgehen. Für diese Vermutung sprechen auch die Hinweise darauf, dass sich Kalligas in späteren Jahren nur ungern zu dem Roman äußern wollte.

Überraschend ist „Thanos Vlekas" von Pavlos Kalligas indes nicht nur aus (literar)historischer Sicht. Denn seine Analyse der damaligen gesellschaftspolitischen Zustände des jungen Griechenlands ist von erstaunlicher Aktualität! Das meiste von dem, was Kalligas seinerzeit am griechischen Staat und an der griechischen Gesellschaft bemängelte, ist auch gegenwärtig noch fest darin verankert. Tragen doch bis heute die Korruption im Alltag, die Günstlingswirtschaft, der stark aufgeblähte und schwerfällige Behördenapparat, aber auch der nach wie vor nicht besonders ausgeprägte Gemein- bzw. Bürgersinn erheblich zur insgesamt maroden Verfassung des Staates bei und damit auch zu jener Krisensituation, die seit 2010 das Land fest im Griff hat und dies noch viele Jahre tun wird (ohne die anderen für diese Situation verantwortlichen, nicht-griechischen und systemischen Gründe unter den Tisch fallen zu lassen, schließlich ist die Griechenlandkrise eingebettet in eine komplexe internationale Wirtschafts-, Banken- und Staats- sowie Staatsschuldenkrise). Insofern zeigt die Lektüre dieses Romans auch, dass einige der Ursachen für den derzeitigen prekären Zustand des Landes historische Dimensionen haben.

Der Roman selbst, der wenige Jahre nach der Gründung des griechischen Staates 1830 spielt, kleidet seine Kritik an den Verhältnissen im Lande in die tragische Geschichte zweier Brüder, die im Grunde die Prinzipien Gut und Böse personifizieren. Die titelgebende Hauptfigur ist der junge Bauer Thanos Vlekas, der in der Nähe der (heute) mittelgriechischen Stadt Lamia in der Landschaft Phthiotis an der Grenze zwischen dem neuen griechischen Staat und dem noch türkischen Thessalien einen kleinen Bauernhof führt und sich redlich bemüht, seine wirtschaftlichen Grundlagen zu verbessern. Von ganz anderer Art ist sein Bruder Tassos: Den zeichnet Kalligas als einen egoistischen und gerissenen Draufgänger, der in jeder Situation seinen Vorteil sucht – auch weil er sich ohne moralische Skrupel sowohl mit Verbrechern als auch Politikern und Karrieristen wie etwa dem rücksichtslosen Japetos zusammenschließt. In seiner Gier nach Macht, Anerkennung und Reichtum macht er selbst vor seinem eigenen Bruder nicht Halt: gewissenlos instrumentalisiert Tassos den gutmütigen Thanos für seine Zwecke und beschwört so den tragischen Ausgang der Geschichte herauf.

Daneben arbeitet Pavlos Kalligas in seinen Roman noch

weitere Themen ein. So reflektiert er in vielen Dialogen z.B. die Aufgaben, die ein gerechtes und modernes Staatswesen erfüllen müsste, oder den bis in die zweite Hälfte des vergangenen Jahrhunderts virulenten Sprachenstreit Griechenlands. Gestritten wurde seinerzeit darüber, ob die im Laufe von Jahrhunderten gewachsene Volkssprache „Dimotiki" oder die künstliche, weil antikisierende Reinsprache „Katharevousa" offizielle Sprache der griechischen Nation sein sollte. Träger der meisten dieser sehr lebendig geschilderten und auch heute noch bzw. heute gerade wieder spannend zu verfolgenden politischen wie kulturellen Diskussionen sind u.a. der von der Antike begeisterte Lehrer Hephaistides, der kluge orthodoxe Priester Papa-Jonas, der von humanen Ideen geleitete Thessalier Nikos Ayfandis oder jener modern denkende calvinistische Pfarrer aus den Vereinigten Staaten, der in einer der bemerkenswertesten Gesprächsszenen des Romans seinen Auftritt hat. Die meisten dieser Figuren hat Pavlos Kalligas mit einigem psychologischem Einfühlungsvermögen und gelegentlich mit einer feinen Ironie geschildert, was seinem Roman „Thanos Vlekas" Tiefe und Leichtigkeit zugleich verleiht.

Thomas Plaul
Dieter Motzkus
September 2013

1
Die Hütte des Thanos

Während des Sommers machten sich der Lehrer der *Griechischen Schule*, Georgios Hephaistides, und der Gemeindepriester Papa-Jonas oft zu früher Stunde von Lamia aus zu einem Spaziergang auf. Er führte sie zur Hütte des Bauern Thanos Vlekas, der für seinen Fleiß und seine umgängliche Art bekannt war und von allen geschätzt wurde, die ihn kannten, besonders aber von diesen beiden ehrwürdigen Männern. Der junge Bauer, der als Pächter einen Teil der ausgedehnten Ländereien eines Großgrundbesitzers bewirtschaftete und an diesen stets exakt jenes Maß ablieferte, das er abliefern musste, hatte sich in kurzer Zeit von dem, was für ihn übrig blieb, eine kleine Ziegenherde angeschafft, die ihn mit Butter versorgte. Bei seiner Arbeit wurde er von seiner alten Mutter unterstützt, und in diesen Tagen erwartete er von der diesjährigen Ernte den Lohn für seine vielen Mühen, eben in Form seines Anteils.

Unser guter Thanos saß gerade nachdenklich und niedergeschlagen vor seiner Hütte. Er hatte schon vor vielen Tagen sein Getreide geerntet und die Garben auf dem Dreschplatz aufgestellt. Nun wartete er darauf, dass die Steuereinnehmer das Abgabemaß festlegten, konnte er doch erst danach sehen, was für ihn selbst von der Ernte übrigbleiben würde. Aber die Steuereinnehmer waren offensichtlich woanders beschäftigt. Die Ernte war den Umständen entsprechend gut, und Thanos überlegte, dass nach der Bezahlung der Pacht an den Großgrundbesitzer und einer Rücklage für ihn selbst, mit der er das Saatgut des nächsten Jahres und das bezahlen würde, was er für sich selbst benötigte, dass also nach all diesen Ausgaben wohl noch einiges Getreide zum Verkauf übrig bleiben könnte. Er plante nämlich eigene Pflugstiere zu kaufen, damit er nicht warten musste, bis die Nachbarn, die Rinder zum Pflügen besaßen und von denen er sich die Tiere bisher immer ausgeliehen hatte, mit ihren Arbeiten fertig waren. So lief er nämlich stets Gefahr, den richtigen Zeitpunkt für die Pflugarbeiten zu verpassen. Einen Pflug hatte er sich bereits von den Überschüssen des Vorjahres gekauft, aber für Rinder hatte es noch nicht gereicht. Die Ziegen hatte er vor zwei Jahren vor allem deshalb erstanden, um das ganze Jahr über Käse herstellen zu können. Doch der Unterhalt von Rindern hätte damals seine Kräfte überstiegen, zumal sie den größeren Teil des Jahres für ihn nutzlos gewesen wären. Jetzt aber war es soweit, deshalb wartete er immer ungeduldiger darauf, dass die Pachtabgaben festgelegt wurden. So also gab er sich mit Eifer seinen bäuerlichen Tätigkeiten hin und vermehrte wie eine emsige Ameise unter vielen Entbehrungen und Mühen jedes Jahr ein wenig seinen Besitz.

In dieser Zeit erreichte leider das Räuberunwesen im Lande wie eine Verderben bringende Epidemie ihren Höhepunkt, sodass die Regierung aus ihrer Untätigkeit aufgeschreckt wurde und einen geeigneten Gendarmeriehauptmann entsandte, um durch strenge Verfolgungsmaßnahmen das Übel auszumerzen. Der Besuch des Lehrers und des Priesters war insofern in doppelter Hinsicht für

unseren arbeitsamen Bauern willkommen. So nämlich
konnte er nicht nur erfahren, wo sich die Steuereinnehmer
befanden, sondern auch, ob der vor kurzem neu einge-
setzte Gendarmeriehauptmann geeignete Maßnahmen ergriff, damit wieder Ruhe und Sicherheit einkehrten. Die
beiden morgendlichen Spaziergänger ließen sich jedenfalls
nicht durch die von den Räubern ausgehende Gefahr von
ihrem Besuch bei Thanos abhalten, weil sie zu den Personen gehörten, die selbst von diesen Räubern noch geachtet
wurden.

Wie Thanos selbst erwartete auch seine Mutter sehn-
süchtig den Besuch der beiden Alten, allerdings aus anderen Gründen. Sie hatte außer diesem arbeitsamen Sohn
noch einen anderen, älteren, der bei den Soldaten war. Allerdings war dieser nicht über den unbedeutenden Dienst-
grad eines Leutnants hinausgekommen und wurde immer
nur in der Reserve eingesetzt, wie auch jetzt, obwohl er bereits lange Dienst tat; all das hatte wohl mit seinem lieder-
lichen Lebenswandel zu tun. Die Mutter liebte ihn dennoch über alle Maßen, allein schon deshalb, weil er dem
Beruf seines Vaters nachging, der während des Freiheitskampfes auf dem Schlachtfeld gefallen war. Weil Tassos
– so sein Name – sich darüber ärgerte, dass er nicht entsprechend der Verdienste seines Vaters befördert wurde,
schloss er sich von Zeit zu Zeit den Räubern an, mit denen
er sowieso dauernd in Verbindung stand. Sein reichlich
kühner Plan war gewesen, sich von der Staatsmacht festsetzen zu lassen, um kurz darauf in den Genuss einer der
vielen Amnestien dieser Zeit zu kommen und dann in der
Behörde, die ihn freisetzen würde, Karriere zu machen. Ein
Plan, der sich allerdings nicht erfüllte.

Dies indes verstärkte noch die Liebe seiner Mutter zu

ihm, die seine Verärgerung über die bislang ausgebliebene
Beförderung teilte und an das Leben ihres Mannes dachte,
der, ähnlich wie Tassos, einst den türkischen Behörden
seine Dienste angeboten hatte. Zwar wusste sie, dass Tassos
gerade in diesen Wochen wieder mit der Räuberbande unterwegs war, Thanos sagte sie freilich nichts davon. Der
nämlich empfand Mitleid für seinen Bruder, obwohl Tassos
auf ihn wegen seines sklavenähnlichen und mühseligen Lebens herabblickte. Über all dies sprach Thanos allerdings
nicht mit seiner Mutter, schlicht, weil sie bei diesem Thema
stets anderer Meinung war.

All das führte dazu, dass die Mutter sowohl wegen der
Ankunft des neuen Gendarmeriehauptmanns als auch der
Verstärkung der bewaffneten Kräfte beunruhigt war. Sie
hoffte, von dem Priester, mit dem allein sie im Vertrauen
über ihren Lieblingssohn sprach, zu erfahren, wie es Tassos
ging. Während sie ihre morgendlichen Arbeiten erledigte,
ging sie daher häufig zur Hüttentür, erwähnte Thanos gegenüber aber nichts. Der saß gedankenverloren neben der
Tür und blickte Richtung Stadt, von woher die beiden Alten
kommen sollten.

Thanos war es denn auch, der die beiden langsam nä-
herkommen sah. Er sagte seiner Mutter, dass sie den Kaffee
für den Empfang vorbereiten solle.

Hephaistides und Papa-Jonas, fast gleichaltrig, waren
glühende Verehrer der antiken griechischen Literatur, über
die zu unterhalten sie nicht genug bekommen konnten. Besonders Hephaistides, der Anfang des Jahrhunderts Schüler von *Lambros Photiades* in Bukarest gewesen war, ver-
ehrte diesen mehr als alle anderen Lehrer. Daher urteilte
er oft ungerecht über die Zeitgenossen des Photiades und
machte dabei sogar vor *Neophytos Doukas* nicht halt, ob-

wohl der über die griechische Antike ganz ähnliche Ansichten vertrat wie Photiades, Hephaistides sah in ihm jedoch
lediglich einen Nachahmer von Photiades. Alle Erklärun-
gen zu *Thukydides*, so behauptete er, denen man von *Poppo*
bis Doukas begegnete, stammten von Photiades, der hellen
Leuchte des antiken Griechentums, der aber so bescheiden
gewesen sei, nie etwas selbst zu publizieren. Deshalb hätten
sich viele Krähen in die Lüfte erhoben, die mit Hilfe von
Photiades Flügel fliegen würden. Ironisch sprach er von den
„Pygmäen" der neueren Zeit, und wenn er hörte, dass irgendeiner von Photiades' Zeitgenossen gelobt wurde, kom-
mentierte er dies ärgerlich mit den Worten: „Der ist ein
Narr mit dem Gehirn eines Wirrkopfes." Dieses Urteil
dehnte er auch auf alle neueren Reformen aus, die in großer
Menge von der Königlichen Regierung Griechenlands für
die Bildung der Menschen und der Gesellschaft eingeführt
worden waren und die er alle mit derselben Geringschät-
zung als Erfindungen der Dummheit ansah.

Als er vor dem Beginn des Freiheitskampfes einige
Jahre in Wien lebte, hatte Hephaistides lediglich die euro-
päische Kleidung von dort übernommen. Die deutsche
Sprache zu lernen, sah er als unnötig an.

Für die meisten seiner Ansichten und besonders für die
über die antike griechische Literatur fand er in Papa-Jonas
einen Gleichgesinnten, obwohl dieser lange nicht so viel
davon verstand wie Hephaistides und überhaupt nur noch
bruchstückhafte Erinnerungen daran aus der Zeit besaß,
als er Diakon des Bischofs von *Selybria* in Konstantinopel
gewesen war. Bei dem waren viele Gelehrte, besonders aus
dem *Patriarchat*, ein- und ausgegangen, gesprochen wurde
damals über viele unterschiedliche Themen. Umso mehr
bewunderte Papa-Jonas Hephaistides und genoss es, sich

mit ihm zu unterhalten. Oder besser, er lieh dessen weitschweifiger Geschwätzigkeit sein aufmerksames Ohr.

So wie es gewöhnlich geschah, bevor er sich mit einem Thema beschäftigte, begann Hephaistides auch an diesem Morgen mit einer Vorrede, während sie zur Hütte des Thanos unterwegs waren, und ließ sich wieder einmal kritisch über die neue Bildung aus.

„Mein lieber Jonas", sagte er, „heute bin ich guter Stimmung, wenn ich an das Pech des jungen Dreimalklugen aus Athen denke, der jüngst zur Inspektion der Griechischen Schulen in der Provinz gekommen ist. Wir trafen uns im Haus des *Nomarchen*, wo viele versammelt waren und er ununterbrochen über Methode, Grammatik, das Verfassen von Aufsätzen und die allgemeine Bildung schwadronierte. Ich hörte ihm lange gelassen zu, auch wenn jedes seiner Worte Anlass genug dafür war, dass sich mein Magen umdrehte. Schließlich ergriff auch ich das Wort:

‚Ihr in Athen‘, sagte ich zu ihm, ‚fabuliert, denkt euch etwas aus und stiftet mit euren neuen Sprachformen Unruhe, in denen ihr in Wirklichkeit nur neue und alte vermischt. Und während ihr die Bildung erneuern wollt, richtet ihr die alte zugrunde. Ich habe genug davon, in meinem Alter über Sprache und Dialekte zu streiten, ob die neue eine Beschönigung der Verschlechterung durch eine neue Verschlechterung, ein Zwitterwesen und damit weder die alte noch die neue, sondern eine Art Durchmischung von Altem ist, oder ob ein neuer Schössling, der aus den Resten des Altertums ausgetrieben hat und, durch die eifrige Pflege der Gelehrten verunreinigt und mit der Wurzel ausgerissen, heute anwachsen und blühende sowie ausladende Zweige hervorbringen kann. Meiner Meinung nach müssen wir einzig und allein die Alten richtig verstehen, denn ohne das gibt es keinen Fortschritt! Mal angenommen, ich bitte dich, mir den folgenden Vers aus Homers ‚Odyssee‘ zu erklären, den Odysseus zu Antinoos spricht, als dieser ihn vom Tisch der Freier verjagen will: ‚Bestimmt würdest du einem, der mit einer Bitte an dich herantritt, auch von deinem eigenen Gut nicht ein Körnchen Salz geben‘.

Der kluge Mann aus Athen lächelte nur müde über eine derart leichte Frage und hatte, ohne zu merken, dass er in eine Falle tappte, sofort eine Deutung für den Vers bereit. Da er in diesem Vers aber nur die in der neuen griechischen Sprache übliche Wortbedeutung und nicht die alte homerische erkannte, konnte ich ihm leicht beweisen, dass seine Erklärung des Verses keinerlei Sinn ergab. Nun war es an mir, nicht nur zu lächeln, sondern in lautes Gelächter auszubrechen, und auch die, die dabei standen, lachten laut, als sie bemerkten, dass der Freund auf die falsche Fährte geraten war. Der kluge Herr bemerkte die Falle und versuchte, ihn mit der Bemerkung zu korrigieren, dass seine Erklärung des Wortes auch schon bei den Alten vorkomme und ich zu spitzfindig und überhaupt lästig wie eine Bremse sei. ‚Je nachdem‘, antwortete ich ihm. Da siehst du, Papa-Jonas, was für Leute heute die Würde und das Recht haben, für uns Regeln aufzustellen.“

Der Priester freute sich sehr über die Lektion, die Hephaistides dem jungen Gelehrten erteilt hatte, aber er machte sich auch über die Folgen Gedanken.

„Mein lieber Freund, er ist von der Regierung angestellt und verpflichtet, auch über deine Schule Bericht zu erstatten.“

Aber Hephaistides verschwendete an derartige Dinge keine Gedanken, weil sein Stolz, was die Wissenschaft anbelangte, jedes andere Gefühl übertraf.

„Du meinst", sagte er, „dass er mir den bittersüßen Trank meiner Entlassung kredenzen will? Ich glaube schon, dass er dazu in der Lage ist, aber das kümmert doch *Hippokleides* nicht."

Mit solchen Gesprächen näherten sie sich der Hütte von Thanos, der ihnen entgegen kam, um sie zu begrüßen. Zuerst küsste er ehrfürchtig die rechte Hand des Priesters und empfing dessen Segen, dann erwiderte er den Gruß des Hephaistides.

Die Hütte von Thanos lag auf einem Hügel, von dem aus die Stadt Lamia allerdings nicht zu sehen war, weil sich hinter der Vertiefung eine andere Anhöhe erhob, die den Blick versperrte. Allein die Hütte erhob sich also aus der weiten Ebene, und der Blick des Betrachters traf auf der einen Seite die hohen Gipfel des *Oite*-Gebirges und auf der anderen die des *Othrys*, zwischen denen unter den Strahlen des prächtigen Sonnenaufgangs der *Maliakische Golf* wie ein See schimmerte. Neben der Hütte stand ein Brunnen im Schatten einer Pappel, deren silbrige Blätter von dem morgendlichen Lüftchen leicht bewegt wurden. Die Hütte war aus halbierten Baumstämmen erbaut, deren Rinde von außen zu sehen war. Das Dach wiederum war aus Lehm und Birnbaumholz zusammengefügt. Hinter der Hütte, wo Thanos plante, den Stall für die Pflugstiere zu errichten, gab es noch einen Unterstand für die Ziegen. Das Dach ragte weit nach vorn, sodass es für die dort Sitzenden Schatten bot. Dorthin zog es Thanos mit den beiden Alten, zumal auch Barbara, die Mutter von Thanos, sich dort aufhielt und die Gäste erwartete.

Nach den üblichen Begrüßungsworten ging Barbara mit dem Priester in die Hütte, um sich bei ihm nach Tassos zu erkundigen. Hephaistides nannte Barbara „Kamino", entweder weil sie sich immer am Kamin aufhielt oder weil sie mit dem Priester oft Gespräche in einem Flüsterton führte, der dem Knistern eines brennenden Kamins ähnelte. Diese Gespräche unterbrachen nicht nur die unaufhörliche Redseligkeit von Hephaistides, sondern beraubten ihn auch eines Zuhörers.

„Lass die Kamino ruhig bei dem Priester beichten, auch wenn wir nicht zu diesem Zweck gekommen sind", sagte Hephaistides daher zu Thanos, „und gib mir Feuer für meine Pfeife."

2
Politische Überlegungen
von Hephaistides und Papa-Jonas

Im Schatten des Daches aus Lorbeerzweigen saß Hephaistides auf einem Baumstumpf wie auf einem antiken Hokker. Er schnitzte sich aus dem Ast, der ihm als Spazierstock gedient hatte, eine Pfeife, wozu er dessen Enden abschnitt. Dann nahm er aus der Hand von Thanos einen Becher kühlen Wassers entgegen und sagte zu ihm:

„Ich sehe, du bist nicht so froh, mein Junge, wie du es sein solltest. Die Garben sind höher als im vergangenen Jahr, da muss doch auch dein Getreide entsprechend reichlicher ausgefallen sein."

„Ich beklage mich nicht über Gott, Herr Lehrer, ich beklage mich über die Menschen. Es sind jetzt fünfzehn Tage her, dass ich geerntet habe, und die Steuereinnehmer sind noch immer nicht erschienen. Die Provinz ist voll von Räubern, das Wetter ist unbeständig und tausend andere Dinge können sich ereignen. Solange ich das Getreide nicht dreschen und nach Lamia bringen kann, habe ich keine Ruhe."

„Du bist ein tüchtiger Mensch, und Gott wird es schon für dich richten. Die Steuereinnehmer halten sich in Lamia auf, weil sie die Räuber fürchten. Aber jetzt, nachdem der neue Gendarmeriehauptmann eingetroffen ist und die Räuber mit drastischen Mitteln verfolgt, werden sie die

Stadt verlassen und sich an dich erinnern, weil du in nächster Nähe wohnst."

„Das gebe Gott! Aber ich habe Angst vor diesem Gendarmeriehauptmann. Wie man sagt, ist er hartherzig und
unmenschlich. Morgen schon kann er mich verdächtigen
und glauben, dass ich den Räubern zu essen gegeben habe,
und mich festsetzen, bevor ich das Getreide von der Spreu
gereinigt habe. Wer soll das dann für mich erledigen?"

„Alle wissen, dass du ein ehrenwerter und guter Bauer
bist, Thanos, zudem hast du keine Feinde. Wie soll dich da
der Gendarmeriehauptmann verdächtigen?"

Obwohl diese Worte seinen Wünschen entsprachen,
konnten sie Thanos nicht beruhigen. Er nämlich sah die
Dinge durchaus so, wie sie tatsächlich waren.

Währenddessen spielte sich in der Hütte eine andere
Unterhaltung ab:

„Was hast du von Tassos gehört?" fragte Barbara den
Priester.

„Dein Tassos ist ein *Klefte* geworden, und das ist auch
für euch schlimm!"

„Warum?"

„Weil der Gendarmeriehauptmann in jeder Hinsicht ein
Satan ist. Sobald er erfährt, dass ein Räuber Verwandte hat,
zwingt er diese preiszugeben, wo er sich aufhält. In Lamia
hat daher alle Angst und Schrecken ergriffen."

„Oh weh, mein Tassos! Wenn dich der Gendarmeriehauptmann zufällig unterwegs trifft, ist es aus mit dir, und
man wird auch auf dich ein *Kleftenlied* singen."

„Wenn du irgend kannst, lass Tassos wissen, er solle sich
davonmachen! Und nicht zu erkennen geben, wer er ist,
damit deinem Thanos nichts passiert."

Mit diesen Worten trat der Priester aus der Hütte her-

aus und setzte sich neben Hephaistides. Doch er befürch-
tete, dass Barbara seine Ratschläge nicht richtig verstanden
hatte.

Kurz darauf brachte Barbara den Kaffee und die Milch
für Hephaistides, der seit seinem Aufenthalt in Wien die
Gewohnheit hatte, beides miteinander vermischt zu trinken. Hephaistides holte aus seiner Jackentasche für sich
und den Priester Zucker und ein *Koulouri*.

„Heute, Herr Lehrer, werdet Ihr den Kaffee so bekommen, wie Ihr ihn haben wollt", sagte Barbara.

„Hoffentlich", antwortete Hephaistides, „aber du lobst
dich ja wie *Astydamas*, meine Liebe."

„Ihr immer mit eurem altmodischen Altgriechisch,
Herr Lehrer! Das soll doch wohl heißen, dass ich an meine
Arbeit gehen soll", sagte Barbara, drehte sich um und ging
in die Hütte, um ihrer Beschäftigung nachzugehen. Während Papa-Jonas sich lediglich mit dem schwarzen Kaffee
zufriedengab, an seiner Pfeife zog und die Rauchwolken
wegfächelte, aß Hephaistides ausgiebig. Als er fertig war,
begann er erneut zu sprechen.

„Mein lieber Jonas", sagte er, „nur wenige Orte scheinen
mir so angenehm zu sein wie das Tal des wasserreichen
und gemächlich dahinfließenden *Spercheios*. So sieht es
auch in fast ganz Griechenland aus, einem glücklichen
Land mit einem gemäßigten Klima. Von welchen Menschen es aber und wie es einst bewohnt war, verrät mir die
Inschrift in jenem bekannten Engpass:

,*Wanderer, kommst du nach Sparta, verkünde dort, dass
du uns hier liegen gesehen hast, wie das Gesetz es befahl.*'

Was waren das doch für gesetzliche Bestimmungen des
Lykourgos, und was sind das heute für gesetzliche Fall-
stricke! Um jener Gesetze des Lykourgos willen starben da-

mals die Menschen freiwillig, während die heutigen Gesetze die Bürger ins Unglück treiben oder sie gar zum gegenseitigen Ermorden aufwiegeln. Was sind heute nämlich die Gesetze und die Verfassung anderes als ein unentrinnbares Labyrinth von Behörden, die sich absichtlich vermehren? Nur so kann der Schwarm der unersättlichen Intriganten gesättigt werden, die um den Schweiß des Volkes herumschwirren, es täglich ärmer machen und zu Raub und Verbrechen drängen. Sieh mal, hier hast du ein deutliches Beispiel vor Augen: Unser guter, arbeitsamer Bauer Thanos hat aus dieser fruchtbaren Erde herausgeholt, was er sich nur an Ertrag wünschen konnte. Während die Regierung Geld für so viele Behörden und so viele Beamte ausgibt, hat sie ihn und seinesgleichen Verpächtern ausgeliefert, die lediglich das Fett abschöpfen wollen. Und Thanos gerät dazu noch in Verdacht, Räuber versorgt zu haben, vor deren Überfällen er keinen Schutz findet. Sieh nur, in welchem Teufelskreis wir uns drehen, denn: die Hand des Gesetzes reicht nicht aus, die Räuber zu bestrafen. So trifft sie denn das Haupt des unschuldigen und schutzlosen Bürgers, und das heißt doch nichts anderes, als dass ich dich bestrafe, weil ich nicht in der Lage bin, dich zu schützen. Angesichts solcher juristischen Zustände habe ich doch recht, wenn ich immer wieder ausrufe: ‚Weg damit'! Griechenland wird nicht glücklich sein, wenn es nicht so wie früher regiert wird. Jede Provinz muss ihre eigenen Regierenden haben, die sie zum Schutz und zur Bewahrung ihrer inneren Ordnung und Sicherheit auswählt, und diese sollten dann für die Fragen, die alle angehen, einmal im Jahr eine Versammlung abhalten. Dann wirst du sehen, dass die Bürger diejenigen wählen werden, die sich durch Tüchtigkeit auszeichnen. Wie heißt es doch bereits bei Homer? ‚*Ein Redner von Worten und ein Täter von Taten*‘. Dazu würde sie nämlich schon ihr eigenes Interesse veranlassen, während heutzutage die Regierung ich weiß nicht wen entsendet, nur um Geld zu sparen oder um ihn loszuwerden. Wenn es aber so wäre wie früher, würde einer der Fähigsten Feldherr sein, der alle im entsprechenden Alter an den Waffen üben lässt, sodass Griechenland notfalls gegen einen Feind ins Feld ziehen könnte, wie es so schön schon bei Homer heißt: ‚*Schild drängte den Schild, Helm den Helm und Mann den Mann*‘.“

Wenn auch Papa-Jonas Hephaistides als den besseren Kenner der altgriechischen Bildung anerkannte und ihn als den gewandtesten Interpreten des klassischen Denkens ansah, stimmte er nicht mit seinen politischen Ansichten überein. Es schien ihm, dass sie zwar an das Alte anknüpften, aber zu nationalistisch klangen. Folglich versuchte er, sie teilweise zu korrigieren:

„Du hast kluge Worte gefunden, mein lieber Hephaistides, aber mir scheint, dass du bei deiner Kritik an menschlichen Zuständen menschliche Maßstäbe angelegt hast.“

„Selbstverständlich“, antwortete Hephaistides. „Ich bin ein Mensch und interessiere mich für alles Menschliche.“

„Aber“, fuhr der Priester fort, „erinnere dich, dass der ‚*Herr dies vor den Verständigen und Weisen verborgen und es den Kindern enthüllt hat*‘. Deshalb höre auch, was ich, der nicht so kluge Mann, dazu zu sagen habe: Deine Gesellschaft, welche äußere Gestalt sie deiner Meinung nach auch immer haben möge, sei es eine attische oder eine spartanische, ist lediglich ein profanes Gebilde, wenn sie nicht auch vom Glauben und der christlichen Gesinnung beseelt ist. Genau das ist die Wunde, in die ich den Finger lege. Die Kirche wird nicht geachtet, die Diözesen sind ver-

waist, das Kind ist von der Mutter in Konstantinopel getrennt, und keiner kümmert sich um die Waise, deren Besitz sich täglich verringert. Dabei hat die gute Mutter uns
über Jahrhunderte hinweg die unvermischte Milch der
Wahrheit gewährt und uns aus der Unterdrückung befreit.
Sie bewahrt in ihrem Archiv das Stammbuch unseres Ge-
schlechts auf, aber weil wir es nicht mehr lesen, haben wir
unsere Tradition vergessen. Das ist so, als ob wir, wie du
zu sagen pflegst, *von einer Eiche und einem Fels* abstamm-
ten und unserer Mutter gegenüber undankbar und zu unseren Brüdern ungerecht und gefühllos wären, von denen
uns die weltlichen Mächte trennen. Doch die haben es nur
geschafft, diese unbeständigen Grenzen zu ziehen. Wenn
wir verständig sind und den richtigen Weg beschreiten,
werden auch diese Grenzen verschwinden, und es wird zu
jener brüderlichen Umarmung kommen, auf die seit langem schon am Ostertag in der Hagia Sophia gewartet wird.
Aber unser Herz hat sich vom Herrn abgewandt, und wir
haben uns nicht mehr um sein Haus gekümmert. Deshalb
gibt es kein Erbarmen, und daher rühren auch die Plagen,
mit denen unsere Ungesetzlichkeiten bestraft werden, die
da sind Krankheiten, Hunger, Tod und Räuberei. ,*Jerusalem hat gesündigt, und es ist von Erschütterung heimgesucht
worden*'."

Während so ein jeder von ihnen seine Meinung äußerte
über das Leiden der Gesellschaft und die Maßnahmen zu
ihrer Therapie und Hephaistides gerade sagte: „Man wird
klüger durch die Menschen, die selbstverschuldetes Leid
ertragen", sahen sie plötzlich einen jungen Hirten vor sich,
den sie, in ihr Gespräch vertieft, gar nicht hatten näher-
kommen sehen. Seine Körperfülle und vor Kraft strot-
zende Gesundheit waren beachtlich, und kaum hatte He-

phaistides einen Blick auf ihn geworfen, unterbrach er den
Priester und sagte:

„Schau dir mal diesen Hirten an: ‚*Obwohl er Molke
trinkt, hat er doch kräftige Beine*‘.“

„In der Tat“, antwortete Papa-Jonas schmunzelnd, „aber
ich bezweifele, dass er sie durch das Trinken von Molke erworben hat. Jetzt ist es aber Zeit, wieder nach Lamia zurückzukehren, bevor es zu heiß wird. Stören wir diese
Leute nicht weiter bei ihren Arbeiten.“

Der Hirte merkte, dass von ihm die Rede war, verstand
aber nicht, um was es ging. Er grüßte dennoch ehrerbietig
und betrat die Hütte des Thanos. Gleichzeitig verabschiedeten sich die beiden Alten von Thanos und seiner Mutter
und machten sich in aller Ruhe auf in Richtung Stadt. Dabei
setzten sie ihr Gespräch fort, ohne im Mindesten zu ahnen,
dass sich nach ihrem Weggang die Szene in der Hütte von
Thanos plötzlich ändern sollte. Denn der Hirte war ein
sprichwörtlicher Unglücksbote! Nachdem er gewartet hatte,
bis die Alten sich ein wenig entfernt hatten, fing er zu erzählen an:

„Tassos ist am Bein verwundet worden.“

„Was für ein Unglück!“ schrie Barbara auf. „Bestimmt
war es eine Falle des Gendarmeriehauptmanns.“

„In der Tat!“, entgegnete der Hirte. „Tassos hatte mit seinen Leuten außerhalb von Lamia einen Hinterhalt gelegt
und es kam zu einem Gefecht mit Gendarmen, von denen
zwei getötet wurden. Gerade als Tassos mit dem Schwert auf
sie zurannte, traf ihn eine Kugel und er stürzte zu Boden.

„Was für ein *Palikare*!“

„Zwei von seinen Leuten zogen ihn an den Füßen in die
Schlucht, und von dort brachten sie ihn direkt in unseren
Stall. Die anderen entfernten sich in alle Richtungen.“

„Und seine Wunde?"

„Die Kugel steckt noch drin, man braucht einen Arzt, um die Wunde zu behandeln. Wir können ihn nicht bei uns behalten, weil es bekannt werden wird. Wir haben ihn in den Büschen auf Blättern gelagert und so zugedeckt, dass er nicht zu sehen ist. Ich bin nur gekommen, euch zu benachrichtigen, damit ihr ihn holt."

„Soll mir Gott Tage nehmen und euch Jahre schenken! Beschützt mir meinen Tassos, bis ich ihn holen komme, um ihn zu einem Arzt zu bringen. Wenn er dann aufstehen kann, wird er den Hauptmann nicht am Bein treffen, sondern am Kopf. Mein Tassos! Lebe, mein Tassos, und alle werden erkennen, was für ein tapferer Kerl du bist."

Thanos hörte zu, ohne etwas zu sagen. Natürlich ließ ihn das Unglück seines Bruders, den er liebte, nicht kalt. Darüber hinaus litt er doppelt, wegen der Gefahr für ihn selbst und wegen der Worte der Mutter, die als einzige seinem Bruder raten könnte, mit seinem ungesetzlichen Leben aufzuhören und tapfer zu sein, indem er den Gesetzen und der allgemeinen Ordnung diente. Aber wenn er gewagt hätte, diese Meinung zu äußern, hätte er sich die Verwünschungen seiner Mutter anhören müssen, die ihn als unwürdiges Kind und Verräter seines Familiennamens bezeichnet hätte.

Barbara wollte sich sofort zu ihrem Sohn aufmachen, aber der Hirte war dagegen:

„Willst du uns ins Unglück stürzen? Komm in der Nacht, und ich werde dir zwei Leute geben, die ihn tragen können. Ich selbst komme und hole dich. Aber überlege dir, wohin du ihn bringen wirst."

Nach diesen Worten entfernte sich der Hirte.

Es ist überflüssig zu wiederholen, wie viele Verwün-

schungen Barbara gegen alle Regierungsbehörden und ins-
besondere gegen den Gendarmeriehauptmann ausstieß.
Die Feinde von Tassos waren für sie Feinde Gottes und der
Menschen.

„Warum?" fragte sie, „habe ich nicht noch einen zweiten Palikaren, der sofort meinen Tassos rächen könnte?
Jeder Tag, der dem Hauptmann Licht und Erfrischung
bringt, bringt mein Blut in Wallung."

Gerade auch die Sanftmut von Thanos steigerte ihre Erregung noch. Der aber schwieg und ließ nur hin und wieder absichtlich ein paar Bemerkungen zur Rettung seines
Bruders fallen. Dadurch erreichte er, dass ihr Zorn nach-
ließ, und sie sich stattdessen Gedanken darüber machte,
wie sich die Rettung bewerkstelligen ließe.

„Wohin können wir Tassos bringen?" sprach Thanos zu
sich, aber so, dass man es hören konnte. „Wer soll ihn aufnehmen?"

Barbara saß bleich und wild gestikulierend auf dem
Boden und stieß Verwünschungen aus. Schließlich sprang
sie auf und rief wie nach einer plötzlichen Eingebung aus:

„Wer wird ihn retten? Lass uns von hier fortgehen in
das türkische Gebiet!"

Thanos antwortete nicht, meinte aber nach längerem
Nachdenken, dass dies in der Tat das Beste sei. Weil so die
Nachforschungen nach Tassos aufhören würden, bis er
wiederhergestellt sei und Ruhe einkehren würde. Thanos
war aber auch der Meinung, dass er hier bei seiner Arbeit
bleiben könne, da gegen ihn kein Verdacht bestünde. Jedenfalls war zu hoffen, das Getreide, sobald der Zehnte
entrichtet sei, nach Lamia zu bringen, selbst wenn er sich
für eine kurze Zeit verstecken müsste.

„Vielleicht", dachte er, „nützt das Tassos sogar. Da er

nicht zur Vernunft kommen wird, ist es besser für ihn zu verschwinden, solange die Lage so brenzlig ist."

Solchen Gedanken hingen Sohn und Mutter nach, während sie auf das Dunkel der Nacht warteten. Schließlich wurden die Schatten länger und es kam, wie er es versprochen hatte, der Hirte. Sofort machten sich alle auf, um Tassos zu retten.

3
Der Gendarmeriehauptmann

Es gab viele Gründe dafür, dass die Provinz *Phthiotis* ohne Unterlass vom Räuberunwesen geplagt wurde. Vor allem lag es an der Schwierigkeit, diejenigen Grenzen zu bewachen, die auf den hohen und schwer zugänglichen Bergen einfach nicht geschützt werden konnten. Freilich brachten auch die Maßnahmen zur Eindämmung des Unwesens nicht viel. Die bewaffnete Staatsmacht bestand aus einem disziplinlosen Heer freiwilliger Landeskinder. Diese Soldaten, die mit den Räubern in Verbindung standen oder manchmal sogar selbst der Räuberei nachgingen, wenn sie es aus disziplinarischen Gründen vorgezogen hatten zu desertieren, diese Soldaten also wollten nicht bestraft werden und verfolgten ihre Verwandten und Gesinnungsgenossen daher nicht wirklich und mit vollem Ernst. Das war auch der Grund, weshalb die Soldaten immer erst dann am Ort eines Raubüberfalls eintrafen, wenn die Räuber sich schon längst aus dem Staub gemacht hatten.

Aber als das Maß des Übels voll war, wurden besondere Maßnahmen nötig, die jeweils der Fähigkeit und dem Charakter des höchsten Offiziers entsprachen, auf dessen Schultern die Last der Verfolgung lag. Manche brachten mit politischem Geschick die tapfersten Gefolgsleute der Räuber auf ihre Seite. Sie gliederten sie in das Heer ein und

schwächten damit die Räuberbanden. Manchmal gelang es
ihnen sogar, deren Anführer festzunehmen oder zu töten,
wenngleich die meisten über die Grenzen entkamen und
Unterschlupf bei den Türken fanden. Derartige Verfolgun-
gen setzten dem Übel jedoch nur vorläufig ein Ende. Denn
die sieben Köpfe der *Hydra* wurden so nie richtig abge-
schlagen. Eher selten gelang es den höheren Offizieren, die
einst Leuten wie *Skiron* und *Fichtenbeuger* einen unerbittlichen Krieg erklärten, die Spuren der Räuber bis in die
Wälder und Schluchten der Berge zu verfolgen und sie zu
einem blutigen Kampf zu zwingen.

Der neue Gendarmeriehauptmann wiederum hatte ein
eigenes System entwickelt, das allgemein Schrecken verbreitete. Er war davon überzeugt, dass es keine Räuber
geben könne, wenn die Provinz keine haben wolle. Folglich gebe es sie also nur deshalb, weil die Provinz sie wolle.
Diesen üblen und falschen Willen müsse derjenige, der
Heilung bringen solle, unnachgiebig als Wurzel des Übels
und als in der ganzen Bevölkerung verbreitete Krankheit
bekämpfen. Der Gendarmeriehauptmann verstand daher
die Menschen als Schläuche, die voll von einer schädli-
chen und giftigen Flüssigkeit seien und die man allein
durch festes Ausdrücken leeren könne. In seinen Augen
waren alle verdächtig, und meistens täuschte er sich auch
nicht. Selbstverständlich tadelte er die Regierung und die
Gesetzesartikel, durch die er daran gehindert wurde, die
Unerschütterlichkeit der Angehörigen zu prüfen, besonders derer, die eine höhere gesellschaftliche Stellung inne-
hatten.

Allein schon die äußere Gestalt des Gendarmeriehauptmanns hatte etwas Furcherregendes und Unheimliches an
sich. Seine Augen glühten wie brennende Kohlen unter den

dichten, schwarzen Augenbrauen. Die Falten seines dun-
kelfarbenen und mürrischen Gesichts ließen seine rohe
und gegenüber menschlichem Schmerz unerbittliche Seele
erkennen. Er war von eher kleiner Gestalt, seine Schultern
waren breit und gebeugt, die Hände kräftig und die Beine
ungleich lang, sodass er ein wenig hinkte. Seine Soldaten
meinten, dass er am ganzen Körper schuppig und behaart
sei, und viele glaubten, er habe auch einen Schwanz. Hier
aber muss man wohl eher den Physiologen zustimmen, die
diese überflüssige Verlängerung der Wirbelsäule beim
Menschen nicht für möglich halten.

Der Gendarmeriehauptmann sprach nur wenig, aber
jedes Wort von ihm hatte etwas Drohendes und Verletzen-
des an sich. In den Augen vieler Menschen hatte er etwas
Satanisches, als ob er der Sohn der *Styx* und des *Typhon*
sei. Wie das Haupt der *Medusa* auf dem Schild der Athene
Schrecken einflößte, so flößte er an der Spitze seiner Gendarmen Schrecken ein. Seine Maßnahmen zur Verfolgung
des Räuberunwesens entsprachen denen der Behörden
sowie seinen eigenen Vorstellungen, wobei er systematisch
vorging. Er ließ sich nämlich zunächst darüber informieren, wer der Räuber war, wer seine Eltern waren und wer
sonst mit ihm verwandt war oder Verbindung zu ihm
besaß. Da diese Menschen leichter aufzufinden waren, un-
terwarf er sie jeder Art von Folterverhören, die er so lange
andauern ließ, bis sie verrieten, wo die Räuber sich ver-
bargen oder wer ihre Spuren kennen könnte. Die einen
ließ er auspeitschen, die anderen an den Füßen aufhängen
und wieder anderen ließ er dicke Steine auf die Brust wäl-
zen. Auch benutzte er Winden und glühende Eisen und
ließ seine Opfer tagelang nicht schlafen, indem er schicht-
weise Gendarmen befahl, auf den, der im Begriff war ein-

zuschlafen, einzustechen. Wenn er sich darüber ärgerte, dass ihm ein gesetzestreuer Bürger vorwarf, er handele gegen die Gesetze, entgegnete er, dass er dort seine Macht ausübe, wo die Kraft des Gesetzes nicht gelte. Selbst die Heilige Schrift sage:

„Väter sollen nicht für ihre Kinder sterben", aber sie sage nicht: „Sie sollen nicht gefoltert werden".

„Durch meine Schuld ist noch keiner gestorben!"

Die ganze Provinz ergriff folglich panische Furcht, die sich gerade in dem Moment ausbreitete, als Thanos und seine Mutter mit dem Hirten zu Tassos aufbrachen. Der Hirte erzählte, was er an jenem Tag gehört hatte, und bestätigte, dass schon viele heimlich über die Grenzen geflohen seien, was auch er selbst vorhabe. Diese Schilderungen steigerten die Wut Barbaras, die dem Gendarmeriehauptmann alles denkbar Schreckliche wünschte. Schließlich erreichten sie das Versteck des Tassos, den sie auf einem Laubwerk liegend vorfanden. Außer sich stürzte sich seine Mutter auf ihn und schlang ihre Arme um ihn.

„Haben dich die *Katalanen* verwundet, mein Sohn?"

„Ja", erwiderte Tassos. „Ich glühe von oben bis unten, gib mir kaltes Wasser."

„Macht euch lieber fertig zum Fortgehen", sagte der Hirte, „wir haben keine Zeit. Da sind die beiden Hirtenjungen schon, los also, solange es noch dunkel ist!"

„Wir wollen ins türkische Gebiet", sagte Barbara.

„In Ordnung", entgegnete der Hirte, „morgen stoße ich zu euch."

Als Thanos sah, dass sein Bruder eine gute Begleitung hatte und in der kommenden Nacht jenseits der Grenze sein würde, versprach er seiner Mutter, alles Nötige zu schicken, und kehrte nach Hause zurück.

Währenddessen setzte der Gendarmeriehauptmann seine Nachforschungen und Untersuchungen in Lamia fort, in deren Verlauf er erfuhr, dass ein gewisser Leutnant Tassos Vlekas, der vor einem Monat desertiert sei, gemeinsame Sache mit den Räubern gemacht und sogar eine eigene Bande aufgestellt habe. Wer bei dem Gefecht der Mörder der beiden Gendarmen gewesen war, hatte er noch nicht herausbekommen, er hatte aber gehört, dass dieser Tassos eine Mutter und einen Bruder habe, die nicht weit von Lamia wohnten. Also befahl er, dass sich noch in dieser Nacht drei berittene Gendarmen dorthin aufmachen sollten, um in Erfahrung zu bringen, wo und bei wem sich Tassos befinde, indem sie die gebräuchlichen Methoden gegen die Mutter und den Bruder anwenden sollten.

Nach Mitternacht erreichten diese Gendarmen die Hütte des Thanos, fanden aber niemanden darin vor. Nachdem sie Licht gemacht hatten, bemerkten sie Spuren, die darauf hinwiesen, dass vor kurzem Menschen hier gewesen waren. Daraus zogen sie den Schluss, dass die Bewohner der Hütte vielleicht bei ihrer Arbeit oder bei geheimen Zusammenkünften seien, jedoch bis zum Morgen zurückkommen würden. Weil die Hütte keinen geeigneten Platz für ihre Pferde bot, gingen sie zum Dreschplatz hinunter und banden sie zwischen den Garben fest, damit sie das Heu fressen konnten.

„Auf diese Weise", so sagten sie, „werden uns Thanos und seine Mutter bei ihrer Rückkehr nicht sehen, selbst wenn sie Verdacht geschöpft haben sollten."

Die Nacht war erfrischend, die Sterne leuchteten am Firmament, und ein lindes Lüftchen, das von allen Seiten wehte, vertrieb die Hitze des Tages. Die Gendarmen schöpften kühles Wasser aus dem Brunnen und streckten sich der Länge nach auf den Garben aus. Dabei rauchten sie und erzählten sich lange Geschichten vom Hauptmann und von der Angst sowie der Überraschung der Dorfbewohner, von denen ihnen manche in dem Moment, in dem die Foltern begannen, sehr komisch vorkamen.

„Hast du gesehen, wie der Brustkorb des Stathis geklappert hat, und wie er tanzte, als ob er auf glühende Kohle treten würde? Zuerst gab er vor, nichts zu wissen, aber als sie ihn mit den Riemen fesselten, plauderte er nach und nach alles aus. ‚Da sieht man‘, pflegte der Gendarmeriehauptmann zu sagen, ‚dass sie wie eine Zitrone sind: von außen trocken, aber wenn man sie auspresst, sondern sie Saft ab‘.“

„Ja‘, sagte der andere Gendarm, „alle Kleften sind gleich, und es ist kein Unterschied, ob man den einen oder den anderen von ihnen schnappt. Wenn sie nicht sehen, dass es ihnen an den Kragen geht und das Messer ihnen bereits an der Kehle sitzt, stellen sich die Hunde dumm. Trotzdem haben sie schon manchen gefunden, dem sie die Katze im Sack verkaufen konnten. ‚Ja, mein Kind‘, pflegt in solchen Fällen der Hauptmann zu sagen, ‚jetzt warte mal ab, ob wir ihn nicht zum Reden bringen können, wenn wir ihn so befragen, wie es sich gehört. Dann wird er schon vor Angst aufspringen und alles ausplaudern‘.“

Nachdem sie genug geredet hatten, überkam sie die Müdigkeit. Sie beschlossen, dass jeweils zwei schlafen und der dritte eine Stunde lang die Nachtwache halten sollte. Der Plan funktionierte aber nicht, da auch der dritte nach kurzer Zeit jeweils eindöste.

So schliefen sie schon ziemlich lange, als sie von einem fürchterlichen Knistern aus dem Schlaf gerissen wurden

und wegen des dichten Rauchs, den Feuerzungen durch-
zogen, kaum noch Luft bekamen. Sofort sprangen sie auf
und rannten zu den Pferden, um sie loszubinden, aber die
hatten schon ihre Halfter zerrissen und galoppierten wild
umher. Dabei kamen sie aber weder dem Feuer zu nahe,
noch liefen sie in Richtung Stadt davon. Den Gendarmen
gelang es, sie zu beruhigen und ihnen wieder die Zügel an-
zulegen. Dann banden sie sie getrennt voneinander an,
damit sie nicht vor Schreck um sich treten konnten. Danach wandten sich die Soldaten dem Feuer zu und erfreu-
ten sich an seinem furchtbaren Anblick. Es hatte sich
offensichtlich von einer ihrer achtlos weggeworfenen Zi-
garetten aus ausgebreitet und die Hütte des Thanos Vlekas
ergriffen. Es tat ihnen nicht leid, dass hier, wie sie meinten,
der Besitz des Bruders eines Räubers zerstört wurde, zumal
sie diesen Besitz nicht vorsätzlich angezündet hatten. Daher
bemühten sie sich auch nicht, das in Sicherheit zu bringen,
was noch hätte gerettet werden können.

„Da wären wir doch beinahe verbrannt", bemerkte
einer von ihnen, „und dabei haben wir ihm doch nur die
Mühe des Dreschens abgenommen. Aber er wird uns wohl
kaum dankbar dafür sein."

„Die Welt ist undankbar", sagte der andere, „deshalb
glaube ich, wir belohnen uns selbst mit Naturalien."

„Und wie?" wandte der erste ein.

„Also, wir haben so lange vergeblich auf die guten Leute
gewartet, und wer weiß, wann sie kommen. Sie haben Ziegen dort drüben, und ich denke, wir gehen ganz sanft zu
Werke, oder, wie der Hauptmann immer sagt, ganz unge-
niert."

„Ja! Ja! Wunderbar!" riefen die beiden anderen und
machten sich sofort an die Arbeit.

Blitzschnell ergriffen und schlachteten sie die jüngste Ziege, zogen ihr das Fell ab und spießten sie auf. Und nachdem sie dürre Zweige gesammelt und den Spieß mit Steinen befestigt hatten, fassten sie sich an den Händen und tanzten und sangen.

Inzwischen war Thanos auf dem Rückweg zu seiner Hütte und dachte dabei über alles Mögliche nach. Er glaubte, dass sein Bruder durch die Flucht erst einmal in Sicherheit sein würde. Andererseits beunruhigten ihn die Berichte der Hirtenjungen und ließen ihn fürchten, der Hauptmann könne seine Foltermethoden auch gegen ihn anwenden, wenn er erfahren würde, dass sein Bruder der Mörder der Gendarmen sei. Plötzlich hörte er ein Geräusch und erkannte Menschen, die sich näherten. Thanos versteckte sich im Gebüsch. Es waren Gendarmen und Soldaten, die sich stritten, ob der Hauptmann das Recht habe, die Bewohner so unmenschlich zu behandeln, unabhängig davon, ob sie schuldig oder unschuldig seien. Natürlich hielten die Gendarmen im Großen und Ganzen sein Vorgehen für richtig, ihr Feldwebel als der Klügste von ihnen erklärte den anderen mit seinen Worten den Ausspruch des Hauptmanns, dass Gewalt mit Gewalt beantwortet werden müsse. Dieses Gespräch, von dem Thanos das Wesentliche mitbekam, verstärkte seine Unruhe noch. Nachdem sie weitergezogen waren, setzte er sehr vorsichtig, aber gleichzeitig auch schnell den Weg zu seiner Hütte fort, um noch vor Tagesanbruch dort einzutreffen. Da sah er in der Gegend, wo seine Hütte lag, plötzlich einen Lichtschein, dessen Ursache er aber nicht ausmachen konnte. Je näher er kam, desto deutlicher wurde er und der Rauch rings umher ließ Thanos schließlich erkennen, dass er von einem Brand herrührte. Er beschleunigte seine Schritte und überlegte, an welcher Stelle außerhalb von Lamia es brennen könne. Was für ein Entsetzen packte ihn aber, als er von einer Anhöhe aus seine Hütte in Flammen erblickte! Er rannte, so schnell seine Füße ihn tragen konnten, auf den Ort der Katastrophe zu, erkannte aber, als er näher kam, in dem gewaltigen Feuerschein die drei Gendarmen, die sich wie Gespenster an den Händen hielten und im Kreis herumtanzten. Wie zu einer Salzsäule erstarrt blieb er stehen! Feurigen Schlangen gleich, die aus einem Vulkan nach oben züngelten und nach allen Seiten knisternd Funken versprühten, schlugen die Flammen inmitten einer dichten Rauchwolke, die sich wie ein langes Band bis zum Rand des Horizonts erstreckte, zum Himmel empor und tauchten alles ringsum in helles Licht. Thanos betrachtete wortlos und mit zum Himmel emporgehobenen Händen das schreckliche Schauspiel. Er wusste, dass die Gendarmen schon auf ihn warteten, um ihn zu foltern. In einem einzigen Augenblick waren alle seine Hoffnungen, sein ganzer Besitz und alle seine Pläne dahin, die er so lange Zeit in seinem tiefsten Herzen gehegt hatte. Gestern noch glücklich, war er nun arm und gejagt und wusste nicht, wohin. So furchtbar der Anblick auch war, Thanos konnte sich nur mit Mühe davon losreißen. Wohin sollte er sich nur wenden?

Das Leuchten der Feuersbrunst war heller als die ersten Morgenstrahlen, und Thanos wäre von dem Feuer ergriffen worden, wenn er nicht plötzlich das Geräusch von Reitern gehört hätte, die sich näherten und auf seine Hütte zuritten. Sie waren aus Lamia geschickt worden, um die Ursache des Brandes zu erkunden. So war er also gezwungen, sich zu entfernen. Er begriff, dass von allen Seiten Gefahr drohte und die Katastrophe angefangen hatte, ihren

Lauf zu nehmen, bis zum bitteren Ende. Beim Fortlaufen wandte er immer wieder den Kopf und konnte das Geschehene kaum fassen. Schließlich aber musste er einsehen, dass er als Bruder des Tassos verfolgt wurde und ihm als einziger Ausweg blieb, zusammen mit den Hirten über die Grenze zu fliehen, um sich dort einen neuen Lebensunterhalt zu suchen.

4
Die Flüchtlinge

Barbara und Tassos waren in eine Felsöffnung geschlichen, die von Gebüsch verdeckt war. Dort pflegte die Mutter ihren Sohn mit mütterlicher Fürsorge und wusch mit viel Wasser seine Wunde aus. Die kühlen Umschläge taten ihm sehr gut. Sein Zustand hatte sich schon in jener Nacht gebessert, in der sie von den wenigen griechischen und türkischen Wachen unbemerkt die Grenze überschritten hatten.

Als sie in die thessalische Ebene gelangt waren, stießen sie auf eine große Anzahl Hirten mit ihren Herden und auf andere Menschen, die aus Angst geflohen waren. Es war eine regelrechte Massenflucht gewesen, wobei sich die Flüchtlinge hier nicht mehr fürchteten, da die türkischen Behörden sie weder am Überschreiten der Grenze gehindert noch danach verfolgt hatten.

Barbara und Tassos machten auf ihrem Weg in der Nähe des ersten Dorfes in einer Ruine halt. Die Mutter schickte die Diener los, um jemand Erfahrenen zu suchen, der sich um die Behandlung von Tassos' Wunde kümmern konnte. Währenddessen gingen an dieser Ruine viele weitere Flüchtlinge vorüber, von denen einige zur Freude Barbaras das folgende Lied sangen:

Wehklagen herrscht auf den Höhen des Oitegebirges
und auf Lamias Ebene,
denn Tassos ist verwundet,
der Sohn der Tapferkeit.

Als richtiger Protopalikare
jagte er den Gendarmeriehauptmann,
stürzte sich auf ihn mit dem Schwert
und achtete dabei den eigenen Tod gering.

Das Blut rann und
netzte zuerst das Gras,
dann nahmen Mädchen es auf
mit den Blumen der Liebe.

Oh weh! Doch trifft Tassos
noch einmal auf dich, Hauptmann,
werden dich nicht retten die Berge,
wird dich nicht retten der Wald.

„Mein Tassos! Mein Tassos!" rief die alte Frau laut aus.
„Jetzt gilt auch dir ein Lied!" Sie küsste ihren Sohn liebevoll
und wiederholte dabei die letzte Strophe, die ihr besonders
gefiel.

Gegen Morgen erschien der Hirte, der sich als erster
um Tassos gekümmert und großes Mitgefühl für ihn gezeigt hatte. Er hieß Gikas Tramessis und war, gemäß seiner
Ankündigung, ebenfalls mit seiner Herde über die Grenze
gekommen. Gikas zeigte sich erfreut, dass sich der Gesundheitszustand von Tassos gebessert hatte, und erklärte,
was nun geschehen solle: Es gebe in *Domokos*, dem antiken
Thaumakia, einen reichen und über die Maßen mitleidigen
Thessalier namens Nikos Ayfandis, der ihnen sicherlich
helfen werde. Da er gute Verbindungen zu ihm habe, wollte

er sie ihm selbst vorstellen. Nach diesen Worten verließ sie
der Hirte, um alles Nötige zu veranlassen.

Nikos Ayfandis war genau so, wie der Hirte ihn be-
schrieben hatte. Im Besitz großer Ländereien und Herden,
vieler Bienenstöcke und anderen Besitztümern in der Nähe
der Grenze, kümmerte er sich von Natur aus um alle, die
seine Hilfe benötigten, insbesondere um die Räuber. Deshalb erfreute er sich höchster Sicherheit inmitten solcher
Gesetzlosigkeit und stand unter dem Schutz derer, die anderen Schaden zufügten. Dazu trug freilich nicht zuletzt
auch sein Charakter bei.

Von gefälligem und ansprechendem Aussehen, schon
leicht ergraut mit einer scharf geschnittenen Nase, war er
nämlich allen gegenüber freundlich, selbstlos und wohltä-
tig. Stets lächelnd und zu Scherzen aufgelegt, verehrten ihn
besonders seine Diener. Seine Frau Kioura und er hatten
nur eine einzige Tochter, die heiß geliebte Ephrosyne. Sooft
Nikos Ayfandis keine Arbeit hatte, hielt er sich in ihrer
Nähe auf und versuchte, ihr auf jede Art und Weise eine
Freude zu machen. Sie war etwa sechzehn Jahre alt, hoch
gewachsen, voll anmutiger Bewegungen, blond und blau-
äugig, wobei ihre Empfindsamkeit noch von ihrer jugendlichen Lebhaftigkeit überdeckt wurde. Auch sie liebte ihren
Vater sehr und widmete sich mit ihrer Mutter verschiedenen Beschäftigungen, vor allem dem Sticken, und das mit
nicht geringem Erfolg. Im Frühjahr kümmerte sie sich um
die Seidenraupenzucht und später, unterstützt von Mädchen gleichen Alters, vor allem von Töchtern der Bauern,
wickelte sie die Fäden der Kokons ab und spann die Seide,
mit der sie das ganze Jahr über webte und stickte. Allein
zum Färben der Seide ging sie zum Färber. Auch Leinen
und Wolle spann und webte sie und erwies sich überhaupt

in jeder Hinsicht als sehr fleißig. Ihr Vater liebte es, ihr bei
der Arbeit zuzusehen, neckte sie mit Scherzen und erzählte
ihr alles, was er wusste und was er Neues erfahren hatte,
weil er vor ihr kein Geheimnis hatte.

An diesen Nikos Ayfandis also wandte sich der Hirte
und fand sofort Gehör. Ayfandis trug seinen Dienern auf,
Tassos in ein kleines Haus zu bringen, das neben seinem
lag. Dort gewährte er ihm jede Art von Pflege und ließ
auch nach einem Arzt schicken. Am folgenden Tag kam
Barbara, um ihrem Wohltäter zu danken und wünschte
seiner Tochter alles Gute dieser Erde und einen Mann so
schön wie das Morgenrot und so tapfer wie ihr Tassos.
Vater und Tochter amüsierten sich sehr über Barbaras Verhalten, ihre Gestik, die Art, wie sie über ihren Tassos
sprach, und ihre Wut auf den Gendarmeriehauptmann, die
beiden machten darüber ihre Witze.

Nach ein paar Tagen kam auch Thanos, der mit den Hirten umhergezogen war, niedergeschlagen und untröstlich
dorthin. Er hatte ein paar seiner Ziegen und den Pflug mit
Hilfe einiger Hirten gerade noch rechtzeitig gerettet, denn
kurz darauf kam der Untersuchungsbeamte dorthin, wo
seine verbrannte Hütte stand, und ließ alles beschlagnah-
men was nicht verbrannt war und stellte gegen ihn, Thanos,
einen Haftbefehl aus. Unter der Führung von Gikas Tramessis fand Thanos seine Mutter und seinen Bruder vor,
dem es schon besser ging. Barbara aber nahm kaum Anteil
an dem traurigen Schicksal ihres Sohnes Thanos, während
Tassos ihm sagte, er solle warten, bis es ihm besser ginge.
Dann werde er ihm eine Herde besorgen und er solle Hirte
werden, weil er nicht zum Dienst mit der Waffe geeignet
sei. Aber Thanos antwortete ihm, er wolle von ihm keine
Herde haben, denn er habe wegen ihm bereits genug Unbill

erlitten. Da er nun aber nicht untätig herumsitzen konnte, suchte er mit der Hälfte seiner Herde durch Vermittlung von Tramessis bei Ayfandis, der ihn freundlich empfing, um eine Tätigkeit auf dessen Besitz nach. Weil Ayfandis bald bemerkte, dass Thanos seine Arbeit geschickt und sehr sorgfältig verrichtete, betrachtete er ihn mit Wohlwollen und übertrug ihm die verschiedensten Arbeiten.

„Ich habe immer geglaubt", sagte Ayfandis zu Thanos, „dass ihr dort in Griechenland tüchtige Kleften seid, nun sehe ich aber, dass ihr auch tüchtige Bauern seid."

Von dem, was Thanos erlitten hatte, erfuhr Ayfandis erst später. Freilich nicht von Thanos selbst, weil der nichts von sich selbst zu erzählen pflegte, sondern von Tramessis. Das erzählte Ayfandis dann auch Ephrosyne, die das Mitgefühl ihres Vaters für Thanos teilte und ihn häufig im Rahmen seiner Tätigkeit in ihrem Haus ein- und ausgehen sah.

Thanos Vlekas war ein gut aussehender junger Mann von ungefähr vierundzwanzig Jahren. Er bewegte sich ansprechend und so, wie es sich gehörte, seine Gesichtszüge waren freundlich und bescheiden und spiegelten sein Gefühl für Ehre und Anstand wider. Insgesamt stand er etwas über den Leuten seines Standes, zudem liebte er die Sauberkeit, sodass er kaum das Bild eines Bauern bot. Auch deshalb sagte seine Mutter, er habe sie getäuscht, weil sie einen Soldaten geboren, er aber seine Bestimmung verfehlt habe. Sein schwarzes Haar hatte er nicht wie die Angehörigen seines Standes nach Sitte der alten *Skythen* gänzlich, sondern nur mäßig geschoren, seine schwarzen Augen blickten nachdenklich. Das alles trug dazu bei, dass Ayfandis und Ephrosyne Thanos große Aufmerksamkeit zollten und ein vertrauensvolles Verhältnis zu ihm pflegten. Ephrosyne trug ihm auf, ihr Wildblumen zu bringen, um sie als Stickmuster für ihre Tücher zu benutzen. So brachte er ihr oft Veilchen, Anemonen, Kerbel, Ginster, wilden Thymian, Margeriten, Krokusse, Lilien, Nelken, Mohn und viele andere Blumen. Sonntags zog er mit seinen Ziegen hoch in die Berge, um dort noch seltenere Blumenarten zu finden. Ephrosyne stickte für ihn als Neujahrsgeschenk und als Dank für seine Mühen einen Gürtel, während er die schönsten Schmetterlinge sammelte, ihre Flügel ausspannte und sie für ihre Stickereien auf Papier befestigte.

Als die Zeit für die Seidenraupenzucht kam, kümmerte sich Thanos darum, Maulbeerbaumblätter zu holen, sie zu säubern und zum Trocknen auf Büsche zu legen. So war in jenem Jahr die Ausbeute besonders ergiebig, weil er sich so intensiv darum kümmerte, und Ephrosynes Dank dafür war groß. Beide waren damit beschäftigt: sie gab die Anweisungen und er führte sie sorgsam aus. Thanos war ein guter Schüler, obwohl er dies zum ersten Mal machte.

„Ich hoffe", sagte Ephrosyne einmal zu ihm, „du verlässt uns nicht, um nach Griechenland zurückzukehren. Wenn du hier bleibst, können wir im nächsten Jahr doppelt so viel Seide gewinnen, weil du ja jetzt Erfahrung damit hast."

„Was soll ich denn in Griechenland machen?" antwortete Thanos. „Hier bin ich viel glücklicher. Wo kann ich so wohlwollende Arbeitgeber finden?"

„Und wir sind ja auch Griechen."

„Ich kenne das übrige Griechenland nicht, aber in meiner Heimat Phthiotis gibt es solche Griechen und Griechinnen nicht."

„Warum beschäftigen sie sich dort nicht mit der Seidenraupenzucht?"

„Wir sind alle bewaffnete Draufgänger. Zivilisiertere Griechen aus dem Ausland sind bisher nur wenige gekommen, um sich in Lamia niederzulassen. Aber sie haben sich in der Stadt verkrochen wie Mäuse. Und anstatt uns etwas feinere Sitten beizubringen, werden sie sich wohl eher unser Ungestüm angewöhnen."

„Aber in Athen muss es doch anders sein."

„Ich kenne Athen nicht, aber ich male mir aus, dass es eine wunderbare Stadt ist."

„Ja, wir hören hier viel über Athen von denen, die es gesehen haben. Ich hätte große Lust, dorthin zu gehen, aber zuerst müssen die Kokons fertig sein. Ich möchte gern sehen, wie man in Athen stickt."

So naiv sah ihre Unterhaltung aus, wobei Ephrosyne das Sticken als höchste weibliche Vollkommenheit ansah und nicht daran zweifelte, dass die Frauen in Athen auf diesem Gebiet Wunderwerke vollbrachten. Ayfandis belohnte den Eifer von Thanos, indem er ihm mehr Verantwortung übertrug und größeres Vertrauen schenkte, sodass dieser seine eigene Ziegenherde aufgab und sich näher bei seinem Arbeitgeber niederließ. Ephrosyne aber sagte ihrem Vater, sie werde keinen anderen für ihre Seidenraupenzucht akzeptieren, daher wünsche sie, dass Thanos, wenn es soweit sei, ausschließlich für sie arbeiten solle.

Inzwischen war Tassos vollständig genesen und dankte seinem Wohltäter bei einem Besuch, bei dem er in voller Uniform und in Begleitung einiger Untergebener erschien, um seine Macht zu demonstrieren. Seine Ähnlichkeit mit Thanos war auffallend, abgesehen davon, dass er hagerer und viel dunkelhäutiger war. Nichts verriet seine räuberischen Anlagen oder sein wildes Temperament, und wer seine charakterlichen Eigenschaften unter die Lupe nahm, konnte feststellen, dass er im Grunde genommen kein schlechter und roher Kerl war. Allein sein Ehrgeiz, verbunden mit Tapferkeit, prägte ihn. Dazu kam, dass keine Bildung diese Eigenschaften je verfeinert hatte. Im Gegenteil stand sein Hang zum Räuberunwesen in einer Gesellschaft nichts im Weg, in der dieses als heldenhaft galt. Während im allgemeinen der menschliche Charakter nicht einfach weiß oder schwarz, sondern oft vielschichtig und widersprüchlich ist, hätte das Motto auf dem Wappen des Tassos lauten können: *„Entweder Cäsar oder nichts."* Im Augenblick allerdings war er ein Nichts, war eher niedergeschlagen und schwieg lieber, ganz so, wie es bei Aischylos heißt, *„der mit Verstand aus einer tiefen Furche Nutzen zieht, aus der verständige Pläne hervorsprießen."*

Natürlich dachte Tassos gleich nach seiner Genesung daran, wie er eine Bande aufstellen könne, um mit ihr in die Phthiotis einzufallen. Ein Gedanke, der seiner Mutter nicht wenig gefiel. Aber die allgemeine Wanderungsbewegung vor allem der Hirten beraubte ihn der gewohnten Unterstützer des Räubertums. Der türkische Grenzkommandant, der sogenannte *Derven Aga*, hatte beobachtet, dass Tassos sich unter den anderen durch seine Tapferkeit hervortat und dass er Ansehen bei Gleichaltrigen genoss. So glaubte er, es werde für ihn von Nutzen sein, Tassos die Aufsicht über die anderen Banden zu übertragen. Tassos wiederum fand sieben oder acht Gleichgesinnte und bildete aus ihnen als *Kapetanios* das sogenannte *Boulouki*. Den Sold erhielt er vom Derven Aga, und er wartete nur auf einen passenden Zeitpunkt, um seine Pläne endlich in die Tat umzusetzen.

Die türkischen Behörden in Thessalien benutzten, wie auch anderswo, die Griechen, um die öffentliche Ordnung zu schützen, vor allem auch, um sie vom Räuberdasein abzuhalten. Wenn sie bei ihrer Beschäftigung in den Grenzgebieten Waffen trugen, nannte man sie *Armatolen*, wäh-

rend sie als Kleften bezeichnet wurden, wenn sie sich als
Räuber betätigten. In Thessalien gab es eigentlich für beide
Gruppen nur die Bezeichnung Kleften, wobei man die
erste Gruppe „zahme" Kleften, die andere „wilde" Kleften
nannte. Tassos war für den Moment ein Armatole oder
„zahmer" Klefte, der die Gunst des Derven Aga genoss und
voll Stolz seine goldglänzende Uniform mit der goldenen
Weste und die Tsaprasia trug, die silberfarbenen, über der
Brust gekreuzten Streifen. Aber die meisten der aus Griechenland geflüchteten Räuber blieben Kleften und waren
Anlass für Vorwürfe gegen den Derven Aga, besonders im
Frühjahr, wenn die Raubüberfälle zunahmen. Die Räuber
drangen auch in griechisches Gebiet ein, was heftige Pro-
teste der griechischen Regierung bei den türkischen Behörden zur Folge hatte. Im Laufe der Zeit beschloss schließlich
auch die türkische Regierung, Maßnahmen gegen die Räuber zu ergreifen. Sie beauftragte den Pascha in *Larissa* sich
der Sache anzunehmen, da dieses Problem in seinen Zu-
ständigkeitsbereich fiel.

Der Pascha von Larissa wiederum war dem Derven Aga
gram, da er seit längerem keine Zuwendung von ihm erhalten hatte. Er nutzte daher diese Gelegenheit, es dem
Derven Aga heimzuzahlen. Und so wurde plötzlich bekannt, dass der alte Derven Aga abgesetzt und ein Nach-
folger ernannt sei. Diejenigen, die im Dienst des abgesetz-
ten Derven Aga gestanden hatten, unter ihnen auch Tassos,
warteten auf die Ankunft des neuen und darauf, ob sie weiter ihren Dienst tun könnten oder entlassen würden.

5
Der neue Derven Aga

Der neue Derven Aga stammte aus Albanien. Der Pascha in Larissa meinte, es sei besser, einen Albaner für den Posten anzustellen, weil die Albaner sich den Griechen gegenüber ziemlich feindlich verhielten, seit sie zur Zeit der türkischen Eroberung Moslems geworden waren. Gleichzeitig wollte sich der Pascha nicht die Gelegenheit entgehen lassen, von der Situation zu profitieren und von dem neuen Derven Aga die üblichen Geschenke für dessen Ernennung entgegenzunehmen. Dem Derven Aga wiederum reichte die reguläre Entlohnung nicht, aber er wusste sehr genau um die damit verbundenen Vorteile. Für ihn gab es nun zwei Möglichkeiten, Gewinn aus seiner neuen Stellung zu schlagen: Entweder konnte er sich mit den Räubern verständigen und ihnen Straflosigkeit anbieten, dafür aber den größeren Teil ihrer Beute als Gegenleistung bekommen, oder er konnte die reichsten Christen verdächtigen, dass sie Raubüberfälle unterstützten, und sie so in Angst versetzen. Dann nämlich würden sie einsehen, dass es vorteilhafter für sie sei, wenn die Last ihres Besitzes geschmälert würde. Die zweite Möglichkeit versprach dem Derven Aga mehr Nutzen, weil der Pascha seinem Hof Ergebnisse präsentieren musste und deshalb eine strenge Verfolgung verlangte – also wählte er diese.

Der ehemalige Derven Aga unterstützte zwar nach außen hin dessen Plan, war aber gleichzeitig darauf bedacht, ihn wirkungslos zu machen. Um den Anschein zu erwecken, er sei unentbehrlich, weil er die Gegend und die Menschen gut kenne, und um zu zeigen, dass der Pascha einen großen Fehler gemacht habe, indem er einen anderen an seine Stelle berufen hatte, wiegelte der ehemalige Derven Aga alle Banden auf, deren Anführer er kannte. So wandte er sich auch an Tassos, da er meinte, dieser sei in der Lage, entschlossener als die anderen zu agieren. Obwohl Tassos große Lust hatte, sich an derlei Aktionen zu beteiligen, schlug er das Angebot aus und gab vor, dass er keine genaue Kenntnis der Örtlichkeiten besäße. Auch habe er keine Kontakte zu Leuten, die ihn unterstützen könnten und von denen er erfahren könnte, von wem er verfolgt wurde und woher er sich Proviant besorgen könnte. Allerdings war das Gegenteil der Fall gewesen: Tassos hatte während seines ganzen Aufenthaltes ununterbrochen alle wichtigen Plätze ausgespäht und war Pate der Kinder vieler Hirten und einheimischer Bauern geworden. Der ehemalige Derven Aga wusste genau, dass das alles nur Ausflüchte waren, um bessere Bedingungen auszuhandeln. Abgesehen davon, dass er ihm also Schutz und Unterstützung zusagte, veranlasste er den Vorsteher von *Portaria*, auch im Namen der *24 Dörfer*, Tassos wissen zu lassen, dass er Proviant und Bezahlung erhalten werde, wenn er versichere, diese Dörfer niemals anzugreifen.

Tassos nahm diesen Vorschlag an, forderte aber darüber hinaus, dass der Vorsteher seine Mutter unverzüglich nach *Skiathos* bringen solle, wo er einen Freund habe.

Als Barbara von den vorteilhaften Bedingungen der

Übereinkunft erfuhr, sprang sie vor Freude auf, da ihr Tassos nun wieder zu Ruhm gelangen werde.

„Fürwahr", sagte sie, „als Christ hat er das gesagt, und als Heiliger wird er Ruhm erlangen."

So wurde Tassos also wieder ein Klefte und machte sich sofort ans Werk. Zunächst bildete er eine Bande aus ungefähr zwanzig auserwählten und unerschrockenen Palikaren, die teils aus Griechenland kamen, teils Ortskenntnisse des Gebiets um Lamia besaßen.

Von dort stammte auch sein Protopalikare, der weithin bekannte Skias, ein starker, flinker, ungestümer und wagemutiger junger Mann. Nachdem er sein Versteck bestimmt hatte, zog Tassos von überall her Erkundigungen ein, weil er eine Aufsehen erregende Tat vollbringen wollte.

Gleich nachdem der neue Derven Aga eingesetzt worden war, erwachte das Räuberunwesen überall zu neuem Leben, was dazu führte, dass sich besonders bei den Türken Furcht breit machte. Die nämlich sollten – so lautete die Losung – in erster Linie überfallen werden, bevor ein lauter Protest gegen den Pascha nach Konstantinopel gelangen würde. Unter denen, die wegen der Vorgänge in Furcht gerieten, war auch Hussein Bey aus *Pharsala*, der sich während des Sommers auf seinem Landgut aufhielt. Weil er sah, dass die Räuberbanden viele Köpfe zählten und weil er seinen Dienern nicht ganz vertraute, beschloss er, in die Stadt zurückzukehren, bis die Sicherheit wieder hergestellt sei. So zog er mit der gesamten Familie vor Sonnenaufgang los: Drei bewaffnete Diener gingen zu Fuß voran, dahinter ritt er selbst auf einem Maultier mit seinem Sohn auf den Knien, ihm folgte seine Frau Fatme, die ein ganz kleines Kind im Arm hielt, danach kamen seine drei Nebenfrauen sowie zwei Dienerinnen auf Maultieren und schließlich

noch drei bewaffnete Diener. Damit alle zusammenblie-
ben, bewegte sich der Zug nur langsam voran. Als die Familie von Hussein Bey gerade ein trockenes Flussbett
durchquerte, war plötzlich eine donnernde Stimme zu
hören: „Stehen bleiben!" Ungefähr zehn zerlumpte Räuber
standen plötzlich wie dem Boden entwachsen vor ihnen
und richteten ihre Waffen gegen sie. Wie vom Donner gerührt blieben alle stehen, die Diener des Hussein Bey gehorchten dem Wink der Räuber und ließen ihre Waffen
fallen. Hussein Bey selbst zupfte wortlos und blass an seinem Bart.

„Wir sind gute Menschen", rief Skias, „habt keine Angst!
Wir wollen nur Geld, denn auch wir müssen leben!"

Tassos war zugegen, sagte aber nichts, um nicht zu verraten, dass er der Anführer war.

„Geld habe ich nicht bei mir", sagte der Bey, „aber nehmt,
was ich habe."

„Hier hast du kein Geld, aber in der Stadt hast du Goldstücke. Wir wollen nicht viel, schicke uns tausend und lass
uns Fatme als Pfand hier."

Hussein Bey war bestürzt und konnte lange kein Wort
hervorbringen. Er wäre nicht sehr traurig gewesen, wenn
sie eine der anderen Frauen gefordert hätten, von denen er
keine Kinder oder nur Töchter hatte, aber Fatme, die Tochter des Paschas von Larissa, in den Händen ungläubiger
Räuber zu lassen, bedeutete für ihn das schlimmste Schicksal. Er überlegte, ob er ihnen eine der drei Frauen oder alle
drei als Pfand anbieten solle, sah dann aber ein, dass auch
die Räuber den geringen Wert dieses Pfandes ahnen und
vielleicht ein höheres Lösegeld für Fatme fordern würden.

„Wir haben keine Zeit zu verlieren", sagte Skias. „Meine
Dame, lasst Euer kleines Kind da und steigt ab. Wenn der

Bey Euch liebt, schickt er uns die tausend, wenn er Euch nicht liebt, werde ich Euer Bey."

„Nehmt mir nicht Fatme!" rief der Bey, „ich gebe Euch meinen Sohn als Pfand und werde Euch, beim Koran, die tausend Goldstücke und noch mehr schicken!"

Seine Bitten und Versprechungen, noch mehr Gold zu geben, waren vergeblich. Skias wollte auf den Vorschlag des Beys eingehen, aber als er zu Tassos blickte, merkte er, dass dieser nicht einverstanden war. Er ließ Fatme von dem Maultier herabsteigen, wandte sich zu dem Bey und sagte:

„Fatme wird nichts geschehen. Als Diamant gibst du sie uns, als Diamant wirst du sie wieder in Empfang nehmen. Schicke uns die tausend Gulden dort drüben an die drei Bäume. Wir werden auf dich bis zum Mittag warten. Wenn du sie nicht schickst, wird Fatme in Lamia getauft werden, und du wirst zu ihrer Hochzeit und zum Verzehr der *Koufeta* eingeladen werden."

Die unglückliche Fatme, deren Angst und Schrecken von ihrem Schleier verborgen blieb, brachte kein Wort hervor. Skias band seine breite Bauchschärpe los und gab jedes Ende einem Räuber zum Halten. Dann setzten sie Fatme auf die Schärpe und verschwanden mit ihr im Handumdrehen, nachdem sie den Dienern des Beys noch die Waffen abgenommen hatten.

Schon vor Mittag kam der Überbringer des Lösegeldes an den vereinbarten Platz mit den Bäumen, in deren Schatten ein Räuber saß und nach allen Seiten wie von einem Wachturm aus alle beobachtete, die sich näherten, damit es zu keinem Verrat komme. Nachdem die tausend Gulden nachgezählt worden waren, wurde kurz darauf Fatme von zwei Räubern gebracht. Sie versicherte dem Überbringer des Lösegeldes, dass sie von den Räubern gut behandelt worden sei, die sie allein in einer Höhle gelassen hätten. Die Räuber verschwanden, und Fatme bestieg ein Maultier und kehrte nach Hause zurück.

Diese Begebenheit machte sofort in ganz Thessalien die Runde. Der ehemalige Derven Aga besuchte aus Schadenfreude Hussein Bey, angeblich, um ihm sein Mitgefühl auszusprechen, während der amtierende Derven Aga voll Wut den Pascha darüber informierte, dass er schwöre, noch vor Beginn des neuen Monats Tassos, auf den er ein Kopfgeld ausgesetzt habe, lebend oder tot zu übergeben. Gleichzeitig mit der energischen Verfolgung dieser Bande begann der neue Derven Aga einen Feldzug gegen die friedfertigen Bürger, besonders die wohlhabenderen unter ihnen, von denen eines der ersten Opfer der gutmütige Ayfandis wurde. Ihm wurde vorgeworfen, er habe alle möglichen Kontakte zu den Räubern, die er permanent unterstütze. Dazu gehöre besonders Tassos, um dessen Verwundung er sich gekümmert habe. Auch stehe der Bruder dieses abscheulichen Räuberhauptmanns nun in seinen Diensten. Angezeigt wurde dies von einem der Nachbarn von Ayfandis, selbst ein Christ, der zuvor schon Anspruch auf eines der Grundstücke von Ayfandis erhoben und gegen ihn deshalb einen Prozess in Larissa angestrengt hatte. Aber Ayfandis hatte viele Freunde und erfuhr rechtzeitig von dieser Anzeige. Also schickte er unverzüglich seine Frau und Tochter nach *Volos*, damit sie sich von dort nach *Skopelos* begeben sollten, wo er Verwandte hatte. Ebenso schickte er Thanos, der ja ebenfalls gesucht wurde, nach Skopelos, aber auf einem anderen Weg. Er selbst versteckte sich und wartete auf die erstbeste Gelegenheit, das türkische Gebiet zu verlassen. Als die Soldaten des Derven Aga das Haus von Ayfandis stürmten, fanden sie daher niemanden vor.

So beschlagnahmten sie seinen ganzen Besitz und ließen Nachforschungen nach ihm anstellen.

Weil er nicht so bekannt war und daher keinen Verdacht erregte, machte sich Thanos ohne größere Vorsichtsmaßnahmen auf den Weg nach Volos, von wo aus er mit den Frauen aus dem Haus des Ayfandis auf einem Schiff nach Skopelos übersetzen wollte. Obwohl überall Soldaten unterwegs waren, um die Räuber zu fassen, hatte er Volos fast erreicht, ohne auch nur einem von ihnen zu begegnen. Plötzlich jedoch liefen ihm zwei Soldaten über den Weg und forderten ihn auf, stehenzubleiben. Diese zwei Soldaten hatten unter dem ehemaligen Derven Aga zusammen mit Thanos' Bruder gedient, der ihm ja sehr ähnelte. Freilich war Tassos kräftiger und hätte sich außerhalb von Volos nicht unbewaffnet bewegt, weshalb sich die Soldaten ratlos anblickten.

„He, bist du nicht der Bruder von Tassos und Verwalter bei Ayfandis?" fragte einer von ihnen.

Thanos blieb, ehrlich wie er war, nichts anderes übrig, als sich zu erkennen zu geben.

„Setz dich hin und warte hier, bis wir wiederkommen", befahl ihm einer der Soldaten und entfernte sich mit seinem Kameraden ein paar Schritte, ohne Thanos aus den Augen zu lassen. Seinem Kameraden eröffnete er, dass sie nun ein wertvolles Pfand in der Hand hätten. Sehe man von seinem übrigen Körper ab, gleiche der Kopf von Thanos ganz genau dem seines Bruders, der gesucht werde. Wenn sie also den Kopf ohne den Körper ablieferten, würden sie mit Sicherheit in den Genuss des Kopfgeldes kommen.

„Ja", sagte der andere, „aber wenn der Betrug herauskommt?"

Während sie auf Türkisch das Für und Wider dieses

Plans erwogen, waren von fern Soldaten und Reisende zu sehen. Daher beschlossen die beiden, sich mit Thanos zu entfernen, zu viele jedoch hatten sie bereits gesehen. Da nun doch ihre Furcht überwog, ihr Plan könne entdeckt werden, hielten sie es für besser, Thanos als Bruder von Tassos dem *Kaimakam* in Volos zu übergeben, der ihnen sicher eine Belohnung zahlen würde. Dies taten sie, und der Kaimakam ließ Thanos ins Gefängnis schaffen, um später zu sehen, was mit ihm geschehen solle.

Der Kaimakam war ein träger und der Wollust nicht abgeneigter Mensch, der möglichst alle Schwierigkeiten zu vermeiden suchte und den Pflichten seines Amtes nur nachging, wenn er dazu aufgelegt war; das heißt, wenn sein Magen nicht übervoll war oder wenn er die nötige Zeit der Ruhepause genossen hatte, die das normale Maß beträchtlich überschritt. Seiner Meinung nach waren Sorgen die Feinde guten Lebens. Deshalb hatte er einen Weg gefunden, dieses gegen die hinterhältigen Anschläge der Sorgen zu schützen, indem er in jeder Angelegenheit einen Imam um Rat fragte, den er als ehrerbietigen und demnach auch vertrauenswürdigen Menschen betrachtete. Morgens nach dem Gebet war er häufiger Gast in dem Kafeneion am Strand, in das auch der *Imam* zu gehen pflegte. Dort tranken sie ihren Kaffee und rauchten die Wasserpfeife und wenn, was natürlich nicht jeden Tag vorkam, die Verfassung des Kaimakam jenen Grad von Wohlbefinden erreichte, den die Türken „*Kef*" nennen, bat er um die Meinung des Imam und bekam diese auch zu hören. Das war nur allzu natürlich, denn wie hätte der Kaimakam das Problem angehen können, wenn er sich nicht in der richtigen seelischen Verfassung befunden hätte?

Die Soldaten wiesen den Kaimakam auf die Ähnlichkeit

zwischen Thanos und Tassos hin und sagten, sie hätten ihn außerhalb von Volos, natürlich als er spionierte, festgenommen. Wenn sein Kopf, so sagten sie weiter, öffentlich gezeigt würde, werde sich Schrecken verbreiten und der Imam erfreut sein. Mit diesen Worten hofften sie, eine entsprechende Belohnung zu bekommen, aber der Kaimakam schob seine Entscheidung hinaus, eben um zuerst den Imam um Rat zu fragen.

Derweil hatte der Kaimakam es noch mit einer anderen, sehr lästigen Angelegenheit zu tun. Der griechische Kapitän eines Handelsschiffes wurde mit seiner Mannschaft ebenfalls im Gefängnis festgehalten, weil es hieß, er habe den Schiffseigner betrogen. Der Kaimakam wurde ihretwegen gleich von zwei Seiten belästigt, nämlich von dem türkischen Kaufmann, der betrogen worden war, und von dem griechischen Konsul, der die Übergabe der Festgehaltenen forderte, um sie in Griechenland vor Gericht stellen zu lassen. Der türkische Handelsherr, der wirklich bedauernswert war, erhob jedoch Einspruch dagegen und forderte, sie so lange nicht nach Griechenland zu überstellen, bis er entschädigt sei.

Im Einzelnen ging die Geschichte so: Abdullah, so der Name des Kaufmanns, hatte Weizen als Fracht auf ein griechisches Schiff, die „Klytaimnestra", schaffen lassen, um ihn in *Syros* zu verkaufen. Zur größeren Sicherheit war er selbst auf dem Schiff mitgefahren. Diese Vorsichtsmaßnahme half allerdings nichts, denn kaum waren sie aus dem *Pagasaischen Golf* herausgefahren, setzte der Kapitän seine Segel derart, dass das Schiff, als der Wind auffrischte, wie bei einem Unwetter hin- und hergeworfen wurde. Abdullah verkroch sich voll Schrecken und zudem seekrank in seine Kabine.

Zarpas, der Kapitän, der sich nun nicht mehr beobachtet fühlte, ließ die Fracht heimlich auf kleine Boote verladen und zur Küste von Euböa schaffen, wo er sie verkaufte. Dann ließ er Löcher in das Schiff bohren und es versenken. Er rettete Abdullah, nicht aus Nächstenliebe, sondern weil er ihn als zuverlässigen Zeugen bei der offiziellen Bestätigung des Seeunglücks in Volos dabei haben wollte, um dann die mit einer Versicherung in Syros vereinbarte Versicherungssumme kassieren zu können. Abdullah aber, der keine Versicherung für seine Fracht abgeschlossen hatte, war untröstlich, schließlich hatte er sein ganzes Vermögen verloren.

Als die Bestätigung des Seeunfalls erfolgt war, erfuhr Abdullah jedoch zufällig, dass gar kein Unwetter geherrscht hatte und seine Fracht nicht verloren gegangen, sondern in *Oreoi* auf Euböa verkauft worden sei. Folglich verlangte er die Festnahme von Zarpas und der Schiffsbesatzung, die vom Kaimakam, auch auf Anraten des Imam, angeordnet wurde. Dagegen erhob der griechische Konsul Einwände und versprach, dass Abdullah in Griechenland durch einen Gerichtsentscheid voll entschädigt würde. Aber Abdullah traute dem nicht, und der Kaimakam wollte mit der Intervention des Konsuls nichts mehr zu tun haben und nahm sich vor, am nächsten Tag den Imam wegen der Angelegenheit um Rat zu fragen.

Thanos, der in demselben Gefängnis wie die Seeleute und Zarpas festgehalten wurde, konnte ihnen den Grund für seine Verhaftung nicht erklären, abgesehen davon, dass er der Bruder von Tassos war. So schlief er in der Nacht tief und fest nach seinem anstrengenden Marsch und hatte viele Träume. Im ersten sah er einen riesigen Scheiterhaufen und mitten drin fröhlich Papa-Jonas, der die Hände

ausstreckte und den Segen erteilte. Dann kammen das
Feuer und der plötzlich gewaltig vergrößerte Papa-Jonas
auf Thanos zu, und es schien, als wollten sie ihn mitreißen.
In einem weiteren Traum sah er, dass er mit Ephrosyne auf
dem Wasser unterwegs war, aber ein heftiges Gewitter das
Schiff zerschmetterte und sie beide untergingen. Er erblickte Ephrosyne für einen Moment unter Wasser, als sie
in die Tiefe gezogen wurde, aber als er hinter ihr her
tauchte, fand er sie nicht mehr, und das Wasser erstickte
seine Stimme, während er ihren Namen zu rufen versuchte. Nachdem er aus dem Traum erschreckt erwacht
war und sich davon überzeugt hatte, dass es nur ein Traum
gewesen war, schlief er wieder ein, ohne zu ahnen, dass der
nächste Tag über sein Schicksal entscheiden würde.

Nachdem am Morgen des nächsten Tages der Kaimakam genussvoll seinen Kaffee geschlürft und sich seine
Wasserpfeife angezündet hatte, begann er, mit dem anwesenden Imam zu sprechen. Er fragte ihn, wie er den dum-
men Konsul mit seinem lästigen Gerede und gleichzeitig
auch Abdullah, dem Unrecht geschehen sei und der nun
dauernd jammere, loswerden könne. Der Imam überlegte,
während er an seiner blubbernden Wasserpfeife zog, als ob
er aus ihr kluge Ratschläge saugen könne, und sagte dann,
er habe die Lösung gefunden:

„Siehst du dort das Kriegsschiff, das fertig zur Abfahrt
nach Konstantinopel ist? Lass doch alle diese Kerle an
Bord schaffen. Dann soll die Regierung dort entscheiden,
was mit ihnen passieren soll. Wie sagt doch der Prophet:
‚Auch wenn etwas nicht größer ist als ein Senfkorn, verborgen im Fels, im Himmel oder in der Erde, Allah bringt
es ans Licht.‘ Wenn also die Schlechtigkeit dieser Menschen dort vor der Regierung sichtbar ist, dann soll doch

der griechische Konsul, wenn er will, sehen, was er ausrichten kann."

„Ausgezeichnet, bravo!" rief der Kaimakam aus. „Ich
gebe sofort das Kommando, umso schneller werde ich diese
Sorge los."

Er klatschte in die Hände, um den Wachhabenden zu
rufen, und gab den Befehl, seine Anordnung unverzüglich
auszuführen, damit der Konsul keine Gelegenheit habe,
ihm einen Besuch abzustatten. Er blieb an Ort und Stelle,
bis die Gefangenen an Bord gebracht waren und das Schiff
die Anker gelichtet hatte.

Voller Freude über diesen Erfolg versäumte er es, den
Imam wegen Thanos um Rat zu fragen, und kehrte zufrieden über den Ausgang der Angelegenheit nach Hause zurück.

6
Die Überfahrt

Der Wachhabende hatte wohl den Befehl seines Chefs nicht richtig verstanden, denn als der Imam am folgenden Morgen entschied, dass Thanos als Bruder des Räubers Tassos enthauptet werden sollte, befand dieser sich nicht mehr im Gefängnis, war er doch aus Versehen mit den Seeleuten der „Klytaimnestra" auf das Kriegsschiff gebracht worden. Der Kaimakam regte sich nicht sonderlich darüber auf, denn so war er diese Sorge von allein losgeworden.

Thanos fuhr also zusammen mit den anderen gefesselt in einem engen und stickigen Raum im Bauch des Schiffes mit, wo er kaum Licht zu sehen bekam. Er seufzte, denn seine Gedankenlosigkeit, durch die er in die Hände der Soldaten gefallen war, ärgerte ihn. Zudem konnte er nicht verstehen, aus welchem Grund er auf das Schiff gebracht worden war und warum er nach Konstantinopel geschickt wurde. Seine Leidensgefährten konnten ihn nicht trösten, denn über ihren eigenen Köpfen zogen sich viele dunkle Wolken zusammen, besonders über dem Kopf des Zarpas. Ihn schreckte nicht die Erwartung schwerer Strafen, aber er sah kommen, dass er nicht nur das gestohlene Getreide verlieren, sondern auch der vorgetäuschte Schiffbruch der Versicherung bekannt werden würde. Natürlich wird sie dann das Recht haben, seinen Anspruch auf Entschädigung abzulehnen. Trotzdem war er niemand, der schnell aufgab. Je verzwickter und auswegloser eine Sache erschien, desto mehr zeigte sich seine energische Art, einen Ausweg zu finden. Er flüsterte öfters den neben ihm sitzenden Seeleuten etwas ins Ohr, das keiner sonst hören sollte, und schien etwas im Schilde zu führen, von dem er meinte, dass nur sie es hören durften. Offensichtlich gefiel ihm sein Plan sehr, denn er strahlte regelrecht Heiterkeit aus, die sich auf die anderen übertrug.

„Nur Mut, Leute, wir werden, ohne für die Fahrt etwas bezahlen zu müssen, die Stadt und die schönen Augen in *Psomathia* sehen", sagte Zarpas.

„Ich glaube nicht, dass man uns nach Psomathia bringt", erwiderte einer der Seeleute, der nicht in der Nähe von Zarpas saß und deshalb auch nicht dessen heimliche Worte mitbekommen hatte.

„Ich glaube, dass uns irgendein dunkles Loch dort erwartet, wo die Schiffe gebaut werden und wo man mit offenen Augen nicht mehr sehen kann als mit geschlossenen."

„Ach was, du glaubst doch nicht wirklich", sagte ein anderer, „dass man uns dort für alle Ewigkeit festhalten wird? Ein Wort von uns bei seiner Exzellenz, dem Botschafter, und wir werden sehen, ob nicht der Türke seine Ohren aus dem Fez herausstreckt. Hast du gesehen, wie der Kaimakam sich vor dem Konsul gefürchtet hat? Deshalb hat er uns doch loswerden wollen, aber Gott hat ihm den Verstand geraubt, denn ich habe nicht gesehen, dass Abdullah mit an Bord ist."

„Das stimmt!" bemerkte ein anderer Seemann, „er ist bestimmt nicht mit auf dem Schiff, weil ich als letzter oben an Deck gewesen bin, und als wir ablegten, war Abdullah nicht zu sehen."

„Bevor sich Abdullah erneut aufs Meer begibt, sind wir mit Hilfe der Botschaft von jeder Schuld frei gewaschen und bereits in Syros. Dann soll Abdullah doch auf ein anderes Meer fahren, und wenn es ihn dort erwischt, wollen wir mal sehen, was wir ihm schuldig sind. Dieser arme Dummkopf! Wir hätten ihn ertrinken lassen sollen. Damals schrie er: ‚Hilfe, rettet mich, und ich gebe euch, was ihr wollt!‘ Aber ich weiß, wer ihn umgestimmt hat: es war der gerissene Chronis, der seinen Anteil haben wollte. Soll er doch seinen verrosteten Kahn wieder in Gang bringen und es anders machen, wenn er es kann. Ein Berg kann nicht dem anderen begegnen, aber Zarpas und Chronis werden sich wieder begegnen."

Thanos bekam dieses Gespräch mit, bei dem Zarpas sein volles Vertrauen in die Mithilfe des Botschafters bekundete, und wollte wissen:

„Kann auch ich mich an den Botschafter wenden?"

„Natürlich, wenn du kein *Raja* bist."

„Nein, ich bin Bürger des Königreiches Griechenland, werde aber polizeilich gesucht."

„Umso besser, da hast du Glück. Dann hat der Botschafter die Pflicht, dafür zu sorgen, dass die griechischen Gerichte dich verhaften lassen."

„Aber wenn sie mich dann einsperren?"

„Da mach dir keine Sorge, Junge, die griechischen Gerichte wissen schon genau, was für sie von Vorteil ist. Ich habe zweimal auf der Anklagebank gesessen. Beim ersten Mal wegen Piraterie, da bin ich wie ein Unschuldslamm davongekommen, beim zweiten Mal wegen Betrugs mit der Fracht. Sie behaupteten damals, ich hätte einen Seeschaden vorgetäuscht, hielten mich für schuldig und verurteilten mich zu sechs Jahren Haft. Aber nach zwei

Monaten gab ich einem meiner Freunde die Hälfte dessen, was von dem angeblichen Seeschaden übrig geblieben war, und schon wurde ich amnestiert. Natürlich war ich nicht so dumm gewesen, die Fracht als Fraß für die Fische im Meer zu versenken. Was meint ihr, Leute, wenn sie uns vor Gericht stellen, das nur dem Namen nach eines ist, wird es dann mit uns vorwärts gehen oder nicht?"

„Wie es das Schicksal und die Strohköpfe von Geschworenen wollen."

„Hört mal zu! Der, der heute Nacht einen Traum hat, soll ihn erzählen, damit wir wissen, was mit uns geschieht. Inzwischen sing uns ein Liedchen, Alexios, damit wir nicht Trübsal blasen!"

Während Alexios überlegte, was er singen sollte, erinnerte sich Thanos an seine Träume, aber er hielt es nicht für richtig, sie denen zu erzählen, die anderes im Sinn hatten. Da begann Alexios zu singen:

Am Fenster saß sie,
blond und voller Schmuck,
die blauäugige Galaziani,
überall bekannt.

Mein guter Kapitän,
mit dem hohen Segelwerk,
sag mir, woher du kommst
mit deinen vielen Segeln.

Von den Grenzen komme ich
der ganzen bewohnten Welt,
aus dem tiefen Amerika
mit seinem goldenen Pflaster.

Perlen und Gulden,
Diamanten und Rubine
Kästen voll davon überall,
bei der heiligen Marina.

Auch hierher kam ich,
zu finden wertvolles Gut.
Aber ich fand das Beste,
ich fand deine zwei süßen Augen.

Mein guter Kapitän,
mein werter Kapitän,
wo auch immer du machtest Halt,
erzählt keiner Lügen?

Öffne die Tür jetzt, Blauäuglein,
ich bringe dir all das, und wahrlich,
hältst du mich für wert und willst du mich,
so wähle mich!

„Zum Teufel mit diesen Hunden!" rief der Kapitän, als
er seine Gefangenen unten singen hörte. „Diese Griechen
singen auch noch in der Hölle."

Solange das Schiff mit Rückenwind durch die Meeres-
enge fuhr, machte es unbeschadet gute Fahrt. Aber sobald
sie auf das offene Meer hinauskamen und die Spitze von
Euböa umfuhren, frischte der Wind auf und die Wellenkämme schwollen an. Dichte Wolken, durch die Blitze
zuckten, verdunkelten den Horizont. Der vorausblickende
Steuermann wollte einen Teil der Segel reffen, bevor sie
von noch heftigeren Winden getroffen wurden. Die Nacht
war schon fortgeschritten und nur wenige Sterne am Firmament zu sehen. Währenddessen verstärkte sich die Gewalt des Windes, und die hohen Wellen kündigten einen

Sturm an. So gewaltig traf der Wind auf die seitliche Schiffswand, dass der türkische Steuermann es für nötig hielt, die Marssegel zu reffen und die Großsegel ein wenig zu lockern. Die Seeleute waren gerade bei dieser schweren Arbeit, als plötzlich Wolken den Himmel bedeckten und der Sturm mit Gewalt losbrach. Im Inneren des hin- und hergeworfenen Schiffes wurde alles durcheinander geschleudert.

Seine Bugspriet und Planken knackten, als würden sie auseinandergerissen, und die Segel klatschten aneinander, als würden sie ausgepeitscht. Der Kapitän schrie wie wahnsinnig nach den Matrosen, die wild umherrannten, weil sie entweder die Befehle nicht verstanden oder zu viele Kommandos gleichzeitig hörten. Zwei kleine Kanonen, die nicht fest genug angebunden waren, rollten gefährlich über Deck.

Aus dem Pumpenraum, der sich mit Wasser füllte, waren die jammervollen Stimmen der dort Eingeschlossenen zu hören. Sie konnten weder aufrecht darin stehen, weil er so niedrig war, noch herauskommen, weil der Ausgang mit Eisenplatten gesichert war und nur ein kleines Loch hatte, damit Licht einfallen konnte. Das Wasser stand ihnen bis zur Brust und sie hielten sich an den Händen fest, damit es sie nicht durcheinander warf. Dann zerbrach der Mastbaum des Schiffes und pendelte, nur noch vom Bugspriet gehalten, wild hin und her. In dieser prekären Situation verlor der Kapitän den Mut und erhoffte sich nichts mehr von seiner unfähigen Besatzung, auch wenn es sich um elf Leute handelte. Er entschloss sich deshalb, bei den Gefangenen seine Rettung zu suchen, die größere Erfahrung zur See hatten.

Er gab also dem Gendarmen, der den Schlüssel zu

ihrem Gefängnis hatte, den Befehl, drei oder vier von ihnen nach oben zu bringen. Kaum hatte dieser die Riegel fortgeschoben, sprangen alle aus dem Pumpenraum, nahmen dem Gendarmen die Schlüssel ab und warfen ihn hinein.

Im Nu befreiten sie sich von ihren Ketten, stürzten an Deck und warfen als erstes den Kapitän ins Meer. Ihr Angriff erfolgte so plötzlich, dass die türkischen Matrosen einer nach dem anderen in die Wellen geworfen wurden, bevor sie überhaupt erkennen konnten, wer dies tat.

Zarpas ergriff das Ruder und seine Leute kletterten die Masten hinauf, rafften alle Segel, holten das Marssegel ein und ließen nur den Klüver. Gleichzeitig betätigten sie sofort die Pumpe, während sie mit unbeschreiblicher Freude im Gleichklang das traditionelle „Hauruck! Hauruck" intonierten.

Die Elemente tobten, die Wellen türmten sich auf und spien dicke Gischt, der Sturm heulte unaufhörlich und zuckende Blitze zerrissen hin und wieder das Dunkel der Nacht, aber Zarpas lenkte geschickt und mit fester Hand das Schiff durch die Wellen.

„Die *Panaghia* liebt uns", rief er. „Ich habe gelobt, ihr zehn Goldstücke in *Tinos* zu spenden. Wenn ihr es auch tut, wird sie uns retten."

Fast die ganze Nacht kämpften sie unermüdlich, voller Mut. Schließlich flaute der Sturm nach einem Wolkenbruch ab, und es regnete nur noch leicht. Als daraufhin die Matrosen das Schiff nach Nahrung durchsuchten, stießen sie auf Thanos, der ausgestreckt unter Deck lag und noch seine Fesseln trug. Sie befreiten ihn und gaben ihm zu essen und zu trinken. Dann durchstreiften sie das Schiff von oben nach unten und sahen sich alles an. Es erschien ihnen wie ein Traum, dass sie, aus solchen Gefahren gerettet, gleichzeitig auch noch die Herren eines solchen Schiffes geworden waren.

„Lang lebe der Kaimakam!" rief Zarpas. „Man könnte meinen, dass er das alles absichtlich gemacht hat. Jetzt, wo wir das Schiff haben, an die Arbeit, und bringt alles in Ordnung, damit wir uns auf irgendwelchen einsamen Inseln verstecken können!"

So begannen sie mit den provisorischen Ausbesserungsarbeiten vor allem der Segel, indem sie die übriggebliebenen Fetzen zusammennähten.

Inzwischen hatten sich die Wolken fast vollständig verzogen und ein heiterer Tag kündigte sich an. Die *rosenfingrige Eos* verließ schnell das kühle Ehebett des alten *Tithonos*, legte ihre safranfarbenen Gewänder an und beschwichtigte das tosende Meer, dessen Brausen im Gleichklang mit dem Flüstern der morgendlichen Brise ertönte. Zarpas, der am Steuerrad stand, wandte seinen grauhaarigen Kopf herum. Seine kleinen, fröhlich blickenden Augen strahlten, und sein dunkles Gesicht hatte wegen des hervorstehenden Unterkiefers etwas von einem Raubtier, das seine Beute mit den Krallen gepackt hat und fortschleppt.

Thanos konnte nicht verstehen, wo die früheren Herren des Schiffes geblieben waren, und keiner erklärte es ihm. So saß er an die Schiffswand gelehnt und bewunderte den prächtigen Anblick des anbrechenden Tages, den er noch niemals auf dem Meer erlebt hatte. Das Schiff glitt langsam ohne Segel und nur mit einem ebenfalls beschädigten Schiffsschnabel dahin. Im Norden waren die *Sporaden* auszumachen, auf die es jetzt Kurs nahm, während es Abstand von der Insel *Andros* hielt, in deren Richtung der Sturm es getrieben hatte. Dort, auf den Sporaden, wollte Zarpas seine Beute im Schutz einer Höhle verstecken, bis seine Angelegenheiten geregelt waren.

„Andreas!", schrie er, „bewegt sich da draußen außerhalb der Meerenge von Euböa nicht etwas?"

Andreas ließ von den Segeln ab und spähte aufmerksam in die Richtung.

„Ja", sagte er, „ ein Schiff fährt dort mit günstigem Rükkenwind auf Skopelos zu."

„Wir wollen versuchen, ihm den Weg abzuschneiden. Ist schon ein Segel fertig?"

„Es sind tausend Stückchen, und keins passt zueinander, so wie im griechischen Staat."

„Wenn wir dem Schiff den Weg abschneiden, bitten wir es darum, uns ein Segel zu leihen, oder, wenn es das lieber will, schenkt es uns eins – wir haben ja zwei Kanonen. Seht zu, ob sie in der Lage sind, Respekt einzuflößen. Seht auch nach, ob wir unter Deck Waffen und Schießpulver haben, und macht euch fertig!"

Bereitwillig führten die Matrosen die neuen Anordnungen aus und kehrten nacheinander zurück. Der eine hatte ein Schwert in der Hand, der andere eine Feuerwaffe, und so ging es weiter. Zarpas führte das Ruder und hielt direkt auf das Schiff zu, das sich anschickte, ihren Weg zu kreuzen. Zarpas' Schiff wiederum glitt mit von günstigem Wind geblähten Segeln auf den Wellen mit außergewöhnlicher Schnelligkeit dahin, wie ein Schwan, der mit ausgebreiteten Flügeln der Strömung eines Flusses folgt.

Es war Zarpas allerdings unmöglich, ohne Segel das andere Schiff zu erreichen, aber sein erfinderischer Kopf hatte noch genügend Tricks auf Lager. Er werde, so überlegte er, so tun, als bäte er um Hilfe, wenn er dann aber in die Nähe des Schiffes gekommen sei, werde er die Überredungskraft der Kanonen benutzen, um sein Ziel zu erreichen. Mit erfahrenem Blick schätzte er die Entfernung und wollte sich mitten auf den Fahrweg des anderen Schiffes setzen, das sich bereits mit schneller Fahrt näherte.

„Das ist Chronis!" rief Andreas.

„Chronis, Chronis", schrien alle.

„Habe ich nicht gesagt, dass wir uns wieder begegnen werden? Seid ihr bereit?"

„Wir sind bereit!" antworteten alle.

„Also auf die Plätze!"

Sobald Chronis sah, in welchem schlimmen Zustand sich das Takelwerk des türkischen Schiffes befand, nahm er an, es suche um Hilfe nach, und hielt darauf zu. Dabei ließ er einige Segel einholen, um die Fahrt zu verlangsamen. Als sich Chronis näherte, rief ihm Zarpas zu, er solle langsam herankommen, da er ihre Hilfe benötige.

Chronis sah, dass es sich um das türkische Schiff handelte, das vor ihm aus Volos ausgelaufen war. Dann aber erkannte er Zarpas und seine Mannschaft, die alle bewaffnet waren und von denen zwei an den Kanonen standen und schon den Zünder in der Hand hielten.

„Mach keine Dummheiten", schrie Zarpas, „sonst bist du verloren."

Alle auf Chronis' Schiff ergriff Angst, und sie warteten gespannt, was nun geschehen würde. Zarpas ließ das Beiboot zu Wasser, bestieg es mit sechs seiner Leute und setzte zu dem Schiff von Chronis über.

Thanos beobachtete erstaunt, was da vor sich ging, und glaubte, etwas Schlimmes werde passieren. Aber sein Erstaunen nahm noch zu, als er auf dem Deck des anderen Schiffes Ephrosyne mit ihrer Mutter erblickte. Völlig

durcheinander rief er ihren Namen und lief an Deck auf
und ab, damit sie ihn sehen konnte. Sie aber stand da und
starrte mit unverwandtem Blick auf das Boot mit den Bewaffneten an Bord, die Unheil verkündeten. Die wild aus-
sehenden Matrosen, mit denen Thanos auf dem Schiff war,
wiesen ihn an, ruhig zu sein und nicht zu rufen. Und was
konnte er auch schon allein und unbewaffnet bei einer
solch unüberbrückbaren Entfernung ausrichten? So stand
er ratlos und verzweifelt da und starrte gebannt auf das andere Schiff.

Zarpas ging als erstes an Bord des Schiffes und direkt
zu Chronis:

„Das hast du nicht gedacht", rief er, „dass du uns so
schnell willkommen heißen wirst. Wir haben noch eine
Rechnung zu begleichen, und jetzt ist die Stunde gekommen, dass ich dir deinen Teil gebe."

„Ich habe nie etwas von dir gewollt, ich habe nichts gesagt, das schwöre ich dir bei meinen Kindern! Ich will
nichts von dir."

„Jetzt bist du verständig und uneigennützig geworden,
du dreckiger Hund! Los, Leute, fesselt ihn und ab unter
Deck!"

Chronis fiel auf die Knie und bettelte, aber Zarpas ließ
seine feurigen und zornigen Blicke über die Anwesenden
schweifen. Nachdem er sich an dem Anblick des Schrek-
kens geweidet hatte, der von ihm ausging, und sah, wie alle
bleich wurden, wandte er sich um und sagte im Befehlston
von oben herab zu Chronis, der sich mit Mühe hin- und
herwandte:

„Also gut! Wir wollen mal sehen, was für eine Bestie du
bist. Bindet ihn los, und dann soll er mir nach unten folgen."

Zarpas ging mit stolzem Schritt nach unten und setzte sich, Chronis aber stand mit gesenktem Kopf und gefalteten Händen wie ein Bittsteller vor ihm.

„Chronis, ich will dir zeigen, dass ich großzügig bin. Du hast mich bei Abdullah verraten, aber statt mir einen Schaden zuzufügen, hast du mir etwas Gutes erwiesen! Sieh mal, der Sturm gestern war gewaltig und hat, ich weiß nicht wie, diese guten Menschen von Bord gefegt, sodass sie nicht einmal mehr Zeit hatten, uns zu raten, was wir mit dem Schiff anstellen sollten. Bis sie wieder auftauchen, gehört uns das Schiff. Verstehst du mich?"

„Ja, natürlich!"

„Also, wir müssen das Schiff verstecken, und du wirst uns Segel geben, damit wir es zu den unbewohnten Inseln bringen. Ich komme mit dir, aber du wirst sagen, dass du uns auf dem Meer in einem Boot gefunden hast und wir am Ertrinken waren. Hast du verstanden?"

„Ja, sicher!"

„Pass gut auf, dass keiner von dir oder deinen Leuten etwas verrät, weil Zarpas sich nur einmal so großmütig zeigt. Wenn du also klug bist und aufhörst, von Abdullah und so weiter zu reden, werde ich dich belohnen. Sonst – du verstehst mich."

„Ich werde immer deinen Namen lobend erwähnen, und auch meine Kinder und meine Frau werden es tun. Ich schwöre dir bei allem, was mir heilig ist, dass keiner auch nur ein Sterbenswörtchen erfährt."

„Also dann an die Arbeit!"

Mit diesen Worten stieg Zarpas wieder an Deck und schickte mit seinem Boot die nötigen Segel; außerdem befahl er, es solle zurückkommen und Thanos mitbringen. Sein Schiff aber solle zu den einsamen Inseln fahren. Sein wilder Gesichtsausdruck war einem milderen gewichen. Die Bereitschaft von Chronis, der seinen Forderungen in allem nachkam, stärkte allen den Mut, aber keiner wagte zu fragen, was geschehen würde.

Kurz darauf kam das Boot zurück und brachte Thanos mit, der hocherfreut war, gleich in der Nähe von Ephrosyne zu sein. Er glaubte, sie habe ihn erkannt und darum gebeten, ihn zu holen.

So kletterte Thanos als erster an Bord und lief auf sie zu. Sein plötzliches Erscheinen jedoch erschreckte sie so sehr, dass sie mit einem schrillen Schrei bleich und ohnmächtig in die Arme ihrer Mutter sank, die in ihrer Nähe stand. Umso mehr beschleunigte Thanos seine Schritte, aber Zarpas trat dazwischen und sagte: „Halt!"

„Lass mich dem jungen Mädchen dort helfen!"

„Sie hat doch ihre Mutter, mein Junge! Los komm hierher und steige mit mir hinunter!"

Er ergriff ihn fest an der Hand und zerrte den Überraschten unter Deck. Zarpas glaubte nämlich, dass Thanos das, was geschehen war, genau durchschaut hatte. Weil er keine Zeit gehabt hatte, ihn mit den anderen zu informieren, sei es nötig, so meinte er, Thanos einzutrichtern, wie er die Geschehnisse darstellen sollte.

Die einzige Sorge, die Thanos bei dieser Belehrung äußerte, war die, dass den beiden Frauen nichts zustoße. Er versprach, auch diese wüssten schon, wie sie sich verhalten sollten, und versicherte, dass dies auch für ihn gelte. Daraufhin entließ Zarpas ihn.

Inzwischen war Ephrosyne wieder zu sich gekommen, ließ ihren Blick umherschweifen und fragte ihre Mutter, ob Thanos auf dem Schiff sei oder sie es nur geträumt habe.

„Ja, meine Tochter, es war Thanos."

„Was hat er mit diesen schrecklichen Menschen zu schaffen, was will er?"

„Ich weiß es nicht. Er ist mit diesem grässlichen Menschen unter Deck gegangen."

„Tatsächlich? Sind die beiden befreundet? Steht er in seinen Diensten?"

Die unglückliche Ephrosyne glaubte allen Ernstes, dass Thanos ein Seeräuber und Gefolgsmann von Zarpas geworden war, und es wurde ihr schwindlig.

Ihre idyllischen Träume wurden von wilden Gespenstern verjagt, und nur widerwillig musste Ephrosyne sich eingestehen, dass sich in ihrem Herzen ein Gefühl der Zärtlichkeit für Thanos eingenistet hatte, dessen er sich plötzlich als unwürdig erwies. Solch einen Schmerz hatte ihr Herz noch nie erduldet, und es war unmöglich, dies zu verbergen.

„Vielleicht geht er mir aus dem Weg, weil er sich schämt", sagte sie sich, als Thanos schon freudig vor ihr stand. Da es nicht schwierig ist, sich bei jemandem zu entschuldigen, der einem gut gesonnen ist, war es nur eine natürliche Reaktion, dass Ephrosynes Sympathie für Thanos wuchs. Schließlich wollte sie Thanos zeigen, dass sie ihm aus Unwissenheit Unrecht getan hatte. Aber weil sie überhaupt keine Erfahrung mit Menschen hatte, glaubte sie gleichzeitig, dass alle erkennen könnten, was in ihrem Herzen vorging, war doch ihre unausgesprochene Zärtlichkeit für Thanos durch ihre Ohnmacht offenbar geworden. Schamvolle Röte ergoss sich daher über ihre zarte Haut. Die widerstreitenden Gefühle, zwischen denen sie schwankte, zeigten sich anmutig in ihrem ganzen Aussehen, und die langen schwarzen Wimpern, die nach unten gerichtet waren, betonten die symmetrischen Linien ihrer Augen. Thanos stand nun neben ihr, und ihre einsilbigen sowie durch Pausen unterbrochenen wiederholten Fragen schienen ihm anzudeuten, er solle weggehen, aber ihr Herzklopfen sagte ihr unmissverständlich, es sei besser, wenn er bliebe. Und er, der ihre Verwirrung nicht verstand, sondern vor Freude und schüchterner Bewunderung strahlte, erzählte von seinen unerfreulichen Erlebnissen, soweit es das Versprechen zuließ, das er Zarpas gegeben hatte.

Inzwischen hatten die Matrosen die Segel des Schiffes gehisst und das Beiboot an Bord gezogen, das ihnen als Beweisstück für ihre Rettung aus Seenot dienen sollte, und machten sich mit günstigem Wind auf nach Skopelos. Kurz darauf hisste auch das andere Schiff die Segel und setzte sich in Richtung der unbewohnten Inseln in Bewegung.

Am späteren Abend fuhr das Schiff des Chronis in den Hafen von Skopelos ein. Chronis gab umgehend entsprechend der Anweisung von Zarpas bei den Hafenbehörden an, dass er Zarpas mit einigen Matrosen und auch Thanos Vlekas gerettet hätte, die nach einem Schiffbruch auf einem kleinen Boot mitten auf der stürmischen See getrieben wären.

Zarpas selbst bestätigte kurz darauf den Schiffbruch des türkischen Schiffes, das sie angeblich wegen privater Angelegenheiten nach Konstantinopel bringen sollte.

Am nächsten Tag ließ Zarpas Holz, Taue, Segel und alles Notwendige zusammen mit einem Schiffbaukundigen zu der unbewohnten Insel schicken, damit der das beschädigte Schiff ausbesserte und derart umbaute, dass man es nicht mehr erkennen konnte.

Thanos wiederum begleitete die Frauen in das Haus

eines Freundes, wo Ephrosyne sich wieder ihrer gewohnten Tätigkeit widmete und ihn täglich zum Hafen schickte, damit er von den einlaufenden Schiffen etwas über ihren Vater in Erfahrung bringen könnte, den sie ungeduldig erwartete. Und in der Tat kamen von ihrem Vater Nachrichten: Nikos Ayfandis versprach, in ein paar Tagen bei seiner Familie zu sein.

7
Tassos wird verfolgt

Nach seiner Heldentat, dem Überfall, merkte Tassos, dass
die Suche nach ihm verstärkt worden war und fast alle
Grenzübergänge von den Albanern besetzt gehalten wurden, die eifrig darauf aus waren, das auf ihn ausgesetzte
Kopfgeld einzustreichen. Vor allem passten sie auf, dass
Tassos nicht über das Othrys-Gebirge nach Griechenland
auswich. Aber er hatte gar nicht diese Absicht, weil es nicht
der richtige Zeitpunkt für einen Einfall war, da sich seine
Unterstützer in Thessalien aufhielten. Er hielt sich an sein
Versprechen, das Gebiet der 24 Dörfer nicht zu betreten,
und beschloss daher, mitten durch das türkische Gelände
zu ziehen, indem er am Fuß des Ossa vorbeizog. Dort
wechselte er die Richtung, um seine Verfolger anzugreifen
und sie mit einem neuen Bravourstück zu überraschen.
Unter der Führung von Skias, der als Einheimischer die
Gegend gut kannte, zog er in der Nacht bis zu dem sogenannten Schwarzen Wald vor, der oberhalb des *Boibe-Sees*
liegt, wobei er darauf achtete, dass seine Verfolger nichts
davon bemerkten. Als er es geschafft hatte, jenes Gebiet
unbehelligt zu verlassen, in dem er verfolgt wurde, packte
ihn der Drang nach neuen Unternehmungen, zumal er
sah, dass auch seine Gefährten ganz wild darauf waren. Er
stieg also zum Dorf Kastri bei den großen Säulen hinab

und plante, den Turm eines gewissen Hassan-Bey anzugreifen, der am Ufer des Sees an der Stelle lag, wo der
Amyros mündet.

Die Lage des Turms war exzellent und Hassan-Bey hatte
genau deswegen Larissa verlassen. Die Ufer des Flusses und
des Sees, zwischen denen der Turm stand, waren reich an
Obstbäumen jeder Art. Blumenbeete schmückten kreisför-
mig die Springbrunnen des Parks, und hinter dem Turm
dehnten sich Weinberge aus. Die Natur ließ es nicht an
ihren Gaben fehlen, sondern belohnte die Geschicklichkeit
der Menschen, die dies angelegt hatten.

Tassos erhielt alle notwendigen Informationen von Skias,
der vor einiger Zeit als Arbeiter im Garten von Hassan-
Bey tätig gewesen, aber wegen seiner frechen Art entlassen
worden war.

Die Bande kam gegen Mitternacht am Turm an und stellte
Wachen auf. Tassos hatte eine Strickleiter mit zwei Haken
bei sich, die er an der hochgelegenen Tür des Turmes fest-
hakte. Aus Sicherheitsgründen hatten die Türken nämlich
nur im Obergeschoss Türen. Gefolgt von Skias und fünf
anderen Gefährten sprang Tassos in den Turm. Mit Skias
eilte er in das Schlafzimmer von Hassan-Bey, während die
übrigen die Treppe im Turm hinunterstiegen, um die Diener gefangen zu nehmen. Hassan-Bey schlief bei seiner
Lieblingsfrau, als er vom Knarren der Türangeln wach
wurde und seine Hand ausstreckte, um nach den über seinem Kopf an der Wand hängenden Waffen zu greifen.
Aber Skias und Tassos stürzten sich auf ihn und hielten ihn
an beiden Armen fest. Die erschreckte Frau versteckte sich
unter ihren Decken, Hassan-Bey aber befreite sich, sprang
aus dem Bett und stampfte mit seinen Füßen auf den

Boden, weil er hoffte, seine Diener würden zu Hilfe kommen. „Du strengst dich umsonst an", sagte Skias zu ihm.

„Mach nicht viel Federlesens und öffne deine Schatztruhe!"

Hassan-Bey warf sich auf den Boden und wand sich.

„Ich verstehe, du hast Angst um die Frau. Sei beruhigt! Schließ das Zimmer ab und behalte den Schlüssel! Wir sind nur auf die Schatztruhe aus", fügte Skias hinzu und brachte gemeinsam mit Tassos Hassan-Bey aus dem Schlafzimmer.

Die fünf Diener hatten unten geschlafen. Zwei von ihnen, die sich wehrten, wurden verwundet, die anderen gefesselt; jeder Widerstand Hassan-Beys war daher zwecklos. Hassan-Bey nahm also seine Schlüssel und stieg mit den beiden, die ihn bewachten, in das Untergeschoss des Turmes hinunter, wo er Geld und Wertsachen aufbewahrte.

„Bravo, jetzt bist du ein richtiger Bey!" rief Skias, der das große Wort führte. „Du hast gut daran getan, das alles hier zu horten und nicht viel darauf zu geben, damit du es eines schönen Tages gut gebrauchen könntest – und jetzt ist dieser schöne Tag gekommen!"

Hassan-Bey erkannte seinen früheren Arbeiter, sagte aber nichts, um nicht misshandelt zu werden.

„Du siehst, wir sind rücksichtsvoll. Was sollen wir mit so wahnsinnig vielen Sachen? Wir wollen nur so viel, wie es für eine Mitgift reicht, damit auch wir ein Mädchen mit schwarzen Augen finden."

Beide füllten sich also ihre Gürtel mit Goldstücken und nahmen zudem diamantene Ohrringe und anderen Schmuck mit, den sie, wie sie sagten, für ihre Hochzeit brauchten. Dann ließen sie nacheinander auch ihre Gefährten sich in gleicher Weise versorgen und dankten dem

Bey höflich, der ihnen auch noch Kaffee anbot. Den lehnten sie allerdings ab, da sie einen Trick befürchteten. Sie verabschiedeten sich und verschwanden, nachdem sie in der Schatztruhe viele andere Wertgegenstände zurückgelassen hatten, die zu schwer zum Transportieren waren, die aber genügten, den Bey über jene Dinge hinwegzutrösten, die ihm fortgenommen worden waren – wenn er ein Anhänger der Philosophie des *Aristippos* gewesen wäre.

Als die Albaner von dem Vorfall erfuhren, schnaubten sie vor Wut und machten sich wie wild an die Verfolgung der tolldreisten Räuber, deren Beute ihre Vorstellungen überstieg. Tassos und seine Gefährten hatten genug von großen Taten und wollten jetzt nur noch ihren Reichtum in Sicherheit bringen. Da ihre Verfolger ihnen von allen Seiten kommend auf den Fersen waren und sie in Bedrängnis brachten, schlugen sie den Weg zum Berg *Ossa* ein in der Hoffnung, bis zum Meer zu gelangen und von dort auf die Inseln überzusetzen. Aber die Albaner folgten ihnen auf dem Fuß, weil sie sorgfältig die Spuren der Räuber ausfindig machten. Um der Spurensuche der Albaner zu entgehen, wateten sie stundenlang durch einen Wildbach, was ihnen aber nicht viel nützte. So verfolgt, stiegen sie den Ossa hinauf, fanden aber alle Auswege besetzt und machten daher auf einem Gipfel des Berges oberhalb des *Tempe*-Tals halt. Die Albaner versuchten es mit einem Angriff, wurden aber schmählich zurückgeschlagen, wobei drei von ihnen verwundet und zwei getötet wurden.

Der Gipfel, auf dem sich die Räuber um Tassos verschanzt hatten, war unzugänglich. Nackte Felsen ragten, als seien sie behauen worden, senkrecht in die Höhe, nur ein ganz enger Pfad führte um den Felsen außen herum, sodass jeder, der hinaufsteigen wollte, dem Feuer von oben

ausgesetzt war. Die zum Tempe-Fluss hin fast senkrechte
Seite des Berggipfels ist nicht weit entfernt von der entspre-
chenden gegenüberliegenden Seite des Olymp, so als habe
ein Erdbeben einen Riss dazwischen geschaffen. In der
Tiefe dieser dunklen Spalte fließt der silbern strudelnde
Peneios, in den von oben, wie es bei Homer heißt, der *Ti-
taressios* wie Öl mündet. Nichts aber ist dort zu erkennen,
weil tiefes Dunkel alles verhüllt und nur das Murmeln des
Flusses zu hören ist. Auf dem Gipfel gewähren nur wenige
Pinien etwas diffusen Schatten. Der Blick geht weit bis zum
Meer, und am Ufer ist *Karitsa* zu erkennen, wo *Niko-Tsaras*
nach seiner ersten Großtat geheiratet hatte.

Die Albaner und die Griechen hockten gebeugt hinter
den Felsen, die sie als Schutz benutzten. Die Albaner
waren sicher, dass die Kleften innerhalb von zwei Tagen
ihre Vorräte verbrauchen und sich ergeben würden. Tassos
machte seinen Gefährten Mut und erinnerte sie an die großen Taten der Kleften in der heroischen Epoche. Nach den
Göttern der Alten, so sagte er, hätten sie die Gipfel des
Olymp und des *Kissavos* bewohnt; diese dürften sie nicht
beschämen, und im äußersten Notfall würden ihnen ihre
Schwerter einen Weg zur Rettung bahnen.

Währenddessen provozierten die Albaner sie mit her-
ausfordernden Worten.

„He, du Hund von einem Griechen! Willst du Brot? Da
hast du Brot!" riefen sie und warfen mit Steinen.

„He, du Kerl! Wir sind noch nicht erledigt und nicht
reif zum Schlachten. Wenn du kannst, komm nach oben,
damit ich dich bewundern kann!"

„He, du griechischer Hund! Wenn du ein tapferer Kerl
bist, warum versteckst du dich hinter dem Felsen?"

Um zu zeigen, dass er mutig sei, hob Skias die Quaste

seines Fez in die Höhe, als ob er den Kopf heben wolle. Aber er sprang ein paar Schritte weiter über die Steine und kauerte sich mit solcher Behändigkeit hinter einen anderen Felsen, dass ihn keine Kugel treffen konnte, sondern alle in die Richtung gingen, wo er die Quaste hochgehalten hatte.

„Du hast mich gesehen, Kerl! Jetzt will auch ich dich stolzen Kerl außerhalb deines Schutzwalls sehen."

Der Albaner, der die Falle nicht bemerkte, sprang auf, aber sogleich steckte eine Kugel in seiner Stirn, er fiel nach hinten und rollte den Abhang hinunter. Die Kleften brachen in Lachen aus, während die Albaner die Zähne zusammenbissen.

„Morgen sprechen wir uns wieder, ihr Feiglinge!"

In der Nacht blieben die Belagerten wach, damit die Albaner sich nicht anschleichen konnten. Die Räuber aber hatten am nächsten Tag nur noch eine kleine Menge trockenes Brot und kaum mehr Wasser. Tassos zog sich zurück und dachte darüber nach, was zu tun sei.

Die Flucht mitten durch die Feinde war unmöglich, weil der Pfad so eng war, dass lediglich einer nach dem anderen ihn benutzen konnte. Die zahlreichen Belagerer aber hielten viele Stellen besetzt, die die Flüchtenden mit Gewalt hätten einnehmen müssen. Schließlich kam ihm ein rettender Gedanke. Er sagte seinen Gefährten, sie sollten die starken Äste der Pinien abschneiden. Alle glaubten, dass die Äste zum Angriff auf die Feinde benutzt werden sollten. Aber es handelte sich dabei um einen noch schlaueren Plan. In der Frühe des folgenden Tages musterte Tassos den weniger steil abfallenden Teil des zum Tempe gewandten Abhangs und rief, indem er sich auf den gewaltigen Ast setzte, den er für sich abgeschnitten hatte:

„Wer gerettet werden will, folge mir!"

Daraufhin stieß er sich ab und schlitterte den Abhang hinunter, vorbei an Felsen und Büschen, die ihn aber unversehrt ließen.

Schreck und Schwindel ergriff die, die von oben in den Abgrund blickten, der dunkler als die Nacht war und dessen Widerhall tief wie der *Tartaros* klang. Als die Gefährten sahen, wie Tassos hinabfuhr, stießen sie Schreckensschreie aus, weil sie glaubten, dass er sich absichtlich in den Tod gestürzt habe. Sie standen schweigend da, warteten auf den Ausgang des kühnen Unternehmens und wagten nicht zu atmen, wobei sie auf das kleinste Geräusch achteten. Kurz darauf hörten sie die Stimme von Tassos, ohne sie jedoch richtig ausmachen zu können, die sie aus der Tiefe der Erde rief. Sie blickten sich, wie vom Blitz getroffen, gegenseitig an. Schließlich sprangen sie alle Tassos nach, wobei die weniger Mutigen den Wagemutigeren folgten. Nur Skias, der sich kühner und mit mehr Schwung hinabgestürzt hatte, verletzte sich mehrmals an Schultern und Kopf und schlug fast bewusstlos auf dem Boden auf. Zum Glück waren seine Verwundungen nicht sehr ernst, weil es keine Felsen waren, auf denen er landete, sondern lediglich weicher Erdboden. Vor allem konnten sie nun ihren Durst im Fluss löschen. Da aber ihr Hunger ebenfalls groß war, machten sie sich sofort zum Ausgang des Tempetals auf, wobei sie nichts zu befürchten hatten, denn die Albaner hatten noch keinen Verdacht geschöpft.

Diese lagen fast den ganzen Tag auf der Lauer und warteten darauf, dass die Kleften sich ergaben. Jedoch hörten sie keinen Laut oder eine Antwort auf ihre Provokationen und meinten daher, dass die Kleften etwas im Schilde führten. Im Dunkel der Nacht wagten sie sich langsam die Höhe hinauf. Oben fanden sie aber niemanden. Jeder hatte eine andere Meinung über das, was passiert war, aber keine stellte sich als plausibel heraus. Plötzlich war ein Geräusch zu hören und die Albaner flohen wieder hinunter. Da sie aber auch am folgenden Morgen nichts hörten und niemanden sahen, kehrten sie auf die Höhe zurück und schickten Späher in alle Richtungen aus, um die Kleften aufzuspüren. Allerdings schickten sie niemand in die Schlucht, weil sie sicher waren, dass sie dort keinen lebend vorfinden würden.

Sobald die Flüchtigen aus dem Tempetal herausgekommen waren, begegneten sie Hirten, die sie großzügig beschenkten. Dann setzten sie sich auf den mit Farn bedeckten Boden, ließen es sich bei gebratenen Schafen gut gehen, sangen und tanzten den ganzen Tag.

Am nächsten Tag erreichten sie *Platamon*, wo sie ein kleines Schiff fanden, mit dem sie nach Skiathos hinüberfahren konnten. Während der ganzen Zeit zählten sie fröhlich ihre Beutestücke. Tassos konnte den Derven Aga nicht vergessen und gab einem Hirten ein Goldstück, der versprach, den Albanern einen Brief zu überbringen. Darin teilte er dem Derven Aga mit, er könne beruhigt sein und brauche die ausgesetzte Prämie nicht zu zahlen. Er, Tassos, hoffe jedoch, dass sie sich eines Tages begegnen und sich freundschaftlich die Hände reichen würden. Wenn es ihm recht sei, lade er ihn in zwei oder drei Monaten zu einem Essen außerhalb von *Hypate* ein.

Der Derven Aga konnte es lange nicht fassen, dass Tassos entkommen war, bis es von allen Seiten bestätigt wurde. Dem Pascha gegenüber brachte er vielerlei zu seiner Entschuldigung vor, dass er sein Versprechen nicht vor dem neuen Monat eingelöst hatte. Die Unteroffiziere der Albaner jedoch setzte er wegen ihrer Inkompetenz ab.

Tassos hatte keinerlei Befürchtungen, ihm könne etwas passieren, wenn er erst einmal in Skiathos Zuflucht gefunden hätte. Mit Geld, so hoffte er, lasse sich alles regeln, bevor die Gerichte erfahren würden, dass er sich auf Skiathos befinde. Was vermag nicht alles, wie schon der Dichter sagt, *„der verfluchte Hunger nach Gold"*?

Barbaras Freude war unbeschreiblich, als sie ihren Heldensohn an die Brust drücken konnte.

„So kommt man zu Geld! Nicht mit Ziegen und Rindern, wie Thanos glaubt. Jetzt, mein Sohn, musst du endlich auch Major werden!"

8
Neue Leiden des Thanos

Obwohl Ephrosyne bereits eine Nachricht von ihrem Vater erhalten hatte, fand sie keine Ruhe, bevor sie ihn nicht in ihrer Nähe sehen würde. Sie fürchtete die Gefahren, in denen Ayfandis schwebte. Aber zum Glück entging er den türkischen Behörden und gelangte sicher nach Skopelos. Von da an kehrte die Heiterkeit auf Ephrosynes schönes Antlitz zurück. Aber das Schicksal wendete sich erneut und steigerte ihr Mitgefühl für Thanos, das sie tief in ihrem Herzen hegte. Sie selbst empfand es vielleicht gar nicht so sehr, aber in kritischen Augenblicken machte es sich unerwartet bemerkbar.

Wie wir gesehen haben, beharrte der griechische Konsul in Volos auf der Auslieferung von Zarpas und seiner Matrosen, wobei er eine strenge Untersuchung durch griechische Gerichte versprach. Bevor der Kaimakam sich noch mit seiner *Pythia* beraten konnte, hatte der Konsul schon an die griechische Regierung geschrieben, sodass die griechischen Gerichte sich der Angelegenheit, vor allem auf der Grundlage der Aussage des Chronis, annahmen. So hatten die Gerichtsbehörden Kenntnis von den Vorgängen und informierten die untergeordneten Stellen, was zu tun sei, falls Zarpas ihnen übergeben würde.

Der Amtsrichter in Skopelos hörte damals, dass ein ge-

wisser Zarpas dort angekommen sei und behaupte, dieser
habe wegen privater Angelegenheiten auf der Fahrt nach
Konstantinopel Schiffbruch erlitten und sei gerettet worden. Folglich forderte er genauere Informationen von dem
Ankläger in *Chalkis* an, woraufhin er aufgefordert wurde,
Zarpas und seine Leute festzusetzen und sie auf sicherem
Weg nach Chalkis bringen zu lassen. Weil er gerade keine
anderen Sachen zu erledigen hatte und bemüht war, ener-
gisch vorzugehen, um für eine Beförderung vorgeschlagen
zu werden, kam der Amtsrichter dieser Aufforderung umgehend nach. Dabei fand er heraus, dass die angegebene
Zahl der Matrosen nicht stimmte. Er fragte Zarpas, wer
ihm bestätigt habe, dass die anderen ertrunken seien? Er
hielt es für angebracht, Thanos, der sich ebenfalls unter
den Geretteten befand, mit zur Besatzung zu rechnen. Zarpas forderte vergeblich, ihn nicht mitzurechnen und be-
teuerte, Thanos sei nur als einfacher Passagier auf der letzten Fahrt dabei gewesen. Nicht dass er besorgt um ihn
gewesen wäre, aber es lag ihm daran, dass niemand in die
Untersuchung des Falles verwickelt wurde, den er nicht
genau kannte und der möglicherweise nicht über die erforderliche Standfestigkeit verfügte, Stillschweigen über die
Ereignisse zu bewahren. Der Richter jedoch schenkte dem
Protest eines Angeklagten keinen Glauben, sondern fand
die ganze Angelegenheit höchst verdächtig und ließ deshalb alle nach Chalkis verbringen. Auch Ephrosyne konnte
und wollte nicht ihre Trauer verbergen und hoffte, mit
Hilfe der Freunde ihrer Familie etwas für Thanos erreichen
zu können. Daher sprach sie mit ihrem Vater darüber, der
ihr ebenfalls jegliche Hilfe versprach. Aber gegen die Starr-
köpfigkeit des Richters war nichts zu machen.

Ephrosynes feuchte Augen bewiesen, dass sie schwer an

dem Schicksal von Thanos zu tragen hatte. Vergeblich versuchte ihr Vater, sie zu zerstreuen, und schlug ihr Spaziergänge und andere Ablenkungen vor. Dieses Mitgefühl seiner Tochter schrieb Ayfandis dem guten Charakter von Thanos zu, der zu Unrecht all das erlitt, und würdigte umso mehr ihr Mitgefühl. Um sie zu beruhigen, versicherte er ihr, dass Thanos nichts Schlimmes treffen würde, da er ganz offensichtlich unschuldig sei und vorher auch keinerlei Verbindung zu Zarpas gehabt habe. Ephrosyne erwähnte nichts von den Geschehnissen während der Überfahrt, als Thanos nach ihr gesucht hatte, und wagte noch nicht einmal, ihrem Vater davon zu erzählen. Umso mehr machte sie sich aber Gedanken, weil sie nichts über die Folgen dieser Ereignisse erfahren hatte, oder ob sie gar schon bekannt waren. Schließlich versprach ihr Vater, mit Hilfe seiner Freunde, denen er Thanos ganz besonders ans Herz gelegt hatte, in Skopelos Neuigkeiten aus Chalkis in Erfahrung zu bringen.

Als Thanos nach Chalkis kam, benötigte er die Empfehlungen von Ayfandis nicht, um von der Anklage des Seebetruges ausgenommen zu werden, weil er einen stärkeren Schutz genoss, nämlich den des Zarpas und derer, die mit diesem zusammenarbeiteten. Zarpas hatte in Syros von einem Kaufmann, der Mitglied der Versicherungsgesellschaft war, ein Darlehen auf das Schiff erhalten, das Schiffbruch erlitten hatte. Auch wenn er in dieser Funktion ein Interesse daran hatte, dass die Gesellschaft ihren Versicherungspflichten nicht nachkommen musste, hatte er als Darlehensgeber wiederum ein nicht geringes Interesse daran, dass sein Darlehen zurückgezahlt wurde. In dieser Hinsicht standen er und Zarpas also auf der gleichen Seite.

Es scheint, dass zumindest damals die Versicherungsbüros dem Unterschied zwischen betrügerischem und wirklichem Schiffbruch keinen besonderen Wert zumaßen, weil die Interessen aller ihrer Mitglieder eng mit denen der Kapitäne verflochten waren. Die Gesellschaften existierten meist nur kurz, und unmittelbar nach ihrer Auflösung wurden schon wieder neue gegründet. Diejenigen, die Seefahrtsdarlehen aufgenommen hatte, erlitten nur in ihrer Funktion als Aktionäre Schaden, das heißt so wenig wie möglich, verglichen mit den Gewinnen der Kapitäne. Folglich waren diejenigen, die keine Seefahrtsdarlehen gewährten und nicht gerissen genug waren, Schafe – Schafe, die Felle trugen, aber selbst nichts davon hatten, wie es schon bei dem Dichter *Vergil* heißt.

Um solch ein Interessengeflecht handelte es sich auch in diesem Fall: Der Kaufmann, der Zarpas in Syros das Darlehen gewährt hatte, setzte alles daran, ihn als unschuldig hinzustellen. Die Untersuchung verlief zügig und wunschgemäß. Ihr schneller Fortschritt war nicht so sehr der Tatkraft des Richters als vielmehr seinem besonderen Charakter zu verdanken. Er gehörte zu den sogenannten „alten" Richtern, denn in diesem südlichen Klima veraltet alles schnell, und jede Dekade entspricht sozusagen einem Zeitalter bei Hesiod. Dieser Richter stammte also noch aus der alten Zeit des *Präsidenten*, als der Justizminister, wie es heißt, den Richtern durch ein Rundschreiben empfahl, in jedem Einzelfall den *Armenopoulos* zu Rate zu ziehen und Nachsicht walten zu lassen.

Unser Richter hatte geantwortet, dass er ein Exemplar des Armenopoulos besitze und es genau gelesen habe, dass er aber kein Buch der Nachsicht habe finden können, obwohl er danach gesucht habe, sodass er den Minister darum bitte, ihm eins zu schicken. Diese *Regentschaft* war nicht die erste, welche die Sitte einführte, in den Gerichten und anderen Behörden Leute aus anderen Berufszweigen einzusetzen. So fungierten als Hüter des Rechts Künstler verschiedener Richtungen, für Seefahrtsangelegenheiten Mediziner usw. Unser Richter hatte sein Geld als Schneider am Hof eines hohen Herrn verdient, das hieß, er war nichts anderes als dessen Berater und Geheimsekretär gewesen. Seine Untersuchungen teilte er in zwei Kategorien ein: in dringende Fälle und in weniger dringende Fälle. Die dringenden Fälle waren jene, die Personen betrafen, die ihm von irgendwelchen einflussreichen Leuten ans Herz gelegt wurden. Um die anderen kümmerte er sich nicht im Geringsten. Sein Leben verlief äußerst geordnet: als erstes ging er morgens über den Markt, um die besten Lebensmittel auszuwählen, danach war er im Gericht tätig, allerdings nur den geringeren Teil des Vormittags, weil er noch spazieren gehen und danach zu Mittag essen musste.

Der Fall Zarpas gehörte wegen mächtiger Fürsprecher zu den dringenden Fällen, sodass es schnell damit voranging. Bei seiner Befragung gab Zarpas genau das Gegenteil von dem an, was er dem Konsul gesagt hatte, aber weil es nicht Teil der jetzigen Untersuchung war, wurde es auch nicht berücksichtigt. Natürlich wagte Abdullah nicht, nach Chalkis zu fahren, weil er wusste, dass das Meer Opfer fordert. Außerdem wurde ihm unterstellt, dass er das, was er vorbrachte, nur aus Eigennutz sagte, um sein Getreide vom Unglück des Schiffbruchs auszuschließen. Über die Vorgänge während der Überfahrt wurde kein Wort verloren, zumal Zarpas im Besitz verschiedener Bescheinigungen von Kapitänen und diverser Regierungen war, dass er zu den Kämpfern des Freiheitskrieges gehöre. Wegen ihrer häufigen Benutzung bei den verschiedenen Untersuchungen, denen sich Zarpas seitdem stellen musste, waren sie schon ganz schmutzig und zerfleddert, aber nichtsdestoweniger so wirkungsvoll wie die bewährteste Seife, die ihren Besitzer vom Schmutz befreien kann. Daher wurde zu seinen Gunsten entschieden, und der Wächter beeilte sich, dies Zarpas mitzuteilen und die Angeklagten freizulassen, damit er sein Trinkgeld bekam.

So als ob er mit den üblen Verleumdungen überhaupt nichts zu tun habe, pries Zarpas sein Glück und verabschiedete sich von denen, die im Gefängnis zurückblieben. Vielen von diesen versprach er die Hilfe seiner mächtigen Fürsprecher, die er schon häufiger genutzt habe. Auch seine Leute gingen erhobenen Hauptes wie seine Leibwächter hinter ihm her. Den Schluss bildete Thanos, bescheiden und voller Scham darüber, sich in Gesellschaft solcher Kumpane zu befinden.

Aber der Gefängniswächter winkte Thanos beiseite und sagte ihm, er sei zwar von der Anklage im Zusammenhang mit dem Schifffahrtsbetrug freigesprochen, müsse jedoch wegen eines Haftbefehls in Lamia wegen Beihilfe zu einem Raub noch weiter im Gefängnis bleiben. Schließlich sei eine neue Untersuchung gegen ihn nötig, die der Richter durchführen werde, sobald er Zeit habe.

Der bisherige Aufenthalt war für Thanos zwar unangenehm und traurig, wurde aber durch den schnellen Fortgang der Untersuchung gemildert, über dessen Stand ihn Zarpas täglich informierte. Aber jetzt, wo er unter der Anklage der Mithilfe bei einem gar nicht erfolgten Raub stand, bekam er alle Widrigkeiten der Haft zu spüren. Das Gefängnis ähnelte in jeder Beziehung dem kalten Tartaros. Der Raum zwischen den beiden meterdicken Mauern der

mittelalterlichen Festung von Chalkis war unten leer und
mit viel Erde bedeckt, um vielleicht als Lagerraum benutzt
werden zu können. In diese Grotte schickte der helle Tag
nie seine Strahlen, weil es nur eine Öffnung gab, durch die
Licht fallen konnte. In diesen *Erebos* wurden ohne Unterschied sowohl Verurteilte als auch Untersuchungsgefan-
gene hinuntergeworfen, und es vergingen viele Tage, bis
sich ihre Augen an die Dunkelheit gewöhnten und ausmachen konnten, wo sie sich befanden. Den ganzen Tag über
bewegten sie sich wie eine Tierherde auf und ab, wobei die
einen ganz offen mit ihren großen Taten prahlten – Räuber, Mörder Brandstifter, Diebe jeder Art, Vergewaltiger,
Schifffahrtsbetrüger und Urkundenfälscher –, während
die anderen, die noch unter Anklage standen, mit ihrer
Verteidigung beschäftigt waren.

Die schlimmsten Übeltäter hatten den höchsten Rang
unter den Gefängnisinsassen inne und behandelten die
kleineren Übeltäter oder die, die angeklagt waren, auf
schimpflichste Art und Weise. Die allerdings, die schon einige Erfahrung mit Gerichten hatten, zeigten den Unerfah-
reneren gleich nach ihrer Einlieferung, wie sie die gerichtliche Untersuchung vermeiden könnten. Die genügend
Mittel besaßen, bestachen ihre Wächter und hielten durch
sie die Verbindungen mit den Helfershelfern außerhalb des
Gefängnisses aufrecht. Da sie so die Untersuchung Schritt
für Schritt verfolgen konnten, waren sie in der Lage, gezielt
etwas dagegen zu unternehmen. Zu den ersten und grund-
legendsten Lektionen der Angeklagten gehörte das Alibi,
das sie durch derartige Verständigungen gerissen beschaff-
ten. So gestalteten sich die Verfahren gegen diese Angeklagten zu einer überflüssigen und ergebnislosen Angelegenheit.

Angesichts dessen war der Aufenthalt der Verbrecher in diesem höllischen Irrenhaus nicht von langer Dauer. Einige durchliefen besonders oft diesen Kreislauf, kamen aus der Gesellschaft in das Gefängnis und kehrten dann durch eine Amnestie in die Gesellschaft zurück, aus der sie nach kurzer Zeit wieder ins Gefängnis gelangten. Daher betrachteten sie diese verschiedenen Stadien nur als Adressenwechsel oder als Aufeinanderfolge der Stunden eines Jahres. Auch Rückfällige kamen in den Genuss einer Begnadigung, was dazu führte, dass allen Verurteilten die gleiche Behandlung zuteil und dadurch das Verlies wie mit einer Pumpe geleert wurde.

An diesem Ort fand kein Gottesdienst statt, und es wurde auch nicht für eine seelische Besserung Sorge getragen, sodass er in jeder Hinsicht einem Zoo ähnelte. Vor allem aber quälte Thanos, der die Sauberkeit doch so liebte, der unbeschreibliche Schmutz. Die meisten wechselten vom Zeitpunkt ihrer Einlieferung in das Verlies bis zu dessen Verlassen ihre Kleidung nicht, sodass sie reicher als die Fischer waren, die Homer das Rätsel stellten:

„Was wir gefangen haben, haben wir zurückgelassen; was wir nicht gefangen haben, haben wir bei uns".

Der Gestank übertraf mit Sicherheit den des *Augias*stalles. Schon wenn man durch die Bögen des Haupttores ging, konnte man das Verlies riechen und das Stöhnen der Gefangenen hören. Um etwas sauberere Nachbarn zu haben, suchte Thanos einen Platz zwischen zwei Mitinsassen, von denen der eine angeklagt war, weil er als Kassierer die gesamte Kasse zusammen mit den Büchern hatte verschwinden lassen und einen nächtlichen Einbruchdiebstahl vorgeschoben hatte. Bei dem anderen handelte es sich um einen Zollbeamten, der an einem Schmuggel be-

teiligt gewesen war. Beide berieten sich auch nachts miteinander, schrieben Briefe und erhielten Antworten. Aber
auch verurteilte Verbrecher, Räuber und Mörder gehörten
zu den Gefängnisinsassen, die sich als Hausherren und
Gastgeber der Angeklagten fühlten. Deshalb bestimmten
sie auch die Stunden des Schlafes oder des Essens, fluchten
und schimpften zügellos. Mal rauchten sie, mal sangen sie
und mal tanzten sie in der Hocke, obwohl sie Fesseln trugen. Dem Kassierer und dem Zollbeamten gegenüber hielten sie sich zurück, weil sie sich von ihnen Nutzen versprachen oder manchmal auch Geld bekamen. Thanos jedoch
verspotteten sie, weil er Trübsal blase und ungesellig sei,
sie nannten ihn eine Wildziege.

Die zwei anderen Angeklagten blieben nicht lange. Was
mit den Verurteilten durch eine Amnestie passierte, geschah bei den Angeklagten auf Gerichtsbeschluss. Die meisten kamen wieder frei oder die Untersuchung wurde ausgesetzt, auch wenn sie alles daran setzten, nicht auf diese
Weise entlassen zu werden, weil es ihrem zukünftigen Erfolg im Wege stehen könnte. Es war offensichtlich, dass die
Untersuchungen im Fall der beiden Angeklagten zu den
dringenden gehörten. Ihnen folgten auf dieselbe Stelle zwei
Urkundenfälscher, aber auch diese kamen per Erlass frei
und machten für einen anderen Kassenräuber und Bankrotteur Platz. So ging es weiter, bis zweien der Prozess gemacht wurde, die nicht in der Lage waren, diese Schwierigkeit zu umgehen. Es waren zwei eher harmlose Diebe,
die vier oder fünf Silberlöffel gestohlen hatten. Aber je
leichter die gestohlene Beute war, desto schwerer wogen
die belastenden Umstände. Die Löffel gehörten irgendeiner
bedeutenden Persönlichkeit, und wenn bei der gewöhnlichen Untersuchung nichts herauskam, griff man zu außer-

gewöhnlichen Maßnahmen, vor allem zu Schlägen, sodass die Diebe ihre Tat zugaben.

Es war geradezu ein Witz, dass einer der abscheulichsten Verurteilten, der Mörder Sparos, amnestiert wurde, aber schon kurz darauf wegen eines erneuten Verbrechens wieder in sein geliebtes Zuhause zurückkehrte. Die Phalanx der Peitschen empfing ihn mit offenen Armen, und bei seiner Rückkehr wurde ein Fest gefeiert. Er war gewalttätig und jähzornig, aber seine zynischen Schmähungen belustigten die Menge der Verbrecher, die ihn johlend vor Lachen umringten und ihn zu seinem unanständigen Gerede anfeuerten.

Thanos mied mit Mühe diese schmutzigen Reden und zog sich fast den ganzen Tag lang in den äußersten Winkel des Verlieses zurück. Aber seine Mutlosigkeit wuchs von Tag zu Tag, weil er nichts mehr über den Stand seines Falles erfuhr und auch nicht zur Untersuchung geholt wurde.

Nachdem der Untersuchungsrichter die dringenden Fälle erledigt hatte, wandte er sich nach zwei Monaten schließlich den nicht so dringenden Fällen zu und erinnerte sich an Thanos. So wurde dieser dem Richter vorgeführt, der mit der Tabakdose in seinen Händen dasaß und mit zwei Fingern eine Zigarette drehte. Auf seiner Glatze trug er eine schwarze Kappe und schien nachzudenken, aber sein dumpfer Gesichtsausdruck ließ vermuten, dass er an gar nichts dachte. Sein Sekretär saß neben ihm und ordnete seine Papiere, um zu schreiben. Der Richter begann mit den üblichen Fragen zur Person: Name, Wohnort, Alter, Religion, Eltern usw., Fragen, die Thanos bereits in allen Einzelheiten während der ersten Untersuchung beantwortet hatte, aber sie mussten noch einmal gestellt werden.

„Da ist etwas, was uns Kopfschmerzen bereitet", sagte der Richter schließlich zu ihm, „warum hast du Lamia heimlich verlassen?"

Thanos erklärte den Grund und nannte als Zeugen Hephaistides und Papa-Jonas. Der Richter stellte weitere Fragen, die der Sekretär ebenso wie die Antworten schriftlich festhielt. Einmal öffnete sich die Tür ein wenig, und durch den Türspalt lugte der Kopf einer zahnlosen alten Frau hervor, die flüsterte, dass das Essen fertig sei.

„Wie ist das möglich, die Zeit ist vorbei!" rief der Richter und stand auf. „Unsere Arbeit hört niemals auf, und wir merken nicht einmal, dass es Zeit zum Essen ist. Was ist das für ein mühseliges Leben und was für ein Lohn, von dem wir leben müssen! Morgen, mein Junge, morgen sehen wir weiter. Es gibt bei mir gebratene Tauben, und ich habe Angst, dass sie trocken werden, ganz trocken!"

Mit diesen Worten entfernte er sich schnell.

Der andere Tag und noch viele mehr vergingen, ohne dass Thanos den Tauben essenden Richter zu Gesicht bekam. Dazu gesellte sich noch ein weiteres unerfreuliches Ereignis, welches das Schicksal des Angeklagten verschlimmerte. Es war bekannt geworden, dass der Sekretär des Nomarchen, der diesen während seiner Abwesenheit vertrat, im Einvernehmen mit dem Gefängniswächter von den fünfunddreißig Drachmen, die für den Unterhalt jedes Angeklagten und Verurteilten bestimmt waren, fünf für sich eingestrichen hatte, sodass zwangsläufig der Teil für jeden kleiner und die Qualität insgesamt schlechter geworden war.

Um das Gewicht des Brots zu erhöhen, wurde es nicht mehr gebacken, war daher schwer verdaulich und überhaupt so schmutzig, dass es eher Tieren als Menschen vorgesetzt werden konnte. Aber keiner wagte es, offen dagegen zu murren, weil dem Sekretär viele Mittel zur Verfügung standen. Da wurde ein entsprechendes Gerücht von einem der Beamten der *Nomarchie* in die Welt gesetzt, der heimlich die Stellung seines Vorgesetzten untergrub. Nach einer großen Welle der Empörung in den Zeitungen wurde eine offizielle Untersuchung angeordnet, und auch die Gefängnisinsassen wurden befragt. Fast alle sagten, dass das Essen gar nicht so schlecht sei. Thanos aber war einer der wenigen, die die Wahrheit sagten und zugaben, dass es sich seit einiger Zeit verschlechtert hätte. Der Sekretär geriet außer sich vor Wut auf ihn und forderte den Richter, für den das Leben wegen seiner zu lange gebratenen Tauben nicht mehr lebenswert war, auf, Thanos eine Lektion in Genügsamkeit mit *schwarzer Suppe* zu erteilen und seinen Aufenthalt im Gefängnis auf unbestimmte Zeit zu verlängern, was dieser auch tat.

So also geriet Thanos in Vergessenheit. Seine Mutlosigkeit erreichte einen Höhepunkt, und bittere Gedanken gingen ihm durch den Sinn. Von Natur aus arbeitsam und ordnungsliebend sowie gern mit anständigen Menschen wie etwa Hephaistides und Papa-Jonas zusammen, glaubte er, er befinde sich in der hintersten Ecke der Hölle. Die Erinnerung an Ephrosyne brachte manchmal etwas Trost, manchmal aber vergrößerte sie seine furchtbare Verzweiflung noch. Er sah sie oft im Traum, wie sie mit ihrer Arbeit beschäftigt war und auf seine Hilfe wartete, dann wieder, wie sie vom Feuer, von angreifenden Räubern oder einer anderen schrecklichen Gefahr bedroht wurde. Dann sprang er auf und ordnete sein Gedanken, um sich zu vergewissern, dass er geträumt hatte.

„Was habe ich nur getan?" fragte er, und warum werde

ich so unerbittlich verfolgt? Worin besteht meine Schuld,
dass alle meine Garben angezündet und alles, was ich auf
Erden besaß, zerstört wurde? Dass ich einen Räuber als
Bruder habe? Hat man gefragt, ob ich die Mittel besaß, ihn
daran zu hindern? Aber die Brandstiftung genügte nicht,
sie wollen mich, nur mich verfolgen, weil ich den Foltern
des Gendarmeriehauptmanns entkommen bin. Vielleicht
hätte mich mein Exil glücklicher gemacht, weit entfernt
von diesen ungerechten Menschen, wenn nicht dieser Wirbelsturm aufgezogen und ich nicht wieder aus dem einen
in den anderen Abgrund gestürzt wäre! Ich werde bestraft,
weil ich schwach bin, verlassen, unbedeutend und unbekannt. Wird ein Unschuldiger ohne Unterstützung eines
Mächtigen, ohne Geschenke und ohne Schliche nicht an-
gehört? Hat die Gerechtigkeit keine Augen, keine Ohren?
Doch, sie hat hundert Hände und hundert Füße und erreicht jeden Ort. Soll ich vielleicht erst ein Verbrecher werden, um den Ausgang aus diesem Verlies zu finden?"

Tiefe Seufzer unterbrachen die lange Reihe seiner Gedanken.

Als sich das Gefängnis leerte, ließ seine Schwermut ein
wenig nach, und er hoffte, dass der Richter ihn bald rufen
werde. Aber auch dieser Trost fand schnell ein Ende, weil
der Ebbe die Flut auf dem Fuß folgt. Seine Abwendung von
allen rings um ihn herum, auch von den Gefängniswärtern,
die nie mit ihm sprachen und nichts von ihm erwarteten,
vervollständigten seine Vereinsamung, sodass er als Mis-
anthrop betrachtet und auch als solcher bezeichnet wurde.
Seine einzige Freude bestand darin, dass keiner in seine
Nähe kam und er so auch keinen Spott zu fürchten hatte.

Aber die Stunden vergingen langsam und quälend,
während sie die Bitternis durch die Spalten seines Herzens

tropfen ließen. Und die monotone Einsamkeit, die jede andere Beschäftigung seines Geistes fernhielt, lieferte ihn
dem fortgesetzten und ungleichen Ringen mit seinem Unglück aus, das seine Kräfte verzehrte, die jeder Hilfe und
jeder Erholung beraubt waren. Seine Augen waren einge-
fallen, seine Haut wurde fahl, und oft war ihm schwindlig
zumute. Dann wieder hatte er Momente, in denen er vor
sich hinstarrte und den Blick unverwandt auf etwas richtete, als ob er Gestalten erblickte, die noch schwärzer waren
als die *kimmerische* Dunkelheit, in der er verweilte. Er war
glücklich, wenn Tränen ihm Erleichterung verschafften,
aber für gewöhnlich hatte er nur schreckliche Visionen.
Statt der Gendarmen sah er Dämonen, die mit Fesseln ras-
selten und in einem feurigen Kreis tanzten, in dessen Mitte
er selbst stand und zu fliehen versuchte. Aber er wurde von
ihnen mit satanischem Spott, der aus ihren weiß glänzenden Augen strahlte, wieder zurückgestoßen. Er lief mal
hierhin, mal dorthin, während er auch von den Umherste-
henden verspottet wurde, die ihn für verrückt hielten.
Dann wieder glaubte er, eine engelsgleiche, flüsternde
Stimme wie die von Ephrosyne riefe ihn, und er spitzte
seine Ohren und versuchte, mit angehaltenem Atem etwas
zu verstehen, aber es gelang ihm nicht. Auch den Schatten
seiner Mutter sah er aus dem anderen Leben auf sich zukommen und unter Verwünschungen sagen, er sei ein unwürdiges Kind. Dann stürzte er auf den Boden, um nach
langer Zeit zu sich zu kommen und zu merken, dass es sich
um eine Verwirrung seiner Phantasie handelte.

Wie sehr er auch seelisch litt und wie schwer auch sein
Schmerz war, so verfiel er doch niemals gotteslästerlicher
Verbitterung, sondern selbst diese Ungerechtigkeit, unter
deren Last er stöhnte und die unbarmherzig auf ihm la-

stete, vermochte nicht, seinen lauteren Charakter zu erschüttern.

Die Leute, an die Ayfandis' Freunde in Skopelos geschrieben hatten, hatten keinerlei Kontakt mit den Gerichtsbehörden, und so konnten sie nur über Dritte in Erfahrung bringen, dass Thanos einer weiteren Untersuchung entgegenblicke.

Aber Ayfandis hielt sich nicht länger auf dieser Insel auf, wie wir gleich sehen werden.

9
Ayfandis in Athen

Die zärtliche Liebe seiner Tochter zu Thanos beunruhigte
Ayfandis, als er sah, wie sie sich grämte und wie mutlos sie
war. Sogar ihre Mutter Kioura mit ihrem ruhigen Charakter, die sich außer für die genaue Erfüllung ihrer religiösen
Pflichten und die Erledigung ihrer Aufgaben im Haus für
fast gar nichts anderes interessierte, schien der Niedergeschlagenheit ihrer Tochter nicht gleichgültig gegenüberzu-
stehen. Sie schob diese allerdings auf das Heimweh, das
auch sie empfand, und glaubte, es würde Ephrosyne trösten, wenn sie ihr versicherte, dass sie schon bald nach
Hause zurückkehren würden.

Ayfandis, vor dem seine Tochter nichts verbarg, kannte
indes ihr Herz viel besser. Nicht nur, weil er bereit war, ihr
jederzeit zuzuhören, sondern weil er ihren Schmerz auch
so erahnte und entsprechend auf ihre Stimmungen achtete.
Auch er machte für ihre Melancholie ihre berechtigte Empörung über die ungerechte Behandlung des Thanos verantwortlich.

Im Moment war an eine Rückkehr nach Hause nicht zu
denken, solange die Bewachung der Grenzen demselben
Derven Aga oblag. Da jedoch der Aufenthalt in Skopelos
unerträglich wurde und Hoffnung auf eine baldige Heim-
kehr nicht bestand, beschlossen sie, zunächst nach Syros

zu fahren, wo Ayfandis einige geschäftliche Dinge zu erledigen hatte, und von dort dann nach Athen zu reisen. Es war nicht ausgeschlossen, dass er von dort aus erfolgreicher ihre Rückkehr betreiben konnte. Gleichzeitig hoffte er, dass diese Reise zur Minderung der Niedergeschlagenheit seiner Tochter beitragen werde, die schon früher ihr Interesse geäußert hatte, einmal die Hauptstadt kennenzulernen. Jetzt aber drängte sie umso mehr, dorthin zu kommen, von wo aus ihr Vater, wie er versicherte, vielleicht die Freilassung von Thanos erreichen könne.

Auf Syros gehörte Zarpas, der heiter und fröhlich war, zu einem der ersten, denen Ayfandis begegnete. Die Rockschöße seines erdfarbenen, mit unzähligen Falten versehenen Gewandes, die aussahen wie die Schwänze der Schafe in *Karamania*, sein vielfarbiger Gürtel und sein riesiges Seidentaschentuch, dessen eine Ecke am Gürtel befestigt war, während er eine andere mit der Hand festhielt, bewiesen, dass seine Geschäfte gut gingen.

Ayfandis ging auf ihn zu, um etwas über Thanos zu erfahren. Zarpas aber hatte wenig Lust, über diesen Burschen, wie er ihn nannte, zu sprechen, sondern begann sofort, von sich selbst zu reden. Er äußerte sich empört über die widerlichen Verleumder, die so unverschämt gewesen seien, ihm einen Seebetrug anzuhängen, als ob sein Charakter nicht allen bekannt sei.

„Gott sei Dank haben die Direktoren der Versicherung mich sofort entschädigt, und ich kann jetzt nach Skopelos fahren und mir ein neues Schiff bauen lassen. Aber vorher muss ich noch eine Wallfahrt zu der Panaghia nach Tinos unternehmen. Wenn du etwas auf dem Herzen hast, Zarpas steht dir zu Diensten."

„Ich danke dir. Vor allem wüsste ich gern, auf welche Weise Thanos freikommen könnte."

„Dieser Bursche? Er gehört zu den Armen im Geist, die darauf warten, dass die göttliche Gerechtigkeit herabsteigt, sie an der Hand nimmt und hinausführt. So etwas hat sich vielleicht vor langer Zeit einmal ereignet."

„Ja, ich verstehe schon. Aber an wen kann ich mich wenden?"

„Das weiß ich nicht. Aber wenn du willst, mache ich dich mit meinem Agenten bekannt. Der erledigt die Arbeit für dich und kümmert sich um ihn, weil er dir am Herzen liegt. Es spielt keine Rolle, in welchem Gefängnis auch immer er sich befindet, vorausgesetzt, er lebt noch, denn Tote kann er nicht wieder zum Leben erwecken. Sonst macht er alles, was du willst, wenn du eine Gebühr und die Anwaltskosten, offizielle und inoffizielle, undsoweiter, undsoweiter bezahlst. Damit arrangiert er sogar die Hochzeit eines Bischofs."

Zufällig hatte Ayfandis mit diesem Agenten zu tun gehabt, sodass es sich erübrigte, dass Zarpas ihn mit diesem bekannt machte. Ayfandis erledigte noch einige wichtige Dinge und reiste dann nach Athen ab, von wo aus er weitere Schritte unternehmen wollte.

Ephrosynes Hoffnungen stiegen daraufhin, weshalb sie während der Reise nicht mehr ganz so niedergeschlagen war. Die Fahrt mit dem Wagen von Piräus nach Athen, die sie das erste Mal erlebten, war sehr interessant und bereitete sie auf neue und unerwartete Erlebnisse in der berühmten Hauptstadt vor. Als sie über die *Hermesstraße* fuhren, stießen sie nach dem Platz der Athene auf eine große Menge lärmender Menschen jeder Schicht, sodass sie anhalten mussten, da sie weder weiterfahren noch umkehren konnten. Die einen gestikulierten mit den Händen und schrien:

„Was ist das für ein Zustand! Es ist nicht mehr auszuhalten! Wir müssen laut schreien, damit wir gehört werden!"

Andere wollten sie beruhigen und zeigten auf den Balkon, auf dem viele Menschen standen und von dem aus jemand sprach, den man aber von dem Wagen aus nicht sehen konnte. Schließlich herrschte Schweigen, und auf dem Wagen hörte man ganz deutlich die folgenden Worte, die immer wieder unterbrochen wurden:

„Warum dieser Aufruhr und diese Empörung? Was macht denn die Regierung anderes, als sich um euer Wohlergehen und eure Sicherheit zu kümmern? Dafür habt ihr doch Minister, Nomarchen, Polizeioffiziere, Ankläger…"

„Ja", schrie eine Stimme, „und bestechliche Polizisten."

Ein Riesengelächter verbreitete sich von einem Ende der Menge zum anderen.

„Ja, ihr habt ja Recht, der Polizeikommissar hat gestohlen und seine Beamten auch. Deswegen wurden alle unverzüglich entlassen. Der Dieb ist nicht mehr Polizeikommissar und seine Beamten sind nicht mehr Polizeibeamte."

„Aber morgen werden sie wieder eingestellt", rief ein anderer.

„Aber wir haben doch Gesetze, und wir haben Gerichte, Amtsgerichte, Landgerichte, Schwurgerichte, die ihn verurteilen und entsprechend seinem Vergehen ins Gefängnis werfen und in Ketten legen werden."

„Ja, und kurz darauf wird er amnestiert werden", rief ein anderer.

„Was passt dir nicht daran, Jannis?"

„Was mir schon immer nicht gepasst hat", fügte ein anderer hinzu.

„Nein, nein! Keine Amnestie! Wann hat man schon je von einem diebischen Polizeikommissar gehört, der amnestiert worden ist? Nie! Der Wolf ist im Gewand eines Hirten in den Stall eingedrungen und entlarvt worden. Was soll der Oberhirte machen? Soll er darüber hinwegsehen, damit der Wolf erneut heimlich hineinspringt und alle Schafe reißt? Der Wolf ändert nicht sein Verhalten. Macht euch nicht umsonst Sorgen! Wie der gute Vater sich um seine Kinder kümmert und sich Sorgen um sie macht, weil er sie liebt, so kümmert sich die Regierung um euch und sorgt für euch. Wir ruhen weder am Tag noch schlafen wir in der Nacht, damit ihr die guten Seiten des Lebens genießen könnt. Was für einen Lohn erwarten wir dafür, außer dass wir sehen, wie euer Glück wächst, so wie der Gärtner sich freut, wenn er seine Bäume voller Blüten sieht? Ja, so ist es, und nun geht wieder friedlich an eure Arbeit und schlaft nachts angenehm und froh, weil die Wächter nicht schlafen und der verkleidete Wolf entdeckt worden ist. Ihr seht, die Regierung wendet das Schlechte zum Guten. Dieser Polizeikommissar hat gestohlen, er hat ein Verbrechen begangen. Seid sicher, er kann nicht mehr stehlen; stattdessen ist er zum abschreckenden Beispiel für alle geworden, die Ähnliches machen."

„Ja, ja, ein Beispiel für Diebstahl!" schrie die Menge.

„Nein, ein Beispiel für die Strenge des Gesetzes. Ihr könnt mir glauben und sicher sein."

„Wir haben genug von Worten, wir wollen Taten sehen."

„Gebt uns ein wenig Zeit, und wenn ihr keine Taten seht, seid ihr wieder die Herren und habt das Recht, entsprechend festzunehmen und freizusprechen. Ihr seid das souveräne Volk, die guten Bürger, die ihr euch schon immer als Freunde der Ordnung und Gesetzestreue gezeigt

habt und dies auch in Zukunft tun wollt, würdige Nachkommen des *Themistokles* und des *Perikles*."

Diese Worte beschwichtigten allmählich den Aufruhr,
und wie viele summende Bienenvölker löste sich die
Menge der Athener auf, die in Gruppen das Gehörte dis-
kutierten und sich nach kurzer Zeit zerstreuten.

Der Wagen unserer Gäste setzte sich wieder langsam in
Bewegung und suchte nach einem Gasthof, während sich
Ayfandis über die Ereignisse Gedanken machte und sagte:

„Ich verstehe: überall das gleiche!"

In Athen begegnete Ayfandis in den folgenden Tagen
vielen Landsleuten, mit deren Hilfe er eine eigene Unterkunft fand. Dabei erfuhr er auch, dass von denen, die er
selbst einmal bei sich aufgenommen hatte, als sie auf der
Flucht vor Aufständischen oder Räubern waren, einige
jetzt in Amt und Würden in der Hauptstadt lebten. Als er
einen von ihnen besuchte, begegnete er unvermutet Tassos,
von dem er seit damals nichts mehr gehört hatte.

In dieser kurzen Zeit hatte sich viel getan. Im Zuge der
kürzlich erfolgten Besetzung der Stellen im Ministerium,
die sich dauernd wiederholte, wurden viele der vorher ge-
richtlich Verfolgten, die dasselbe politische Ziel im Auge
hatten oder, wie es nach neuer Sprachregelung heißt, demselben politischen System angehörten, in einer gewissen
Reihenfolge amnestiert. Zu ihnen gehörte auch Tassos, der
nicht nur amnestiert, sondern sogar zum Leutnant befördert worden war. Der vorher mit der Bekämpfung des Räuberunwesens betraute Polizeihauptmann war abberufen
und der Reserve zugeteilt worden, das heißt: beiseitege-
schoben. Die Bewachung der Grenzen war wieder einer
Sondereinheit des Heeres übertragen worden, der auch
Tassos zugeteilt wurde. Er erhielt jedoch die Erlaubnis, in

der Hauptstadt zu bleiben, wo er hoffte, in den Rang eines Hauptmanns versetzt zu werden, was ihm vom zuständigen Minister versprochen worden war.

Auch die Mutter von Tassos hielt sich in Athen auf. Als sie eines Tages auf dem Balkon saß, ging jener Gendarmeriehauptmann mit finsterem und mürrischem Blick, wie es so seine Art war, am Haus vorbei, der damals den Räuberbanden und ihren Verwandten nachsetzte. Barbaras Dienerin machte sie darauf aufmerksam, dass das der berüchtigte Hauptmann war, ein Nachkomme von denen, die Christus gekreuzigt hatten. Barbara war drauf und dran, mit einem Keramikblumentopf, der vor ihren Füßen stand, nach ihm zu werfen. Wahrscheinlich hätte sie das auch getan, wenn die Dienerin ihn ihr nicht gerade noch rechtzeitig aus den Händen gerissen hätte, sodass der Hauptmann, wie immer in düsteren Gedanken versunken, nichts bemerkte.

Ayfandis fand keine Erklärung für das widersprüchliche Schicksal der beiden Brüder: Der ein blieb als Räuber unbestraft und wurde sogar noch belohnt, während der andere dafür verfolgt wurde, dass sein Bruder ein Räuber war.

Nachdem sie sich umarmt und begrüßt hatten, wollte Ayfandis gern der Grund für diesen unverständlichen Umstand erfahren.

„Warum wird eigentlich dein Bruder deinetwegen verfolgt, während die Regierung doch zugegeben hat, dass du zu Unrecht verfolgt worden bist, und dich auch noch mit einer Beförderung und Auszeichnungen belohnt hat?"

„Was für eine Beförderung und was für Auszeichnungen? Ich bin gerade mal Leutnant, eine Auszeichnung, die alle im Freiheitskampf erhalten haben. Wenn das aufopfernde Verhalten meines Vaters berücksichtigt worden wäre, der im Freiheitskampf gefallen ist, müsste ich heute etwas Höheres sein."

„Ja, aber du hast keine Schwierigkeiten mehr, während Thanos…"

„Der hat Schwierigkeiten, weil er in Skiathos war, als die Amnestie erlassen wurde, und ich sah damals keinen Anlass, dafür einzutreten, dass auch sein Name auf die Liste kam."

„Ich verstehe immer noch nicht; ihr habt doch, wie ich höre, ein Justizministerium? Was für eine Aufgabe hat es?"

„Der Minister greift nicht in Gerichtsverfahren ein."

„Aber warum hat er sich für dich eingesetzt und nicht auch für deinen Bruder, der nichts Schlimmes verbrochen hat?"

„Genau darin liegt dein Irrtum. Hätte auch er zu den Waffen gegriffen, wäre er amnestiert worden. Wie soll er denn amnestiert werden, wenn er nichts Schlimmes gemacht hat?"

„Jetzt verstehe ich: das Ministerium kümmert sich darum, dass die Unschuldigen bestraft werden, damit die Leute glauben, dass die Gerechtigkeit nicht schläft."

„Ja, es ist tatsächlich so, dass der Fremde Schwierigkeiten hat, die Zustände in Griechenland zu verstehen. Unsere guten Bayern haben die Gesetze für uns gemacht, und wir kommen mit ihnen zurecht, weil wir uns mit ihnen arrangiert haben. Wenn man es genau nimmt, habe ich keinen Kontakt zum Justizminister. Ich habe den Minister für Militärangelegenheiten angesprochen, und der hat mir gesagt, er werde mit dem Justizminister reden, aber der gehört zu diesen Intellektuellen, die nach Nadeln im Heuhaufen suchen."

„Gibt es denn keinen anderen Weg?"

„Ich habe an einen Freund von mir geschrieben, der in Chalkis wohnt, und habe ihm sogar Geld geboten, habe aber keine Antwort erhalten. Vielleicht in der nächsten Woche..."

„Auch wenn er dein Bruder und es nicht meine Aufgabe ist, mit dir über ihn zu sprechen, so habe ich ihn doch wie einen eigenen Sohn lieb gewonnen und versichere dir, dass ich für ihn jedes Opfer bringe."

Ayfandis erzählte auch alles, was er, teilweise sogar durch die Schuld des Tassos, erlebt hatte, aber wollte ihm auf keinen Fall Anlass zu der Vermutung geben, dass er ihm die Schuld dafür zuschiebe. So sagte er, er sei nach Athen gekommen, um vielleicht durch die Vermittlung des türkischen Gesandten bei den türkischen Behörden seine Rückkehr nach Hause zu erreichen.

Dazu sagte Tassos:

„Vielleicht kann ich dir einen kleinen Gefallen erweisen und einen ganz kleinen Teil meiner großen Schuld bei dir abtragen. Ich habe einen guten Freund, der bei dem Botschafter aus und ein geht und mit ihm sprechen könnte. Wenn du willst, nehme ich dich morgen in sein Haus mit, damit du ihn kennenlernst."

Ayfandis ging gern auf diesen Vorschlag ein und verabschiedete sich, nachdem er noch einmal seine Sorge um Thanos zum Ausdruck gebracht hatte.

Der Freund von Tassos, der mit dem türkischen Botschafter über Ayfandis sprechen sollte, war in der Tat ein bemerkenswerter Mann. Er hieß Leon Japetos und hatte so dem Namen seines Vaters einen vornehmeren Klang gegeben, der auf Grund seines Berufes, den er in Patras ausübte, *Kapotas* hieß. Dieser wollte gern, dass auch sein Sohn sich mit demselben Handwerk beschäftigte, das

auch schon sein Großvater ausgeübt hatte und ihm ein
hinreichendes Auskommen bescherte. Aber die besondere Natur seines Sohnes ließ die Neigung zu dieser Arbeit nicht bis in die vierte Generation weiter bestehen.
Schon von Kind an zeigte Leon eine beträchtliche Intelli-
genz, welche die Mutter entzückte, während der Vater
davon weniger begeistert war, weil er sah, dass der Sohn
von Natur aus eine Gabe besaß, die für den Beruf eines
Mantelschneiders nicht nur überflüssig, sondern sogar
von Nachteil war. Trotzdem gab er den Bitten der Mutter
nach und erlaubte, dass sein Sohn die Schule besuchte,
lobte aber niemals seine Fortschritte oder ermunterte ihn,
sich Mühe zu geben. Nachdem er die Griechische Schule
besucht hatte, wollte der Sohn gern das Gymnasion in
Athen besuchen, aber der Vater hätte diesem Wunsch
wohl nie entsprochen, wenn nicht ein anderer Mantelmacher sich für ihn eingesetzt hätte. Er hatte sich in der
Hauptstadt niedergelassen und bot an, sich um den jungen Mann kümmern, der wiederum versprach, in dessen
Werkstatt mitzuarbeiten. Da er keine Möglichkeit sah, all
das zu umgehen, gab der Vater schließlich nach, wobei
ihm nichts Gutes schwante.

Kaum war der kluge Leon in Athen angekommen,
machte er sich von jeder Bevormundung frei und widmete
sich der Verfeinerung und Zurschaustellung seiner Neigung. Vor allem änderte er seinen Familiennamen, um
seine Herkunft zu verschleiern, trug die eleganteste Kleidung, lernte Tanz und Musik und eignete sich insgesamt
alle die Eigenschaften an, die für die Angehörigen der höheren Gesellschaftsschicht wichtig sind. Diese Eigenschaften förderte auch der Luxus, der sich in Riesenschritten in
Athen breit machte und sozusagen die vorherige Genera-

tion und die gerade in der Entstehung begriffene in zwei verschiedene gesellschaftliche Schichten teilte.

Man konnte kaum glauben, dass Leon Japetos, der Stolz jedes Tanzes, der eloquente Herzensbrecher, der geschickte Reiter, der, der bei dem künstlerischen Urteil über italienische Opern den Ton angab, der als erster hervorragenden Leistungen applaudierte und sich als erster über nicht so gelungene Leistungen lustig machte und der sich bei jeder passenden Gelegenheit als Begleiter der Hauptdarstellerin und der anderen Mitglieder der Operntruppe zeigte, dass dieser Leon Japetos der Sohn eines ärmlich gekleideten und über seine Arbeit in der Werkstatt in Patras gebeugten Sotirios Kapotas war, der von morgens bis abends unermüdlich mit dem Nähen beschäftigt war. Nichts missfiel Leon so sehr, wie wenn er in der Gesellschaft eines Freundes seines Vaters von irgendjemand erkannt wurde, der dann plötzlich sagte:

„He, bist du nicht der Sohn meines Freundes Sotiris Kapotas?"

Daher hätte er es vorgezogen, wenn sein Vater keinen Freund gehabt hätte.

Der Ertrag seines Handwerks reichte Kapotas nicht, die Ausgaben für seinen Sohn zu bestreiten, aber selbst wenn sie ausgereicht hätten, hätte der Vater mit Sicherheit keine Lust gehabt, seine geringen Einkünfte dafür zu verwenden. Die Mutter machte ihm immer wieder heimlich kleine Geschenke, aber viel stand ihr nicht zur Verfügung. Trotzdem half das Glück dem verschwenderischen jungen Mann, sodass er nicht auf die bescheidene Unterstützung durch seine Mutter angewiesen war.

Seine Geschicklichkeit beim Tanz und Reiten gefiel einem Gesandten sehr, einem Freund des Schönen, der seine Bekanntschaft zu machen wünschte und ihn sehr zuvorkommend aufnahm. Er stellte Leon dem Minister als jemanden vor, der auf Grund seines ansprechenden Wesens Glanz in die Arbeit des Ministeriums bringen könne. Dieser Gesandte machte auch viele andere Vorschläge für nützliche Reformen verschiedener Verwaltungszweige, aber der Minister umging sie geschickt mit den verschiedensten Ausreden, da er nicht akzeptieren wollte, dass die Sitten der Väter dem Missbrauch und Verderben preisgegeben wurden. Um jedoch dem Gesandten etwas entgegenzukommen, folgte er sofort dessen Empfehlung des Japetos, den er im Büro des Ministeriums als einfache Bürokraft einstellte. Aber Japetos ging zu keinem Zeitpunkt einer nennenswerten Arbeit im Ministerium nach, obwohl er sich täglich für ein paar Stunden in dem Büro aufhielt. Dabei erfuhr er Neuigkeiten und gab sie weiter, vor allem aber machte er sich als Mittelsmann zwischen Minister und Gesandtem nützlich, bei dem er, wie es auf Französisch heißt, „les petites entrées" besaß.

Daher wuchs sein Einfluss, und alle, die etwas Wichtiges auf dem Herzen hatten, das einer besonderen Behandlung bedurfte, wandten sich an Japetos, weil er über alles informiert war, was hinter den Kulissen passierte, und dies auch geschickt ausnutzte. Folglich standen ihm die Türen zu allen Gesandten offen, und er genoss bei allen die höchste Aufmerksamkeit.

Tassos besaß damals zwei prächtige und edle Pferde, derentwegen er den Pferdeliebhaber Japetos kennengelernt hatte und zu dem er fortan gute Verbindungen unterhielt. Auf ihren häufigen Ausritten trainierten sie Sprünge über Mauern und Gräben.

An dem Tag, an dem Ayfandis Tassos getroffen hatte,

ritt dieser wieder einmal mit Japetos aus, dem er dabei vorschlug, die Bekanntschaft mit einem außergewöhnlich schönem Mädchen aus Thessalien zu machen, das gerade nach Athen gekommen sei. Dabei erwähnte er auch, er habe einen guten Grund, ihn in ihr Haus einzuführen. Japetos sagte ihm bereitwillig seine Vermittlung zu, und sie verabredeten sich zu einem Besuch.

Am folgenden Tag kamen die beiden Freunde zum Haus von Ayfandis, den sie mit seiner Tochter bei einem Brettspiel vorfanden. Obwohl sich Ephrosyne nach der Sitte ihres Heimatlandes in die Frauengemächer hätte zurückziehen müssen, blieb sie, da sie sich ja in einem fremden Land befand, wo sich Frauen frei äußern konnten. Ayfandis sah es darüber hinaus gern, dass sich seine Tochter in seiner Nähe aufhielt und alles hörte und mitbekam. Er empfing die Ankömmlinge, während Ephrosyne aufstand, wie es sich gehörte, und eine leichte Röte ihre Wangen überzog, die der musternde Blick von Japetos hervorrief. Ein schwarzes Kopftuch, dessen zwei Enden nach hinten gebunden waren und dessen anderes Ende herabhing, bedeckte ihren Kopf. Darunter quoll das blonde Haar hervor und legte sich um ihre Schultern, während gleichzeitig die Locken von ihren Schläfen hingen. Zu ihrem blonden Haar kamen noch ihre weiße Haut und die Ebenmäßigkeit ihres lebhaften Antlitzes, die ihr etwas Ätherisches verliehen. Auch wenn sie den Blick senkte, schien ihr doch nichts zu entgehen, und während sie ihre Hand zum Tisch ausstreckte, um die Spielsteine zu setzen, ließ sie ihre langen und wohlgeformten Finger erkennen. Ihre natürliche und ungekünstelte Anmut beeindruckte auch den eleganten und affektierten Japetos. Sein gezierter Gang, seine säuselnd klingende Stimme und der Duft des Parfüms bewie-

sen, dass er jede Art von liebenswertem Charme kannte
und davon Gebrauch machte. Damals war die *Fustanella*
groß in Mode, und Japetos übertraf alle, die sie trugen. Sein
Angesicht besaß nichts Edles, aber die kleinen und lebhaften Augen und sein dauerndes Lächeln zeigten, dass er
sorgfältig darauf bedacht war, durch seine Umgänglichkeit
und einschmeichelnde Art die Zuneigung der Menschen
zu gewinnen. Er zeigte sich gewandt und scherzhaft, indem
er stets unbeschwert über ernsthafte Dinge und ernsthaft
über Lappalien sprach. Manchmal klopfte er mit seiner
leichten Reitgerte auf seine Fustanella und manchmal hielt
er die goldenen Spitze der Gerte an seine Lippen und
summte irgendeine Melodie. Immer aber behielt er seine
gelb glänzenden Handschuhe an, um seine dunkelhäutigen
Hände zu verbergen.

Japetos entging nicht, dass Ephrosyne schamhaft errötete, was er selbstgefällig auf seine anziehende Art zurückführte. Als erfahrener Taktiker wollte er ihre Verwirrung
nicht weiter verstärken, sondern hielt es für angebrachter,
die flammenden Strahlen seines Blickes von ihr abzuwen-
den, um später ganz in Ruhe ihre innere Bewegung beobachten zu können. Als erfahrener und mitteilsamer Mensch
ergriff er denn auch als erster das Wort:

„Sie, Herr Ayfandis, sind verfolgt und haben Zuflucht
im gastfreundlichen Athen gefunden, wo Sie viele Zeugen
ihrer Wohltätigkeit und vor allem meinen Freund Tassos
haben. Mir stehen natürlich keine großen Mittel zur Verfügung, aber vielleicht können Ihnen meine losen Kontakte
zu dem türkischen Gesandten, der mir gestern in meiner
Abwesenheit einen Besuch abstattete, hilfreich für Ihre
Rückkehr sein. Abgesehen von ihm können wir auch meine
Verbindungen zu anderen Gesandten, die mit mir befreun-

det sind, nutzen. Zumindest wäre es gut, dass Sie sie kennenlernen. Dabei verhehle ich nicht, dass ich im tiefsten Inneren meines Herzens wünsche, dass wir keinen Erfolg haben, sodass Athen nicht gleich wieder verliert, was es gerade gewonnen hat. Ich muss Ihnen also ehrlich sagen, dass ich gar kein echter Verbündeter von Ihnen bin."

Ayfandis bat sie, sich zu setzen, und sagte, dass die, die wüssten, was er selbst, seine Frau und seine Tochter fern der Heimat erduldet hatten, nicht wünschen könnten, dass er nicht nach Hause zurückkehrt.

Japetos wandte den Kopf zu Ephrosyne, um ihr seine Ehrerbietung zu erweisen, bevor er das Wort an sie richtete.

„Und glauben Sie, man würde Nachsicht mit mir haben, wenn man erführe, dass ich dabei geholfen habe, dass Ihr Fräulein Tochter Athen verlässt? Dann müsste ich bei Ihnen in Thessalien Zuflucht suchen."

„Wir haben aber", sagte Ayfandis, „nicht dieselben Mittel, Ihnen zur Rückkehr in Ihre Heimat zu verhelfen. Aber machen Sie sich keine Sorgen, dass Sie für eine solche mitmenschliche Handlung verfolgt werden."

„So, wie auch Sie wegen Mitmenschlichkeit nicht verfolgt werden? Ich glaube aber, dass Sie, sobald Sie Athen richtig kennengelernt haben, es gar nicht so schnell verlassen wollen."

„Athen gefällt mir, aber wir sind hier Fremde und…"

„Und was macht das? Aus allen Ecken der Welt kommen die Besucher. Vorgestern reiste mein Freund Graf Savau aus Paris ab. Mein lustiger Freund Lord Beckson will den ganzen Winter über bleiben, und Prinz Fouffor aus Moskau, den ich vor ein paar Tagen kennengelernt habe, sagte, er sei von den hiesigen Schönheiten entzückt."

„Diese Freunde von Ihnen sind Touristen, und sie finden sicher Gefallen an fremden Dingen, aber wir…"

„Sie können hier alles finden, was sie wollen. Athen ist Paris en miniature. Sie können Bälle, Theater und Wagenrennen haben, und die Geschäfte sind voll von Luxusartikeln. In ein paar Tagen wird auch ein Pferderennen stattfinden, bei dem das Königspaar die Schutzherrschaft übernehmen und den Siegern die Preise überreichen wird. Ich werde mich darum kümmern, dass Sie für dieses Ereignis gute Plätze bekommen."

„Ich danke Ihnen, und ich bin schon neugierig darauf, Ihre Pferde und Ihr Können zu sehen. Ich nehme an, es ähnelt dem türkischen *tzirit*."

„Wir können Ihnen auch noch andere Schauspiele bieten, vorausgesetzt, sie gefallen Ihrem Fräulein Tochter."

„Sie wollen, dass wir mit Hilfe von Unterhaltungen unsere Heimat vergessen, die wir verlassen mussten, aber unser Heimweh lässt nicht zu, dass wir uns vergnügen. Denken Sie daran: im Frühling werden wir nicht mehr hier sein, weil es nicht möglich ist, hier das kühle Grün und den Gesang der Nachtigallen von Thessalien zu genießen."

„So hartherzig will ich natürlich nicht sein; ich möchte nur, dass Sie uns nicht unverzüglich verlassen."

„Versuchen Sie, unseren Wunsch nach Freilassung des Thanos zu erfüllen, und wir werden bleiben, wo Sie wollen. Glauben Sie also, dass wir die Protektion des Gesandten erhalten können?"

„Heute Abend speise ich mit ihm im Haus einer gewissen Dame und werde ihn darauf vorbereiten. Er hat einen so guten Charakter, dass ich keinen Moment daran zweifele, dass er dazu bereit ist, es sei denn, er würde seiner Regierung einen ganz schlechten Dienst erweisen, wenn er Griechenland mit seinen besten Untertanen versorgt."

„Wir werden Ihnen von ganzem Herzen dankbar sein, glauben Sie mir."

„Sie lieben Ihre Heimat sehr. Wenn man mich als Sekretär der Gesandtschaft nach London oder nach Paris oder nach Konstantinopel schicken würde, würde ich unter keinen Umständen den Wunsch haben, zurückgerufen zu werden."

„Warum hast du nicht gesagt ‚als Gesandten'?" fragte Tassos. „Sicherlich aus Bescheidenheit."

„Ich möchte nicht überheblich sein und nicht die Vorrechte der Freiheitskämpfer und ihrer Vorfahren in Frage stellen. Diese Rechte haben uns viele Vorteile gebracht, besonders meinem Bruder Thanos."

„Ist er immer noch in Chalkis im Gefängnis?"

Ephrosyne konnte nicht verheimlichen, dass sie dem Gespräch über Thanos größere Aufmerksamkeit schenkte, was Japetos bemerkte.

„Und wer sollte ihn da befreien?"

„Du als guter Bruder."

„Ich bemühe mich ja schon."

„Ohne Erfolg, weil dich ja deine Pferde so sehr in Anspruch nehmen."

„Ja", antwortete Ayfandis, „auch ich bitte darum, denn, glauben Sie mir, ich liebe ihn wie meinen Sohn."

„Dann kümmere ich mich auch um ihn. Ich werde noch heute an die zuständige Stelle ein Schreiben senden."

Japetos tat so, als habe er nicht bemerkt, dass Ephrosyne vor Freude lächelte, und fuhr fort:

„Er muss schon liebenswert sein, da Sie so viel von ihm halten."

„Ich versichere Ihnen, dass ich genau so wünsche, Thanos wieder in Freiheit zu sehen, der Ephrosyne bei allen ihren Arbeiten stets mitgeholfen hat, wie ich wünsche, dass meine Angelegenheiten ein gutes Ende finden."

Ephrosyne errötete bei dieser übertriebenen Bemerkung und senkte ihren Kopf, um ihre Empfindungen zu verbergen. Dabei zeigte sie diese jedoch umso mehr.

Daraufhin sagte Japetos:

„Er besitzt gute Beschützer und wird schon nichts Schlimmes erdulden müssen. Glücklich ist der, der auf solche Weise geliebt wird – vorausgesetzt, er merkt es…"

Mit diesen Worten wandte er seinen Blick auf Ephrosyne und erhob sich zum Abschied.

„Ich hoffe, Ihnen schon bald gute Nachrichten für Sie und Ihren lieben Thanos bringen zu können."

Die beiden Freunde entfernten sich. Der scharfsinnige Japetos aber hatte sich nicht geirrt und Ephrosynes Gefühle erkannt, wie sie nicht einmal ihr Vater bemerken konnte, aber er bedauerte sie, weil sie von der Liebe zu einem Menschen gepackt sei, der seiner Meinung nach diese Liebe nicht verdiente. Er irrte sich jedoch, wenn er dachte, sie werde diese Liebe auf ihn übertragen, sobald sie erkannt habe, bis zu welchem Grad vollendete Anmut und Vornehmheit zusammenpassten, und sie jemanden fände, der diese Eigenschaften in einem Maß verkörpere wie er selbst.

„Äthiopierinnen und Eskimofrauen", sagte er zu sich selbst, „lieben Männer ihres eigenen Volkes, aber nur, weil sie nicht Leute wie Japetos kennen."

Genau das Gegenteil dachte Ephrosyne. Das Benehmen des Japetos, sein frecher Blick, seine auffallende Kleidung, seine selbstgefällige Geschwätzigkeit und sein weichlicher

Tonfall riefen bei ihr ein feines, aber heimliches Lächeln hervor.

„Was hältst du von ihm?" fragte ihr Vater sie.

„Eine eitle Bachstelze ist er."

„Und mir scheint er Dinge zu versprechen, die seine Möglichkeiten übersteigen."

Währenddessen verbreitete Japetos in der ganzen Stadt das Gerücht von der schönen Ephrosyne und erregte damit viel Neugier. Seine Besuche häuften sich, wobei er als Anlass seine Bemühungen um die Freilassung des Thanos angab. In der Tat führte er Ayfandis bei dem türkischen Gesandten ein, der versprach, ein Schreiben nach Larissa zu schicken und wegen Thanos zu intervenieren.

Je mehr jedoch Japetos unternahm, um Ephrosyne gegenüber als liebenswürdig zu erscheinen, desto mehr verstärkte er ihre Ablehnung. Vergeblich ließ er die ganze Skala seines Charmes spielen, denn weder sein liebenswertes noch sein großtuerisches Gehabe noch sein verführerisches Mitgefühl und auch nicht seine vorgespiegelte Gleichgültigkeit führten zum Ziel. Sein pathetisches Benehmen entging Ayfandis nicht, der seiner Tochter riet, Japetos liebenswürdig zu empfangen, um seine Bemühungen zu verstärken. Ephrosyne indes sah sich nicht in der Lage, Japetos etwas vorzumachen, und da sie bei seinen Besuchen gezwungenermaßen anwesend war, konnte sie oft ihr ironisches Lächeln nicht unterdrücken.

Je hartnäckiger ihr Widerstand war, desto hartnäckiger waren seine Annäherungsversuche, und die wohlwollende Aufnahme bei Ayfandis spornte ihn an zu glauben, dass der Vater einen so liebenswürdigen Schwiegersohn nicht verschmähen würde.

Er wusste auch, dass Ayfandis über einen nicht unbeträchtlichen Besitz verfügte, sodass seine Bemühungen sich lohnen könnten. Ephrosynes kühles Verhalten schrieb er der bäuerlichen und ablehnenden Art ihrer Vorfahren zu, wobei er sich nicht vorstellen konnte, dass ein weibliches Herz unberührt von seinem Charme bleiben könne. Wie sie erzogen sei, so sagte er sich, bedeute es für sie eine Sünde zu zeigen, dass sie jemanden liebe, aber die Natur sei stärker als die Erziehung, die den Charakter nur lenken könne. Es sei unmöglich, dass sie keine Freude bei der Sehnsucht empfinde, die sie erfülle. Folglich benutzte er den Priester der Gemeinde als Vermittler, aber er bekam weder eine negative noch eine positive Antwort.

Bevor sich in dieser Angelegenheit etwas tun würde, so sagte Ayfandis ihm, und er selbst wisse, wo er bleiben werde, könne er nichts über den Kopf seiner einzigen Tochter hinweg entscheiden, mit der er den Rest seines Lebens verbringen wolle.

Die Tage darauf erhielt Ayfandis zwei erfreuliche Nachrichten, nämlich dass der albanische Derven Aga entlassen worden sei und durch seinen Vorgänger ersetzt werden und Thanos vor das Geschworenengericht gestellt werden solle, das demnächst zusammengerufen werde. Ayfandis hoffte, dass ihn die erste Nachricht näher an sein Ziel bringen werde: die Rückkehr in die Heimat.

Nach kurzer Zeit erhielt Ayfandis tatsächlich die glaubwürdige Information, dass die Albaner abgezogen waren. Sein Gegner hatte den Prozess gegen ihn zwar gewonnen, aber das kümmerte ihn nicht sonderlich. Er schrieb an den neuen Derven Aga und begann nach dessen Antwort daran zu denken, nach Thessalien zurückzukehren. Japetos machte darauf oft die Bemerkung, er habe den Wunsch, als Bauer in Thessalien zu leben und dabei unter dem

Schatten der Bäume die Ochsen zu beobachten, die das Land pflügten.

„Dann dürfen Sie aber keine Handschuhe tragen", sagte Ephrosyne zu ihm und bereute sogleich ihre scherzhafte Bemerkung, weil sie sich ihm gegenüber, der sich als Freier aufspielte, nicht freundlich zeigen wollte.

„Natürlich werde ich dann bäuerische Kleidung tragen, die, wie ich glaube, mir gut stehen wird."

Ephrosyne verstummte, aber Japetos begriff, dass sie und ihr Vater keinen Wert darauf legten, ihn in solcher Kleidung zu sehen.

10
Der Prozess gegen Thanos

Trotz vieler Fürsprachen wurde Thanos zwar nicht freigelassen, aber immerhin endlich vor Gericht gestellt, angeklagt der Zusammenarbeit mit Räubern. Gerichte zur Verhandlung von Kriminalfällen mussten jedoch immer erst eigens zusammengerufen werden, was nur ein- oder zweimal jährlich geschah. Durch einen glücklichen Zufall war es damals aber gerade an der Zeit, dass ein solches Gericht zusammentrat. Als Ort der Verhandlung wurde Chalkis bestimmt. Unter den Zeugen, die geladen wurden, war auch Hephaistides. Dieser lebte damals ohne Beschäftigung in Lamia, weil der Schulinspektor, über den er sich seinerzeit lustig gemacht hatte, ihm seinen Sarkasmus schließlich doch heimgezahlt und ihn entlassen hatte. Hephaistides wollte die Gelegenheit der Reise nach Chalkis nutzen und von dort nach Athen weiterreisen, wo er seine Grammatik publizieren wollte.

Als er in Chalkis vor dem Hohen Gericht stand, um seine Aussage zu Thanos zu machen, zeigte er sich höchst empört über das, was der arme Bauer erduldet hatte. Er schilderte ausführlich seine guten Eigenschaften, seine Arbeitsamkeit, Bescheidenheit und kleinen Wohlstand, den er durch langjährige Mühen und Entbehrungen erworben habe und um den ihn in einem einzigen Augenblick die guten Gendarmen, die Diener des Gesetzes sowie die Hüter der Ordnung gebracht hätten.

Der Gegensatz zwischen der Amnestierung des Tassos, des wirklichen Schuldigen, und der erbarmungslosen Verfolgung des Thanos, der für dessen Taten büßen musste, bewegte die Geschworenen. Der Gerichtsvorsitzende unterbrach Hephaistides oft, der sich über die Gesetze und Behörden lustig machte, aber er konnte den losbrechenden Wortschwall nicht eindämmen.

„Ja", sagte Hephaistides, zu dem Vorsitzenden gewandt, „Ihr habt recht, und die Juden erreichten die Freilassung des Barabbas, obwohl das Alte Testament sagt: *‚Ein unterschiedlich Maß ist dem Herrn ein Gräuel'.*"

Nichtsdestoweniger bestand der Ankläger unerschütterlich auf seiner Anklage. Er gehörte zu denen, die nach Gerechtigkeit hungern und dürsten, aber während er sich mühte, die mikroskopisch kleinen Insekten, die sich in seinen Spinnennetzen verfingen, vor die Gerichtsschranken zu zerren, hatten die kleinen schrecklichen Ungeheuer diese leider schon zerrissen. So bestand seine Kunst also darin, die Dinge zu übertreiben und aus einer Mücke einen Elefanten zu machen. Er begann, den Untergang der Gesellschaft zu beschreiben, die von dem Gewicht der Verbrechen erdrückt werde und die auf die helfenden Hände der Gerichte angewiesen seien.

„Dass es keine richtige Strafe gibt", rief er mit erhobener Stimme und indem er seine Hand auf den Tisch fallen ließ, den er zur Hälfte mit seinem voluminösen Bauch bedeckte, „ist der Grund dafür, dass das Übel auf die Spitze getrieben worden ist, sodass heutzutage alle darauf warten zu erfahren, ob es überhaupt noch Gesetze gibt oder sie im Schlaf versunken sind. Der Freispruch eines Schuldigen ist nicht

nur eine Verletzung eures Eides, sondern spornt geradezu
die Kriminellen an, dem unschuldigen und arbeitsamen
Bürger, das heißt euch allen, etwas Böses anzutun. Wenn
Räuber unterstützt werden, ist das schlimmer als selbst ein
Räuber zu sein."

Und da er die Feinheiten der Beredsamkeit und deren
Wirkung auf Grund gekonnten Argumentierens kannte,
unterbrach er seine Rede, nachdem er mit dieser Formulierung Schrecken verbreitet hatte und mit Genugtuung
und Freude auf den Gesichtern aller Anwesenden Zeichen
der Ratlosigkeit wahrnahm.

„Ja, die Unterstützung von Räubern ist schlimmer, weil
es ohne sie keine Räuber gäbe. Wenn die Unterstützer dem
Räuber nicht eine günstige Gelegenheit verrieten, wenn sie
ihm nicht bedeuteten, dass er verfolgt wird, wenn sie ihm
nicht ein Versteck verschaffen würden, ihn nicht versorg-
ten und nicht seine Beute versteckten, würde es – so wahr
es eine Gerechtigkeit gibt, so wahr es Gesetze gibt, die den
Staat schützen! – niemals Räuber geben."

Es kam zu einem gewaltigen Stimmgewirr, als der Ankläger sich daran machte, die Aussage des Hephaistides zu
analysieren. Sei es zu glauben, dass ein gebildeter Mensch,
bewandert in der Grammatik, der einmal in der Woche in
der Hütte des Thanos Ziegenmilch trinke, nicht wüsste,
was die ganze übrige Zeit über in dieser Hütte geschehe?
Da erhob sich Hephaistides und sagte, an den Ankläger gewandt:

„Du trinkst natürlich einmal im Monat die Milch des
Kolakretes und deshalb …"

Zum Glück unterbrach der Gerichtsvorsitzende ihn mit
dem Hinweis, er störe die Verhandlung, ohne dass er
wusste, um welche Art Milch es sich da handelte, die auch

er trank. Hephaistides wollte noch hinzusetzen: „Und des-halb hast du auch so einen dicken Bauch."

„Natürlich", fuhr der Ankläger fort, „der Interpret von *Xenophons ,Oikonomikos'* und *Theokrits ,Boukolika'* konnte von der Illusion in die Irre geleitet werden, in dieser Hütte werde nur Käse und Butter hergestellt, weil er allein davon probiert hatte."

„Ach, du hast doch keine Ahnung!" platzte es aus He-phaistides heraus.

Der Vorsitzende forderte ihn auf zu schweigen, aber Hephaistides antwortete, das könne er nicht, weil ihm sonst der Kragen platzen würde.

„Dann fordere ich dich auf, den Gerichtssaal zu verlas-sen."

Nachdem sich Hephaistides entfernt hatte, beendete der Ankläger ungestört und gestenreich seine Rede. Danach antwortete der Verteidiger und lobte den untadeligen Leh-rer, der zum Hauptthema der Diskussion geworden sei, als handele es sich mehr um ihn, der vor Gericht stehe.

„Wer ist denn daran schuld?" sagte der Verteidiger, „wenn die Gesellschaft vom Räuberunwesen geplagt wird? Etwa Hephaistides, der an die Unschuld eines tüchtigen Bau-ern glaubt? Oder die, die in Übermaß die berufsmäßigen Räuber, die an den Galgen gehören, regelmäßig amnestieren und ihnen verzeihen und stattdessen die ganze Strenge des Gesetzes bei jenen anwenden, die ihr tägliches Brot im Schweiß ihres Angesichts essen? Hephaistides, der uns die Bildung unserer Vorfahren lehrt? Oder die, die Wölfe hegen und pflegen und die Schafe bestrafen? Muss es euch nicht paradox vorkommen, wenn der Unschuldige als Sünden-bock der Gesellschaft benutzt wird, damit die Schande ver-deckt wird, dass Schurken ungestraft davonkommen?"

Der Vorsitzende tadelte den Verteidiger wegen dieser Abschweifung und beendete die Verhandlung. Schon kurz danach aber kehrten die Geschworenen zurück – und sprachen Thanos frei! Hephaistides sprang im Gerichtssaal vor Freude auf und umarmte Thanos mit den Worten:

„Ich habe dich gerettet, wie alle Griechen wissen."

Der arme Thanos war so niedergeschlagen, dass er kaum glauben konnte, dass sein Unglück ein Ende hatte. Sein Gesicht war grau geworden, und seine Augen waren wegen seines langen Aufenthaltes in einem dunklen Raum geschlossen, um das Tageslicht zu meiden. Insgesamt machte Thanos den Eindruck, als sei er aus der Höhle des *Trophonios* herausgekommen.

Hephaistides nahm ihn in seine Unterkunft mit und kümmerte sich wie ein Vater um ihn. Den ganzen Tag lang schimpfte er auf die Ankläger, die Regierung und die Gesetze:

„Oh Demosthenes, es gibt nicht mehr nur drei wilde Tiere in Athen: die Eule, den Drachen und die Volksmasse. Es gibt jetzt unzählige: Minister, Ankläger, Hauptleute und Schulinspektoren."

Bevor sie sich auf den Weg nach Athen machten, warteten sie noch ein paar Tage, bis sich schließlich eine Reisegesellschaft fand, die hinreichend Schutz gegen Räuber bot. Unter den vielen Mitreisenden waren zwei seltsame, ganz gegensätzliche Gestalten: der eine war ein amerikanischer Missionar, der andere ein Mönch, der für seinen Hass auf Andersgläubige bekannt war. Früh am Morgen ritten sie aus Chalkis los, ohne sich zu kennen, aber der Amerikaner begab sich sofort in die Nähe von Hephaistides als dem offensichtlich Gebildetsten von allen und verwendete geschickt die gesprochene griechische Sprache:

„Sie sind Griechischlehrer?"

„Ich war es."

„Offensichtlich hat man Sie entlassen."

„Sagen wir so: man hat mich inspiziert."

„Und man hat bei Ihnen Mängel gefunden?"

„Nein, Überflüssiges."

„Wie denn das?"

„Weil ich die Ungebildetheit tadelte. Und wer sind Sie?"

„Ich bin ein amerikanischer Geistlicher."

„Und warum haben Sie Ihr Vaterland mit den guten Gesetzen verlassen und es vorgezogen, nach Griechenland zu reisen, das von den denkbar schlechtesten staatlichen Institutionen geplagt wird?"

„Die Amerikaner sind alle Philhellenen, und man hat mich geschickt, das Wort der Wahrheit zu verkünden und bei der Verbreitung der Bildung im Vaterland berühmter Männer mitzuhelfen, die wir bewundern und als Vorbilder politischer Klugheit und Tüchtigkeit nachzuahmen uns bemühen."

„Aber wie wollen Sie uns etwas lehren, wenn Sie nicht Griechisch beherrschen?"

„Wir haben nicht vor, Sie die antike griechische Sprache zu lehren, sondern das Wort der Wahrheit."

„Das heißt, Sie wollen die heilige Schrift in dieser nachäffenden und halbbarbarischen Sprache erklären, indem Sie irgendeinen Halbgebildeten anheuern, der Ihnen dieses erbärmliche Gebrabbel verkauft."

Der Amerikaner war von dieser harschen Kritik des Hephaistides überrascht und überlegte, wie er maßvoll antworten könne, um das Gespräch in eine ruhigere Bahn zu lenken. In diesem Moment gab Bruder Laurentius, so hieß der Mönch, der ununterbrochen den Amerikaner mit Auf-

merksamkeit beobachtet hatte, seinem Pferd die Sporen.
Denn er hörte, dass das Gespräch lebhafter wurde und Hephaistides lauter sprach, daher ritt er an den anderen vorbei, bis er in der Nähe von Hephaistides war.

„Mein Herr", sagte der Amerikaner, „gestatten Sie mir
eine Bemerkung. Wir Ausländer, die wir die gesprochene
Sprache der Griechen lernen wollen, befinden uns in einer
gewissen Verlegenheit. Es gibt keine Grammatik dieser ge-
sprochenen Sprache, und Sie als Gelehrte sind sich alle
nicht einig darüber."

„Folgen Sie der antiken griechischen Sprache", antwortete Hephaistides, der den Mönch in seiner Nähe nicht bemerkte.

„Aber auch Sie sprechen und schreiben doch nicht die
antike Sprache."

„Alles, was nicht antik ist, ist falsch."

„Sie sind einer von denen, so scheint es, welche die
Schlafenden wecken wollen. Ihre Absicht ist edel, aber er-
lauben Sie mir, an der Machbarkeit zu zweifeln."

„Zweifeln Sie an allem, was Sie wollen."

*„Sei klug und denke daran, deine Zweifel zu haben,
das ist die Grundlage der Logik."*

„Ich sage nur, dass ich meine Zweifel habe, weil wir in
Amerika nicht nach der höchsten Vollendung streben, die
die menschlichen Kräfte übersteigt und nur Gott zu-
kommt. Wir sind schon mit dem von Natur aus Möglichen
und dem relativen Guten zufrieden und machen deshalb
immer weitere Fortschritte und können behaupten, dass
kein Schritt vergeblich ist."

Bruder Laurentius neigte seinen Kopf zu Hephaistides
und flüsterte ihm zu:

„Antworte diesem Verfluchten nicht, er ist ein lutheri-
scher Calvinist."

Hephaistides drehte sich um und blickte Bruder Laurentius mitleidsvoll an. Dann setzte er das Gespräch mit
dem Amerikaner fort:

„Ich stimme mit Ihnen überein, dass das Vollkommene
nicht bekannt ist, aber wenn es bekannt und für alle erkennbar ist, wie können wir es einfach so übergehen?"

„Das Vollkommene ist niemals für alle erkennbar."

„Warum nicht? Wir haben die antiken Dichter, Historiker und Redner, und wenn wir denen folgen, machen wir
keinen Fehler."

„Ich glaube nicht, dass Sie ihnen folgen können, und
wenn ausnahmsweise es einer geschafft hat, in ihre Nähe
zu kommen, kennen Sie ja die Redensart: ‚einer ist keiner'."

„Da haben Sie Recht, denn außer Lambros Fotiades
kenne ich weiter keinen überragenden Griechen, weil alle
anderen den richtigen Weg verlassen haben."

„Ihr seht, sie haben es nicht geschafft, obwohl sie nach
dem Unmöglichen strebten. Wir in Amerika…"

„Oh Graus, oh Graus", unterbrach ihn Bruder Laurentius und hob ein wenig seine Stimme, „eine giftige Schlange,
eine Schlangenbrut!"

Da bemerkte auch der Amerikaner endlich den Mönch,
aber er verstand die Ausrufe nicht und fuhr fort:

„Aber wir in Amerika denken folgendermaßen über
alles: Was die Mehrheit billigt, ist richtiger, denn zwei sind
besser als einer. Was also die Mehrheit akzeptiert, stimmt
mit dem allgemeinen Menschenverstand, dem ‚common
sense', überein und findet unsere Billigung."

„Wie ist das möglich? Die Mehrheit besteht doch aus
Unwissenden und Schwachsinnigen. Sollen sie Regeln für

die Sprache aufstellen können? Zum Beispiel gebrauchen sie den Dativ oder Akkusativ statt des Genitivs. Folgt daraus, dass es deshalb das Richtigere ist? Und das gilt auch für alles andere. Wenn Sie krank sind, fragen Sie doch auch nicht die Masse, sondern den erfahrenen Arzt."

„Du siehst", sagte der Mönch zu Hephaistides, „er akzeptiert nicht die göttliche Überlieferung der einen Alleinigen Heiligen und Allumfassenden Kirche."

„Sie haben Recht, weil ich Ihnen noch nicht alles erklärt habe. Die Klügeren unterrichten die große Masse, aber sie bringen mit klaren Schlussfolgerungen Beweise vor, etwas, das wir ‚evidence' nennen. Was sich also dem ‚common sense' als klar erweist, akzeptiert er; wenn er es ablehnt, ist das ein Zeichen dafür, dass es nicht klar ist. Jeder perfekte Mechanismus hat ein Gegengewicht, den ‚regulator'."

„Immer wieder dasselbe", rief Hephaistides laut. „Als Galileo seine Lehre verkündete, dass die Erde sich um die Sonne drehe, wer hatte da Recht, er oder der ‚common sense', die Masse der Ungebildeten und Abergläubischen?"

„Sprich nicht so gotteslästerlich", mischte sich der Mönch ein, „Als Josua, der Sohn Nuns, sagte: ‚ *Sonne, stehe still zu Gibeon, und Mond, im Tal Ajalon'...* "

„Da sehen Sie", fuhr Hephaistides fort, „dass es noch heute Leute gibt, die glauben, dass die Sonne sich um die Erde bewegt. Der ‚common sense' ist ein Kind des Irrtums und kann seine Mutter nicht verleugnen."

Währenddessen hatten auch die, die weiter hinten ritten, die lebhafte Diskussion mitbekommen und spornten ihre Pferde an, um näher heranzukommen, weil sie glaubten, es lohne sich zuzuhören, besonders angesichts der Eigenartigkeit der Diskussionsteilnehmer. Nur Thanos zeigte kein Interesse, sondern erfreute sich an der Schönheit der

Natur, die er so lange hatte entbehren müssen. Die Sonnen-
strahlen gaben ihm neuen Lebensmut, und der Anblick des
heiteren Himmels, des blauen Meeres, der Hügel, des
Grüns und der Bäume erfüllten ihn mit Staunen wie einen
Blinden, der plötzlich sehen kann. Wenn sie auf eine Anhöhe kamen, von wo man sehen konnte, wie sich der Horizont in der Ferne erstreckte, verweilte er länger und
blickte wie in Ekstase auf ihn.

Unter den Reisenden befand sich auch ein junger Mann
namens Xenophon Petrides, der alles Mögliche an den
Universitäten Europas studiert, aber sich noch nicht für
eine bestimmte Wissenschaft entschieden hatte, sodass
man nicht recht wusste, welche er nun bevorzugte. Deshalb
sahen ihn alle fälschlicherweise als Philosophen an. Er war
ein richtig träger Typ und blickte auf alle herab, die nicht
studiert hatten. Ein Bekannter von ihm, der sich ebenfalls
unter den Reisenden befand, rief ihm zu, er solle doch dem
seltsamen Dialog zuhören. Um ihm einen Gefallen zu erweisen, ritt Petrides ohne großes Interesse näher heran,
aber ihn interessierten mehr die Vögel in der Luft.

Der Amerikaner war überglücklich, als er sah, dass er
die Aufmerksamkeit aller auf sich gezogen hatte und seine
Lektionen für alle von Nutzen sein würden. Im Gegensatz
dazu war der Mönch empört und warf unwillige Blicke auf
die anderen, bei denen er seine Zweifel hatte, ob sie genügend gegen den Schlangenbiss gewappnet seien.

Um also allen das Thema des Dialogs zu verdeutlichen,
wiederholte der Amerikaner seine Theorie vom „common
sense", wobei er vorgab, er habe seine Absicht nicht hinreichend erklärt. Dabei erhöhte er die Lautstärke seiner
Stimme und betonte zur Verdeutlichung fast jedes einzelne
Wort, um dann fortzufahren:

„Ihre Bemerkung zu Galileo wirft die richtige Grundlage nicht über den Haufen, auf der die Philosophie meiner
Mitbürger in Amerika basiert…"

„Hebe dich hinweg, unreiner Geist!", stöhnte der Mönch
auf.

Der Amerikaner fuhr weiter fort:

„Galileo hatte Recht, aber auch der ‚common sense'
hatte Recht, weil ihm nicht hinreichend Beweise zur Verfügung standen, das heißt keine vollständige Klarheit. Deshalb hat auch Ihr ehrwürdiger Nachbar immer noch seine
Zweifel, der vielleicht auch nicht die Erklärung des Alten
Testaments kennt, die auf naturwissenschaftlichen Gesetzen basiert und heutzutage in Amerika als richtig angesehen wird."

Dass der Amerikaner den Mönch erwähnte, brachte
diesen wie ein elektrischer Funke vollständig zum Explo-
dieren, und er schrie:

„Was schenkt ihr diesem gotteslästerlichen Andersgläu-
bigen Aufmerksamkeit? Seine Kehle ist ein offenes Grab!"

Dieser unpassende Vorwurf wurde von allen kritisiert
und einhellig missbilligt. Einer der Mitreisenden, von
Beruf Kaufmann und ein Witzbold dazu, ergriff das Wort
und sagte, wobei er mit seinem Finger auf den Mönch wies:

„Wir haben alle zwei ganz gute Ohren, Bruder Laurentius, und mitten drin einen griechischen Verstand, der gut
nachdenken kann. Wenn uns der Verstand fehlen sollte,
kannst du unsere Ohren ja ruhig mit deinem Geschrei ver-
stopfen, aber wir werden sie dann wieder mit dem kleinen
Finger öffnen. Schlimm genug, dass dein Kopf Läuse an-
zieht!" Dabei zeigte er auf seine Glatze und fuhr fort: „Sieh
dir dagegen meinen Kürbis an, er hat keine Haare; wie sollen bei mir da Läuse herkommen?"

Der Anblick des kahlen Kopfes erregte allgemeines Gelächter, das zu Lasten des Mönches ging. Weil der Amerikaner jedoch wusste, dass man dem momentanen Wohlwollen der Menge nicht zu sehr vertrauen darf, vermied er
jedes Zeichen des Triumphes und fuhr, nachdem sich der
Lärm gelegt hatte, fort, als sei nichts geschehen:

„Um Ihnen meine Idee zu erklären, will ich ein Beispiel
anführen. Die verschiedenen Zonen der Erde sind eine jede
von einer anderen Temperatur abhängig, aber sie stehen
unter dem Einfluss des, wie wir ihn in Amerika nennen,
Golfstroms. Man kann ihn als ‚ozeanischen Fluss‘ bezeichnen, der alle Temperaturen ausgleicht. Genau dasselbe vermag der gemeinsame Sinn oder die gemeinsame Meinung.
Sie wissen, dass der Golfstrom während des Winters von
Florida zu den nördlichen Küsten Europas fließt und gut
erträgliche und für die Menschen angenehme Temperaturen mitbringt.“

Der Amerikaner glaubte, dass er durch die Benutzung
eines Bildes zur Erklärung seiner Theorie zwei Ziele erreichen könnte, nämlich dass diese verständlich und darüber
hinaus Kenntnisse über physikalische Phänomene vermit-
teln würde. Aber genau das Gegenteil trat ein, weil keiner
seine Theorie verstand: alle hörten nämlich zum ersten
Mal vom Golfstrom.

„Oh weh!“ sagte der Mönch, „er will uns alle dem Verderben ausliefern. Herr, rette deine Sklaven!“

Ein anderer Reisender verstand wieder etwas ganz anderes: „Auch ich habe einen Bauchredner gehört, aber ich
erinnere mich nicht, ob er ein Amerikaner war. Wenn ihr
wollt, können wir ihn ja einmal bitten, uns seine Kunst zu
zeigen.“

„Ach ja“, sagte der Kaufmann, „ich wäre gern in Amerika. Es heißt, man gräbt dort Löcher in die Erde und findet Gold. Die Bewohner dort haben es in alter Zeit vergraben, als Alexander der Große seinen Feldzug unternahm."

„Was redest du da", bemerkte ein anderer, „wie viel Zeit ist vergangen, seitdem Kolumbus Amerika entdeckt hat? Ich habe gehört, dass mein Großvater mit Kolumbus nach Menorca gesegelt ist."

„Ach so", sagte der Kaufmann, „du willst uns weismachen, dass Kolumbus durch deinen Großvater darauf kam, Amerika zu entdecken. Fragen wir doch einmal den Amerikaner."

Da fing auch der interesselose „Philosoph" Petrides an zu lachen, als er dieses griechische babylonische Geschwätz hörte. Der Amerikaner verlor jedoch nicht den roten Faden seines belehrenden Vortrages, auch wenn ihm die Frage unbedeutend erschien. Er verbarg nicht seine Freude darüber, dass ihm alle zuhörten, und bewahrte weiter dieselbe Ernsthaftigkeit und didaktische Redensweise, wobei er beides irgendwie miteinander zu einer Antwort auf die Frage des ratlosen Kaufmanns verknüpfte.

„Gegen Ende des 15. Jahrhunderts entdeckte Kolumbus Amerika. Und es sind noch keine zweieinhalb Jahrhunderte her, als die ersten Kolonisten, die den gleichen Glauben hatten wie ich, die Pilgerväter, an den wilden Küsten Nordamerikas an Land gingen. Heute übertrifft die Kultur Amerikas die europäische so, wie das Dampfschiff das Segelschiff übertrifft. Bevor ein Jahrhundert seit der amerikanischen Revolution vergangen ist, werden die Vereinigten Staaten mehr als 25 Millionen Einwohner haben. Überall sind prächtige Städte entstanden, und Kanäle und Eisenbahnlinien haben wie Adern die Grenzen dieses vor

Kraft strotzenden Körpers verbunden und bieten alle für das menschliche Leben nützliche Dinge, wie es sie selbst im alten Europa nicht gibt. Wir nutzen als erste jede Entdeckung und vervollkommnen jede neue Erfindung. Dieser ganze Fortschritt und Ruhm ist den richtigen Prinzipien zu verdanken, denen wir gefolgt sind, wobei wir sie jedes Mal zur Erfahrung umgeformt und der Autorität des ‚common sense' untergeordnet haben. Vor allem beschäftigen wir uns mit der Verbreitung des Wissens, weil wir der Ansicht sind, dass Besitz zwar privat, Wissen aber Allgemeingut ist."

Währenddessen hatte die Reisegesellschaft *Dramessi* erreicht und wollte dem Weg am Meeresstrand folgen, auf dem aber die recht großen, mit Moos bewachsenen Kieselsteine ein Fortkommen erschwerten, sodass sie sich alle nacheinander den sichersten Weg suchen mussten. Zur großen Freude des Mönchs war damit die „Unterrichtsstunde" des Amerikaners beendet, weshalb er sich wünschte, dass es so bis Athen weiter gehen sollte. Bevor er an den Strand kam, sagte der Amerikaner jedoch:

„Da kann man die griechischen Boulevards sehen! Meine Mitbürger bauen zunächst einmal Straßen und danach Universitäten."

„Die Irrenanstalten für die, die alles wissen?" fragte Hephaistides.

„Auf welchen Wegen kommen denn eure Studenten in die Universitäten?" fragte daraufhin der Amerikaner.

„Dann, wenn sie sich erst einmal Schuhe zugelegt haben, mein Freund, kommen sie nicht mehr in ihr Dorf zurück, wo die Schuhe zu sehr abgelaufen werden."

„Was hältst du von unserem Freund?" fragte einer, der gerade an dem Kaufmann vorbeiritt.

„Er trägt erstklassige amerikanische Kleidung", antwortete Hephaistides unter dem Gelächter aller, die es hörten.

Hinter dem Amerikaner kamen auch die anderen, die von ihren Pferde auf dem feuchten Untergrund bis nach *Dilessi* getragen wurden, das nur wenig entfernt von Aghii *Apostoli* an der Küste unterhalb des berühmten antiken *Oropos* lag. Dort legten die Reisenden in den vier, fünf neu erbauten kleinen Häusern eine nächtliche Pause ein. Hephaistides wusste, dass die Amerikaner niemals einen Ausflug unternehmen, ohne dass sie etwas zu essen dabei haben, und setzte sich mit Thanos neben ihn. Dazu gesellten sich noch der Kaufmann, Petrides und ein paar andere. Der Amerikaner breitete seine Reisedecke aus uns entzündete sein kleines Öfchen, um Tee zuzubereiten, von dem er auch seinen Mitreisenden anbot. Hephaistides und Petrides nahmen das Angebot gern an, die übrigen aber verfolgten neugierig die Zubereitung. Dann kam auch der Mönch dazu, um nichts zu verpassen.

„Was macht ihr da? Beobachtet ihr die Zauberkunststücke dieses… Ungläubigen? Wisst ihr nicht, dass das Höllenfeuer für Leute wie ihn bereit ist?"

„Wenn wir dies Feuer hätten", antwortete Petrides, „würde der Tee sofort kochen."

„So, du hast wohl von dem Gift dieses verderblichen Voltaire getrunken, der die Seelen zerstört und die Christen bekämpft."

„Da hast du ja noch nicht den Schlimmsten genannt", sagte Petrides, „dein Vorwurf ist ja geradezu ein Lob. Nach Voltaire haben sich ja noch viel Gefährlichere gezeigt, wie Kant, Fichte, Schelling, Hegel und ihre Horden. Das nämlich sind die heutigen Propheten, deren Häupter den Glanz des Wissens widerspiegeln."

„Aus den Schnäbeln der Krähen kommt nur ein ‚kra‘. Fort von hier, fort von hier, du ungläubige und ehebrecherische Generation...!"

Mit diesen Worten entfernte sich eilends der Mönch.

„Wir haben das richtige Gegengift gefunden", sagte der Kaufmann.

Alle lachten, bis auf den Amerikaner, der wegen des Gesprächs über die Philosophen traurig war und sich nur um seinen kleinen Ofen kümmerte. Auch Hephaistides vermied weitere derartige Gespräche in Gegenwart einer größeren Anzahl von Zuhörern, weil er genau wusste, dass die Art, wie er redete, leicht ins Lächerliche gezogen werden konnte. Nach dem Tee, den außer den dreien auch einige andere probiert, aber als zu herb und nicht so gut schmekkend empfunden hatten, begaben sie sich zur Ruhe.

Am folgenden Morgen machten sie sich nach Athen auf, und es stellte sich heraus, dass Petrides tatsächlich derjenige gewesen war, der der Unterhaltung ein Ende gesetzt hatte. Denn der Mönch ging ihm aus dem Weg, und der Amerikaner wollte nicht den Anstoß zu einer philosophischen Diskussion geben, die er für unpassend und schädlich hielt. Der Kaufmann machte noch ein paar harmlose Witzchen, bis sie noch vor dem Abend Athen erreichten, wo sich ihre Wege trennten. Als erster war der Mönch verschwunden.

Hephaistides begleitete Thanos in das Haus seiner Mutter. Tassos war dort jedoch nicht anzutreffen, da er schon viele Tage lang in einer wichtigen Angelegenheit unterwegs war.

11
Ephrosynes Kummer

Während Thanos noch vor Gericht stand, kam es zu einigen unschönen Vorfällen im Haus des Ayfandis. Japetos sah voraus, dass man ihn überhaupt nicht mehr brauchen und er schnell vergessen sein würde, wenn gute Nachrichten aus Thessalien kämen und Thanos freigesprochen würde.

Seine Eleganz und Liebenswürdigkeit, seine sehnsuchtsvollen Augen und seine unterdrückten Seufzer hatten keinen Erfolg gehabt, und seine Vorschläge, zum Tanz, ins Theater oder zu anderen Vergnügungen zu gehen, waren einer nach dem anderen zurückgewiesen worden. Da es auf die sanfte Art nicht ging, blieb nur übrig, es nachdrücklicher zu versuchen und alles auf eine Karte zu setzen. Er sagte sich, dass es zwar im Endeffekt auf den gleichen Misserfolg hinausliefe, egal, ob man etwas wagt und Pech hat oder es gar nicht erst wagt. In jedem Fall bestehe aber doch eine, wenn auch noch so geringe Hoffnung, die Dinge ändern zu können, wenn man ein Wagnis eingehe.

Verschiedene Überlegungen ermutigten ihn. Er konnte einfach nicht glauben, dass Ephrosynes kühle Haltung ihm gegenüber echt war. Wenn es so wäre, müsste man seiner Meinung nach zugeben, dass die Pfeile *Cupidos* stumpf sind, dass die Anmut nicht unübertreffbar ist, dass Tithonos mit seiner Stimme die Menschen verzauberte, aber

auch abstieß, und dass der Apoll des *Praxiteles* und ein
Holzbild der Wilden Afrikas ein und dasselbe seien. Un-
denkbar! Er führte die offenkundige Gefühllosigkeit, Interesselosigkeit und das kühle Wesen Ephrosynes auf die
patriarchalischen Sitten und ihre bäuerliche Erziehung zurück, nach denen sie sich falsch verhielte, wenn sie offen
ihre Gefühle zeigen würde. Solange sei sie wohl verpflichtet, ihrem Vater als lebender Besitz zu gehören, den er nach
Belieben verschenken konnte. Wenn er, Japetos, aber dieser
zierlichen Statue Leben einhauchen würde, was sollte dann
ihr Vater für Einwände haben, der ja nur dieses eine Kind
hatte? „Ich bin damit einverstanden", würde er dann sagen.
Und Japetos' Phantasie wurde noch mehr beflügelt, wenn
er an den Reichtum des Ayfandis dachte, den er als Mitgift
erhalten würde, und erst recht an das, was er damit machen
könnte. „Dann werde ich, wie ein Gesandter, ein prächtiges
Haus, Diener, Wagen, Pferde und eine Theaterloge besit-
zen, werde Bälle und Gesellschaften veranstalten und in
Europa herumreisen. Was werden die Pariser sagen, wenn
sie solch einen ansehnlichen Mann wie mich sehen und
dann noch in einer vor Gold glänzenden Uniform? Einen,
der Ausgaben tätigt, ohne sich dabei Gedanken machen zu
müssen? Einen, der Griechenland berühmt macht! Dann
wäre es nicht verwunderlich, wenn man mich zum Gesandten in Paris oder London ernennen würde, wenn
nötig, auch ohne Bezahlung. Wenn es wirklich stimmt,
dass sie über ein Einkommen von über hunderttausend
Grossia verfügt!

Seine bohrenden Begierden verscheuchten oft seinen
Schlaf. Dann sprang er von seinem Bett hoch, lief durch
das Schlafzimmer oder wälzte sich auf dem Teppich, als
schwimme er auf den Fluten des *Paktolos*.

„Ich will geschnitzte Möbel aus Frankreich, englische oder persische Teppiche, Ölgemälde italienischer Meister, Vasen aus Japan oder Sèvre und abends soll mein Haus hell erleuchtet sein. Da kommen dann die Gesandten, Karten werden gespielt, der Musiklehrer sitzt am *Cymbal*, die Opernstars singen! Du wirst staunen, wenn du das alles siehst, Ayfandis! Welcher andere Schwiegersohn könnte dir eine so gehobene Gesellschaft bieten? In gleicher Augenhöhe mit den Gesandten! ,Ihnen, Herr Japetos‘, werden sie sagen, ,haben wir es zu verdanken, dass wir in Athen ein wenig Unterhaltung haben.‘ ,Aber meine Herren! Sie sind so nachsichtig mit mir! Um mir einen Gefallen zu erweisen, sehen Sie über die Ärmlichkeit meines Hauses hinweg. Ich erwarte jeden Tag eine Alabaster- und Mosaiksammlung aus Florenz und habe auch schon neue Stilmöbel und Burgunderwein aus Frankreich bestellt, denn unser *Retsina* lässt sich ja nicht trinken…‘"

Solche Dinge stellte Japetos sich für die Zukunft vor, wenn es ihm nur gelänge, Ephrosyne zu heiraten. Nachdem er diesbezüglich viele kluge Pläne geschmiedet hatte, musste er einsehen, dass sie nicht zum Ziel führten. Eine gewalttätige Entführung kam nicht in Frage, weil er sich über Ephrosynes Gefühle nicht im Klaren war und es so leicht passieren konnte, dass er scheitern würde. Schließlich aber glaubte er, die passendste Vorgehensweise gefunden zu haben. Diese schien ihm umso besser zu sein, als er dafür nicht auf die Hilfe eines anderen angewiesen war, und er entschloss sich, so schnell wie möglich zu handeln, weil die Zeit drängte.

Er wusste, dass Ayfandis und seine Frau nachmittags oft Bekannte besuchten, die in der Nachbarstraße wohnten. Ephrosyne blieb dann allein zu Hause und war mit ihren

Arbeiten beschäftigt. Weil sie gehört hatte, dass die jungen Frauen in Athen sich entgegen ihren Erwartungen nicht mit Stickereien beschäftigten, sondern sich lieber ihren Schmuck aus Paris kommen ließen, hatte sie kein Interesse daran, sie kennenzulernen und zu besuchen, weil es ihrer Meinung nach vorzuziehen war, sich mit dem zu schmük-ken, was man selbst hergestellt hatte. Außerdem war sie wegen Thanos in Unruhe, da sie nicht genau wusste, wie der Prozess gegen ihn ausgehen würde. Seine Verurteilung wäre ein doppeltes Unglück, weil Thanos nach den Informationen, die sie besaß, jede Hoffnung aufgeben und der Verzweiflung nahe sein würde und sie die Vermittlung des verhassten Japetos in Anspruch nehmen müssten. Wenn andererseits Thanos freigesprochen würde, war sie fest entschlossen, Japetos nicht mehr unter die Augen zu treten und ihm aus dem Weg zu gehen, sooft er zu Besuch käme, und keinerlei Interesse mehr an seiner Vermittlung beim türkischen Gesandten zu zeigen. Gleichzeitig hoffte sie, dass Thanos sie nach seinem Freispruch begleiten würde, wohin auch immer sie gehen würden. Ihr Vater würde ihr den Gefallen nicht abschlagen und auch Thanos würde, wie sie annahm, nichts dagegen haben, da er schon fast zu einem Familienmitglied geworden war und in Griechenland kein Auskommen fand.

Japetos wartete die Gelegenheit ab, bis Ayfandis mit seiner Frau das Haus verließ. Als er die Dienerin des Ayfandis an der Haustür sitzend vorfand, schickte er sie zu ihren Herrschaften, angeblich, weil Ephrosynes Mutter nach ihr verlangt habe. Weil sie also Ephrosyne allein zu Hause lassen musste, hielt sie es für angebracht, die Tür zum Treppenhaus abzuschließen und den Schlüssel abzuziehen, um dann schnell zu ihrer Herrin zu laufen. Daraufhin betrat

Japetos den Innenhof, hangelte sich am eisernen Geländer des Balkons entlang und sprang in die Küche, von wo er in Ephrosynes Schlafzimmer ging. Sie saß über ihren Webstuhl gebeugt mit dem Rücken zur Tür gewandt, sodass sie nicht sehen konnte, dass Japetos auf Zehenspitzen das Zimmer betrat. Sie glaubte, die Dienerin sei ins Zimmer gekommen, als sie plötzlich genau in dem Moment, in dem sie der festen Hoffnung war, diesen verhassten Menschen für immer los zu werden, gerade ihn vor sich sah! Sie glaubte, ein grässliches Gespenst zu erblicken, und starrte ihn an, um sich zu vergewissern, ob sie sich nicht täusche. Als sie aber seinen schmeichelnden Blick und die feuchte Begierde in seinen Augen sah und er seine Hand liebevoll ausstreckte, ließ sie einen hellen Schrei ertönen und sank ohnmächtig nach hinten, sodass der Webstuhl mit den Fäden aus ihren herunterhängenden Händen auf den Boden fiel. Ihre bleichen Wangen und Hände ließen ihre weiße Haut noch weißer erscheinen, und ihre blonden Locken fielen auf ihre rechte Schulter, zu der sich ihr Kopf neigte. So ähnelte sie schlafenden *Cherubim* oder einer Lilie auf einer Wiese, deren Stängel jemand, der unachtsam vorbeigeht, umtritt, sodass sie zu Boden fällt. Japetos war wie vom Donner gerührt und seine Stimme stockte, als er versuchte, sie mit leidenschaftlichen Worten wiederzubeleben.

Mit der einen Hand hielt er sie an der Schulter fest, damit sie nicht zu Boden fiel, mit der anderen versuchte er, nach einem Krug zu greifen, der auf dem Tisch stand, um sie mit Wasser zu besprühen, aber seine ausgestreckte Hand reichte nicht bis dorthin. Er konnte auch keinen zu Hilfe rufen, weil er wusste, dass die Tür verschlossen war. So rief er sie bei ihrem Namen und rüttelte an ihrem Stuhl in der Hoffnung, sie auf diese Weise wiederzubeleben. Der Schweiß rann ihm vor Verzweiflung über das Gesicht. Würde er sie in diesem Zustand verlassen, könnte er schuld an einem Unglück sein, würde er aber bleiben, bis jemand käme, vielleicht ihr Vater, der sicher außer sich geraten würde, würde sein dreister Plan auf alle Fälle misslingen. Während ihm diese Gedanken rasend schnell durch den Kopf gingen, kam plötzlich die Dienerin zurück. Sie hörte, dass der Namen ihrer Herrin von einer Männerstimme gerufen wurde und stürzte außer sich vor Schreck in deren Zimmer und dort zu ihr. Sie nahm sie an den Händen, sodass Japetos den Krug ergreifen konnte. Indem die Dienerin Ephrosynes Hände rieb und Japetos sie mit Wasser besprühte, erlangte sie ihr Bewusstsein zurück. Das Erscheinen der Dienerin beruhigte Ephrosyne, die Japetos in diesem Moment nicht sehen konnte. Dieser gab der Dienerin einen Wink, Ephrosyne nicht zu sagen, dass er sich in der Nähe befand. Nach einem tiefen Seufzer überkam Ephrosyne ein Zittern, und sie begann zu weinen und bedeckte mit beiden Händen ihr Gesicht. Japetos sah ein, dass sein weiteres Bleiben noch mehr Schaden anrichten könnte. Er ließ für die Dienerin leise ein paar Goldmünzen auf dem Boden zurück und schlich sich auf Zehenspitzen zur Tür. Die Dienerin gab ihm zu verstehen, dass er sein Geld behalten solle, aber er lehnte ab und ging schleunigst weg. Da nahm die Dienerin die Geldstücke und warf sie ihm aus dem Fenster auf den Kopf, aber er drehte sich nicht mehr um und suchte schnellstens das Weite. Natürlich hatte Japetos der Dienerin das Geldgeschenk mit der Absicht gemacht, dass es so aussehen sollte, als hätten sie sich vorher verständigt.

Obwohl er keinen Erfolg gehabt hatte, gab Japetos nicht

alle Hoffnung auf und ersann eine neue List. Er vermutete, dass Ephrosynes Vater nicht glauben würde, dass seine Tochter nach diesem Vorfall noch unschuldig sei. Deshalb suchte er nach einem Weg, sie als verdächtig erscheinen zu lassen. Er müsste nur das Gerücht von ihrer verlorenen Unschuld streuen und schon würde der Vater nicht anders können, als ihm seine Tochter zur Frau zu geben, um ihre Ehre zu retten. Dass sein Plan glaubwürdig sein konnte, lag auch an der mittlerweile eingetretenen chronischen Erkrankung Ephrosynes. Sie nämlich beunruhigte nicht der Gedanke, ihr Vater werde sie verdächtigen, sondern ein möglicherweise aufkommendes Gerücht. Sie glaubte, der Tod sei besser, als dass ihr Name von diesem abscheulichen Kerl schamlos beschmutzt würde und bei den Lästermäulern Athens die Runde machte. Und wer könnte schon diese feine Gesellschaft in den Kaffeehäusern daran hindern und wer könnte wissen, was sie vermuteten…? Nach der Rückkehr der Eltern hatte sie daher bitterlich in den Armen des Vaters geweint, der sie auf jede erdenkliche Art zu trösten versuchte. Doch sie ergriff ein heftiges Zittern, dem ein Fieberanfall folgte, sodass ein Arzt gerufen werden musste.

Zwei Tage später kam Thanos in Athen an und ging am folgenden Tag unverzüglich zum Haus von Ayfandis, den er in trauriger Verfassung vorfand, weil Ephrosyne noch das Bett hüten musste, obwohl sich ihr Zustand zu bessern schien. Die Nachricht von der Ankunft des Thanos erfüllte sie mit Freude und verlieh ihr neue Kräfte, sodass sie bemüht war, eine schnellere Genesung erkennen zu lassen, um ihr Schlafzimmer verlassen zu können.

Japetos verbreitete voller Freude und unter Lachen das bestimmte Gerücht, als sei das Ganze ein unterhaltsamer

Spaß für ihn gewesen. Diesen Spaß freilich nutzte er zu seinem Vorteil, indem er die unglückliche Ephrosyne verleumdete. Ja, er hatte sogar die Unverschämtheit, im Haus des Vaters zu erscheinen und sich nach ihrem Gesundheitszustand zu erkundigen, weil er sie nicht, wie gewöhnlich, sehe. Ayfandis war viel zu zurückhaltend, um diesen frechen Kerl, der sein Haus entehrt hatte, so zu behandeln, wie er es verdiente. Er zeigte sich ihm gegenüber nur sehr kühl und antwortete, ihr gehe es gut, um dann sein Gespräch mit Thanos über dessen leidvolle Erfahrungen fortzuführen.

Obwohl er die Reserviertheit des Ayfandis genau bemerkte, ließ sich Japetos keineswegs aus der Ruhe bringen, sondern zeigte sich daran interessiert, von dem Unglück des Thanos zu erfahren, um dann auch noch Thanos gegenüber sein Mitgefühl auszudrücken. Dabei erwähnte er auch ganz geschickt seine Vermittlungsbemühungen und Versuche, ihm, Thanos, zu helfen. Aber die Geduld des Ayfandis war langsam erschöpft, und er gab Thanos die Möglichkeit zu sprechen, weil er keine Lust mehr hatte, dem Schwätzer zuzuhören. Ayfandis sagte Thanos, wie sehr sie seine leidvollen Erlebnisse betrübt hätten, und lud ihn ein, mit ihnen zu essen. Dabei machte er noch die Bemerkung, das Essen sei vielleicht schon fertig, um Japetos daran zu erinnern, dass es Zeit zum Gehen sei. Dieser sah selbst ein, dass es unvermeidlich war sich zurückzuziehen und dass seine Machenschaften für den Moment keinen Erfolg zeigten. Der Freispruch des Thanos stellte eine neue Hürde dar, und der dumme Ayfandis war nicht fähig, seinen doppelten Vorteil richtig einzuschätzen, nämlich die Schande der Ephrosyne zu verbergen und einen Schwiegersohn zu bekommen, der sein Haus mit Glanz erfüllen würde.

Obwohl bis zu diesem Moment seine Taktik nicht den

gewünschten Erfolg gezeigt hatte, gab Japetos die Hoffnung nicht auf. Also schickte er sich an, es noch ein zweites Mal zu versuchen, zumal ihm Ayfandis auch nicht untersagt hatte, sein Haus zu betreten. Allerdings hielt er es für besser, eine Atempause einzulegen und auf eine bessere Gelegenheit zu warten. Und um sich von dem bitteren Misserfolg abzulenken, stürzte er sich in andere Liebesabenteuer.

Inzwischen erholte sich Ephrosyne, getröstet durch die Anwesenheit von Thanos, den wiederzusehen sie kaum hatte abwarten können. Nur manchmal, wenn keiner dabei war, erinnerte sie sich an das Vorgefallene und musste bitterlich weinen. Dies entging Ayfandis nicht, und so verließ er kaum noch das Haus, damit seine Tochter nicht allein war. Zu allem Unglück vertrug Thanos, der seit seiner langen Inhaftierung in der Dunkelheit unter einer heftigen Augenentzündung litt, das helle Tageslicht nicht. Damit Ephrosyne sich keine Sorgen machte, bat Ayfandis Barbara um den Gefallen, dass er Thanos bei sich aufnehmen dürfe, um sich um ihn zu kümmern. Barbara kam dem Wunsch gern nach, wobei sie auch dieses Leiden von Thanos auf dessen Unbeholfenheit zurückführte.

„Dieser Sohn", klagte sie, „bereitet nur Kummer und Sorgen."

Inzwischen waren aber gute Nachrichten aus Thessalien eingetroffen, die dazu führten, dass Ayfandis Vorbereitungen traf, in seine Heimat zurückzukehren und Thanos mitzunehmen, sobald es ihm besser ging. Seiner Mutter versicherte er, dass es ihm eine Freude sei, wenn auch sie ihn begleiten würde, was sie gern zusagte.

12
Hephaistides in der Klemme

Hephaistides machte sich derweil über andere Dinge Sorgen. Vor allem hegte er Rachegefühle für den Inspektor, den er als jungen Dreimalklugen bezeichnet hatte. Da er nicht auf andere Weise Genugtuung erfahren konnte, schrieb er eine weitschweifige Schmähschrift gegen ihn, in der er die nicht gerade wenigen Sprach- und Ausdrucksfehler seiner Schriften verspottete, und sich über viele Dinge, die diesen persönlich betrafen, lustig machte. Was den Anfang seiner Schrift betraf, so zählte er seine grammatischen Fehler in der Art einer Strophe und Gegenstrophe mit dem jeweiligen Refrain „Bravo, berühmter Sieger!" auf. Indem er auf diese Weise seinem *Marsyas* die Haut abzog, richtete er auch ein Gebet an die Götter: „O Zeus, bringe diese fehlerhafte Stimme zum Schweigen!" Er beschränkte sich dabei nicht nur auf diesen Gegner, sondern zog ohne Ausnahme gegen alle Sprachneuerer ins Feld, indem er auf ihre Meinungen und Widersprüche hinwies und hinzufügte:

„Und dies meint Hephaistides von schlechten Gelehrten, nicht nur von dem einen oder dem anderen, nein, von allen."

Der Herausgeber einer Zeitung, den er um die Veröffentlichung dieser Schrift bat, überflog sie kurz und bemerkte Hephaistides gegenüber, dass dies eine satirische Schmähschrift gegen eine nicht gerade unbedeutende Persönlichkeit sei.

„Ja!" antwortete Hephaistides, „ich gebe zu, dass die Schrift die Schärfe der Kresse und des Senfs hat, aber ich kann nicht länger das fehlerhafte und gebrochene Griechisch unserer Intellektuellen ertragen."

„Was sagst du da? Ich sehe hier alle Rosen und Lilien deiner beleidigenden Anthologie, aber es scheint dich nicht zu kümmern, dass Privatangelegenheiten nicht in die Öffentlichkeit gehören!"

„Aber sie, die der Allgemeinheit dienen, sind die, die Sprache zerstören. Wie sagt doch *Pindar*? ‚Der Menschen Prüfung bringt Erkenntnis'."

„Ich sehe, dass du ein Verfechter der wahren Bildung bist und zu den wenigen wahren Weisen unseres Volkes gehörst, aber…"

„Aber was?"

„Wir Zeitungsverleger haben viele Unkosten. Wir müssen Schriftsetzer, Einschwärzer und Drucker bezahlen. Dazu kommt Papier, ein verantwortlicher Redakteur undsoweiter undsoweiter Und statt einer Bezahlung, was ernten wir? Feindschaft und Hass der Menschen, deren Taten wir kontrollieren."

„Ich kann nicht verstehen, was du meinst."

„Soll ich also das Kind beim Namen nennen?"

„Ja, nur zu."

„Erst einmal Bares auf die Hand, dann können wir weitersehen' ist die einzige Devise des Zeitungsherausgebers. Ohne Geld hat er nichts zu essen, nichts zu trinken und kann folglich nicht schlafen. Wenn der Körper unter Nahrungsmangel leidet, leidet notwendigerweise auch der in ihm wohnende Geist. Kann ein Fuchs hungrig einschlafen?"

„Ja, ich gebe zu, dass Körper und Geist, Natur und Intellekt des sterblichen Menschen voneinander abhängig sind. Das gilt auch für den Lehrer. Aber wenn der Lehrer entlassen wird und ärmer als ein Bettler ist, was soll er dann dem Zeitungsherausgeber geben?"

„Mein Freund, ich habe es nie fertiggebracht, das Problem zu lösen, wie man von einem, der nichts hat, Geld bekommt, auch wenn die Lösung dieses Problems eine große Erleichterung für die Menschheit bedeuten würde. Aber dies könnte besser ein Professor der Wirtschaftswissenschaft beurteilen."

„Sagst du also, ich habe keine Chance?"

„Gott behüte! Aber ich frage dich: Gibst du unentgeltlich Unterricht?"

„Nein, denn der Bäcker, der Fleischer, der Gemüsehändler und alle anderen Gauner geben ja auch nichts umsonst."

„Na, und genauso veröffentliche ich nichts ohne Geld. Sieh mal, was auf meinem Schild steht: ‚Anzeigenpreis je Zeile 15 *Lepta*'. Deine Schrift umfasst etwa tausend Zeilen, folglich…"

„Veröffentlichst du nicht auch philologische Artikel für deine Abonnenten?"

„Abonnenten! Weißt du nicht, wie selten diese Zugvögel sind? Schmähschriften, Spottgedichte und allgemein alles, was das Strafgesetz unter den Begriffen ‚Beleidigung', ‚Ehrverletzung', ‚falsche Beschuldigung' und ‚Denunziation' zusammenfasst, das ist das Feld der Zeitungsherausgeber, ihr Weinberg und Olivenhain."

„Das ist der Mist des Augias, von dem ihr euch ernährt… Verderbnisse… Und da gibt es auch noch anderes Viehzeug in Athen. Ich verstehe! Ich verstehe…"

Und mit diesen Worten ging Hephaistides voller Zorn weg. Als er aber durch die engen Straßen schlenderte und sich der erste Zorn gelegt hatte, klemmte er sich das Manuskript unter den Arm und sagte zu sich selbst:

„Du kommst mir nicht davon, du arabischer Flötenspieler, du wirst deinen Lohn erhalten. Sobald ich das Geld für meine Schrift zusammenhabe, werde ich sie drucken lassen und kein Wort davon weglassen, eher noch etwas hinzufügen. Du wirst es mir noch büßen. Aber wie kann ich zu diesem Geld kommen? Natürlich: durch meine Grammatik."

Hephaistides rannte also nach Hause, klemmte sich das Manuskript der von ihm verfassten Grammatik unter den Arm und ging eiligst zu einer Druckerei.

„Mein Herr", sagte er, dort angekommen, „ich bringe Ihnen das Beste meiner langjährigen Arbeiten, mein Alterswerk, meine Grammatik!"

„Soll ich sie drucken?"

„Ja natürlich, um die zu erleuchten, die in der Dunkelheit weilen."

„Entspricht sie dem neuen Sprachsystem?"

„Gott behüte! Sie enthält keine fremden Ausdrücke, äfft nichts nach und gebraucht keine falschen und barbarischen Wörter. Sie ist eine veilchengekrönte attische Jungfrau."

„Also die *Elpinike* aus dem alten Athen."

„Sie stammelt nicht und stottert auch nicht."

„Aber sie sabbert."

„Mein Herr!!", wandte Hephaistides empört ein und fand nicht das richtige Wort, weil er den Drucker, von dem er wünschte, er möge sich ihm gegenüber wohlwollend verhalten, nicht brüskieren und damit gegen sich aufbringen wollte.

„Immer mit der Ruhe! Ich glaube nicht, dass du zweitausend Drachmen ausgeben willst, nur um die Krämer mit Einwickelpapier für ihre Trockenfische zu versorgen. Meine Arbeit ist es zwar, Gedrucktes herauszugeben, aber im Hinblick auf dein Alter rate ich dir dringend, an dein eigenes Interesse zu denken und deinen Geldbeutel nicht zur Ader zu lassen, obwohl mir das zugutekäme."

„Ich habe gar nicht vor, etwas auszugeben, sondern ich will dir mein Manuskript verkaufen."

„Ich habe noch nie bereut, etwas gekauft zu haben."

„Dann überlege es dir doch!"

„Es hat keinen Zweck. Es gibt eine Kommission, die das Erziehungsministerium in Schulfragen berät, und was das Ministerium entscheidet, wird in den Schulen benutzt, selbst wenn es zu Kohlen statt zu Gold raten würde. Andererseits werden auch Perlen vor die Säue geworfen."

„Meine Grammatik soll von der Schulkommission begutachtet werden, zu der auch der arabische Flötenspieler gehört! Da tut sich ein Abgrund vor mir auf!"

„Pass auf das attische Mädchen auf der Bahre, will heißen deine Grammatik, auf, bis es siebzig, achtzig Jahre alt ist. Wenn es dann immer bleicher wird, braucht es nicht mehr zu sterben."

Hephaistides lief die Galle endgültig über, sodass er kein Wort mehr herausbringen konnte. Erneut klemmte er das Manuskript unter den Arm, drehte sich schwerfällig um und kehrte in seine Unterkunft zurück. Im Haus sprang er wie eine wildgewordene Ziege herum, die den Ausgang nicht findet, sondern von allen Seiten steilen Felsen gegenübersteht.

„Käufliche Journalisten und Sklaven! Wertlose leibeigene Drucker der Kommissionen!", rief Hephaistides und knirschte mit den Zähnen. „Die Tüchtigkeit eines Mannes wie ich ist zugrunde gerichtet!"

Es wäre für ihn ein leichtes gewesen, von Barbara, bei der er wohnte und die er nicht mehr Kamino, sondern Frau Barbara nannte, die benötigte Geldsumme zu bekommen, aber er war zu stolz und hasste es, als würdeloser Bittsteller dazustehen, der keine Möglichkeit hatte, das geliehene Geld zurückzuzahlen. Wenn er es wirklich wollte, wäre es leichter, Tassos um das Geld zu bitten, der vor zwei Tagen von seiner Reise zurückgekommen war und just in diesem Augenblick mit Japetos das Haus betrat. Beide waren wie gewöhnlich gut gelaunt, weil sie von einer Gesellschaft kamen und ziemlich viel getrunken hatten.

Japetos begegnete Hephaistides in der Halle des Hauses, wo dieser auf und ab lief, und warf sich laut lachend auf einen weichen Sessel und sagte zu Tassos, der sich auch gesetzt hatte:

„Sieh mal, da ist ja Hephaistides! Sieht er nicht so aus, als bringe er gerade eine besondere Verbform zur Welt?"

Hephaistides warf ihm einen bösen Blick zu und ballte die Faust.

„Ich wünschte in diesem Augenblick", sagte er, „ganz Griechenland hätte einen Kopf!"

„Damit du ihn, wie es aussieht, als falsch abschlagen könntest."

„Was macht dich denn so ärgerlich", fragte Tassos.

„Die Dummheit, die Abscheulichkeit, die Bösartigkeit", antwortete Hephaistides.

„Die gottlose Missachtung der Grammatik?" fügte Japetos hinzu.

„Diese schändlichen Kreaturen! Sie nennen sie Elpinike. ‚Diese alterslose Sirene' so sagen sie, ‚sabbert'."

„Wer ist der Verruchte, der das sagt?" fragte Japetos und lachte sich halbtot.

„Der scheußliche Kerl, der nicht genug kriegt. Statt mir Geld zu geben, fordert er zweitausend Drachmen!"

„Wer?"

„Dieser ungeschliffene Bauer aus Böotien."

„Und warum?"

„Damit er meine Grammatik druckt und herausgibt."

„Hephaistides und zweitausend Drachmen? ... Eher geht ein Kamel durch ein Nadelöhr."

„Ja, ein lausiges Kamel, wenn du willst, aber es kann die Last vieler Esel tragen."

„Hör mal zu Hephaistides", sagte Japetos und gab sich Mühe, ernst zu sein, „es gibt da eine Möglichkeit, viel mehr als zweitausend Drachmen zu verdienen, vorausgesetzt, du willst es."

„Wenn es ehrenhaft ist."

„Es ist höchst ehrenhaft und bequemer als das Leben eines Schulmeisters. Du musst nur ‚ja' sagen, und schon ist alles in Ordnung."

„Dann sag schon!"

„Ich kann erreichen, dass der Minister dich zum Aufseher über einen ‚Schlammfresser' ernennt…"

Das laute Lachen ließ ihn den Satz nicht beenden, den auch Hephaistides mit den Worten unterbrach:

„Du scheinst mir selbst ein betrunkener Schlammfresser zu sein!"

„Nimm es nicht übel, Herr Lehrer", sagte Tassos zu ihm, „es stimmt, wir haben unsere Kehle angefeuchtet, aber er hat das nicht zu dir gesagt, um dich zu erzürnen."

„Wie kommt er dazu, mich einen Schlammfresser zu nennen? Ich merke doch, dass ihr Wein getrunken habt."

„Er sagt doch gar nicht, dass du Schlamm frisst, sondern dass du auf eine Maschine achten sollst, mit der die Häfen von Schlamm gereinigt werden."

„Es tut mir in der Seele leid, Herr Lehrer", sagte Japetos ganz ernst, „dass ich dir nicht den gebührenden Respekt zeige. Hör mir zu, damit du siehst, dass mein Vorschlag wirklich wohlgemeint und schmeichelhaft war."

„Da wollen wir mal sehen, wie du selbst aus dem Schlamassel herauskommst."

„Ich werde weiß wie ein Schwan herauskommen. Hör dir die Wundergeschichte von diesem sagenhaften Wesen an, das ‚Schlammfresser' heißt und von dem der *Vater der Geschichte* noch nichts wusste. Dieses alles fressende Wesen ist in England als Kind von *Hephaistos* und *Harmonia* zur Welt gekommen."

„Eine höchst unpassende Heirat", antwortete Hephaistides besänftigt.

„Deshalb ist ja auch ein unbezwingbares Ungeheuer dabei herausgekommen."

„Die Ehen der Unsterblichen bleiben nicht ohne Folgen."

„Aber da das neue Griechenland in den harmonischen Reigen der zivilisierten Völker getreten ist, muss es vor allem frei von Schmutz sein, doch es gibt keinen neuen Herakles. So hat Griechenland in England für fünfhunderttausend Drachmen dieses Ungeheuer gekauft. Zwei Engländer, die Erfahrung in der Bedienung dieses Wunderwerks zur Schlammbeseitigung hatten, begleiteten es gegen eine Bezahlung von monatlich zwanzig Pfund Sterling bis Kalabrien und übergaben es dem Poseidon, aber unsere Regierung begnügt sich nicht mit dem, was nur einwandfrei ist, sondern will das Einwandfreieste. Die Engländer sind Meister im Konstruieren, aber die Deutschen verstehen sich besser auf das Reparieren. Also wurden die beiden englischen Metallarbeiter auf Kosten der Regierung mit einer Entschädigung in ihre Heimat zurückgeschickt, und die Aufsicht über das Untier wurde einem anderen Spross des Hephaistos übertragen."

„Einem zweiten Hephaistides, wie abscheulich!" sagte Hephaistides und wurde wieder wütend. Japetos konnte sich vor Lachen kaum halten und fuhr fort:

„Gott behüte, Herr Lehrer, ich versichere dir, dass ich das nicht gemeint habe. Hör zu! Das Ungetüm wurde einem anderen Nachkommen des Hephaistos übertragen, einem Bayern. Der bayerische *Archimedes* übernahm die Glieder des zerlegten Ungetüms, um sie gegen eine monatliche Bezahlung von sechshundert Drachmen, abgesehen von der Erstattung anderer Ausgaben und der Entlohnung von zusätzlichen Hilfskräften, wieder zusammenzufügen und ihnen neues Leben einzuhauchen. Aber da er aus mangelnder Kenntnis den Zusammenbau nicht schaffte, versuchte er nach dem Vorbild des *Prokrustes* die einzelnen Teile zurechtzustutzen. Dabei hatte er es nicht eilig, weil er versprochen hatte, die Arbeit in einem *Meton-Jahr* zu beenden. Nachdem alle Sondergelder und sonstigen Zuwendungen umsonst ausgegeben waren, gab der bayerische Archimedes auf, der drohte, die Staatskasse versinken zu lassen. Jetzt sieh einmal, was sich die Regierung also ausgedacht hat, die statt einer Mücke das Kamel mit seinem Kameltreiber schluckte. Um die Staatskasse zu entschädigen, übertrug sie dem Bayern, wieder für eine monatliche Bezahlung von sechshundert Drachmen, die Aufsicht über die Bohrung eines artesischen Brunnens, obwohl es so etwas Ähnliches in seiner wasserreichen Heimat gar nicht gibt. Allerdings behielt sie einen Teilbetrag der sechshundert Drachmen zum Ausgleich für die umsonst ausgegebenen Gelder für den Schlammfresser ein. Bis der bayerische Archimedes den Erdmittelpunkt erreicht oder die Erde durchbohrt, wird die Regierung bis auf die letzte *Obole* entschädigt, und wenn es mit dem Brunnen klappt, hat sie beide Ziele erreicht, wobei das eine nichts gekostet hat."

„Aber mit dem Schlammfresser geht es nicht weiter."

„Da kommen wir auf den Kern der Sache, Herr Lehrer. Die Regierung kümmert sich um alles. Sie will also für den Schlammfresser einen Aufseher, der umsonst herumsitzt und die Glieder des Ungetüms bewacht, damit es nicht das Schicksal des *Pelops* teilen muss, dessen Schulter nicht mehr auffindbar war. Diese ehrenwerte Stellung, die nicht viel Mühe macht, biete ich dir an, und wenn du willst, kannst du sogar noch deine Grammatik um einige neue Aoristformen bereichern."

„Bist du völlig betrunken? Willst du, dass man mich den schlammfressenden Grammatiker Hephaistides nennt?"

„Verzeiht, Herr Lehrer, aber diese Bezeichnung scheint mir glücklicher zu sein als ‚*Apollonios* der Schwierige'."

„Der Amerikaner hat recht, scheint mir, wenn er sagt, dass es hier keinen Gemeinsinn gibt", rief Hephaistides wutschnaubend und verließ die Halle und das Haus, ohne zu wissen, wohin er gehen sollte. „Wo gibt es bei so vielen Wahnsinnigen noch Platz für gesunden Menschenverstand?" murmelte er bei sich.

Auf seinem Spaziergang traf er aber zufällig den amerikanischen Pfarrer, den er seit ihrer Ankunft in Athen nicht mehr gesehen hatte. Er konnte seinen Kummer nicht

verbergen und erzählte ihm einiges von dem, was sich ereignet hatte. Der Amerikaner schlug ihm vor, er solle gegen
eine monatliche Bezahlung von zweihundert Drachmen
einen Kommentar zur Heiligen Schrift oder einiger Schriften zur christlichen Ethik verfassen. Hephaistides, der
nicht wusste, was er sonst machen könnte, betrachtete
diese Arbeit als ehrenvoller und verlangte nur, dass er freie
Hand bei der Kommentierung habe und sich keiner in das,
was er verfasse, mit Verbesserungs- oder Änderungsvor-
schlägen einmischen dürfe. Ein paar Tage später saß er in
einem Kafenion und las in einer Zeitung unter anderem:
„Besorgnis hat der Millionen fressende Schlammfresser
hervorgerufen. Als Aufseher dafür ist N.N. bestimmt worden. Ein tüchtiger Mensch!"

„Da kannst du sehen", sagte Hephaistides bei sich, „was
du beinahe geworden wärst: ein Opfer des scheußlichen
Schlammfressers."

13
Das Symposium

Japetos und Tassos veranstalteten ein Fest, und das nicht ohne Grund. Seit längerem schon hatten die beiden eine großartige Veranstaltung geplant, die einen prächtigen Eindruck machen sollte, und nun feierten sie mit diesem großen Essen die Vorzeichen für einen sicheren Erfolg.

Die Verehrung des Goldenen Kalbs übertraf in ihren Herzen jede andere Verehrung. Jeder von ihnen beschritt einen anderen Weg, um das Goldene Vlies zu finden. Japetos glaubte, es mit Hilfe von Ephrosyne zu erbeuten, aber für den Augenblick schien es ihm erfolgversprechender, wenn er sich abwartend verhielt. Die Anwesenheit von Thanos und seine fürsorgliche Behandlung im Haus des Ayfandis gefiel ihm natürlich nicht, aber er tröstete sich wie alle Reichen und Eingebildeten selbstgefällig damit, dass er Thanos als *Hund in der Krippe* ansah, dem ein solcher Preis eigentlich nicht zustehe, sondern nur dem Wagemutigen, Liebenswerten und Klugen. Nichtsdestoweniger überlegte er, wie er auf irgendeine Weise diesen lästigen Menschen loswerden könnte. Und schon versprachen die Ereignisse, dieses Ziel zu erreichen.

Tassos, der die heimlichen Machenschaften und Phantasien des Japetos nicht durchschaute, war optimistischer, was sein Erfolg anbetraf. Nachdem er an vielen Küsten auf

der Suche nach seinem *Kolchis* entlanggefahren war, hatte
er es, von einem günstigen Wind hingetrieben, schließlich
sicher erreicht. Auch wenn ihm jede Art von Bildung
fehlte, war er doch scharfsinnig genug und ergriff schnell
jede günstige Gelegenheit. Sobald er mit seiner Beute aus
Thessalien nach Athen gekommen war, ließ er seine scharfen Blicke auf der Suche nach Schlupflöchern im Rechtssystem schweifen, mit Hilfe derer er sein Ziel erreichen
konnte. Es dauerte nicht lange, und er fand heraus, dass es
bei der Vergabe der Ländereien, die in staatlichem Besitz
waren, solche Schlupflöcher gab.

Schon die Erste *Nationalversammlung* der Griechen in
Epidauros beschloss nach gründlicher Überlegung, dass
jenes Land, das nach Vertreibung der Türken in staatlichen
Besitz gelangt war, nicht noch einmal von neuen Eroberern
in Besitz genommen werden sollte. In Artikel 64 der Verfassung verbot sie die Veräußerung dieser Ländereien ohne
Zustimmung des Parlaments, die nur im Notfall erfolgen
sollte.

Auch in den folgenden drei Nationalversammlungen in
Astros, *Troizen* und *Argos* wurde keine endgültige Regelung
in der Frage erreicht, was mit den in Staatsbesitz befindli-
chen Ländereien geschehen sollte. Ebenso trat auch die Bestimmung der Nationalversammlung in Nauplion nicht
rechtzeitig in Kraft, die besagte, dass der gesamte staatliche
Landbesitz noch vor der Ankunft des *Königs* verteilt werden
sollte.

Und so kamen die Glühwürmchen aus dem nebligen
Teutonia, um in einem fremden Land ihre Geschäfte zu
betreiben. Sie schätzten, berechneten und wägten alle Meinungen und Grundsätze ab, und dementsprechend ver-
schmolzen und filterten sie diese und hatten dann schließ-

lich als Extrakt den besten Boden, der für alles zu gebrauchen war. Wie geschickt dieses Vorgehen ist, ist für jeden
klar erkennbar, wenn man es mit der törichten Einfachheit
der Mitbürger des Missionars vergleicht, der Hephaistides
als Interpreten der Heiligen Schrift angestellt hatte. Die
Erdäpfel essenden Antipoden in Nordamerika, denen die
Methode der Quadratur des Kreises gänzlich unbekannt
war und die nur die elementarste und kindliche Methode
kannten, nämlich drei durch drei zu teilen, teilten ihr Land
in drei oder vier Kategorien ein, nach denen sie jeweils ein
Stremma berechneten. Jeder beliebige Ausländer, jeder
Einheimische und zugewanderte Nachkomme Adams
nahm sich nach seinem Belieben Land und wurde dessen
Besitzer, sobald er den vereinbarten Preis entrichtet hatte.
Diese beschränkten Siedler wurden sesshaft und wohlhabend und vermehrten sich tausendfach wie die Ameisen,
da sie überreichlich heimische Nahrung hatten. Ganz im
Gegenteil dazu haben wir unablässig die Armut bewahrt,
die untrennbar mit dem Griechen verbunden ist, und werden nicht von der *Podagra* belästigt, die das Leben des Reichen quält. Wir brauchen auch nicht das Mineralwasser
aus Karlsbad und Wiesbaden, um unseren Appetit anzu-
regen.

In einem Dialog in der Komödie Plutos des *Aristophanes* fragt *Penia* den *Chremylos*, welche gute Sache er sich
wünsche? Als er erfährt, die Armut solle aus Griechenland
vertrieben werden, antwortet der Hunger, dass den Menschen kein größeres Unglück passieren könne, als wenn er
vertrieben würde.

Wie kann unsere väterliche Regierung unseren Vorva-
ter Aristophanes missverstanden haben? Zuerst erließ sie
das Gesetz vom 20. Mai 1834, nachdem alle Soldaten und

Seeleute, die nicht mehr dienen konnten, bis zu 240 Stremmata erhalten sollten, um Bauern zu werden. Zehn Jahre
lang achteten sie darauf, dass von diesen das Land bebaut
wurde, andernfalls würde die Regierung selbst für die Be-
arbeitung des Bodens sorgen. Sollte auch sie damit keinen
Erfolg haben, würde man die Gemeinden damit betrauen.
Nur dann, wenn sie sich innerhalb von zehn Jahren als gute
Robinson Crusoes erwiesen, würden die Kämpfer von Marathon und Salamis Besitzer ihres Stück Landes werden.
Dann kam noch das Gesetz vom 26. Mai 1835, nach dem
alle gebürtigen Griechen ein Darlehen von zweitausend
Drachmen erhielten, um auf Auktionen Land zu erwerben.
Dieses Darlehen sollte 36 Jahre lang mit sechs Prozent ge-
tilgt werden. So sprudelten aus ein und derselben Bohrung
zwei Quellen für Reichtum: Landbesitz für die Griechen
und Geld für die Staatskasse. Schließlich setzte das Gesetz
vom 1. Januar 1838 fest, dass bei allen Auktionen die Berechtigungsscheine für Veteranen aus dem Freiheitskrieg
akzeptiert wurden, und schuf so diesen neuen Handelsar-
tikel, durch den derjenige, der in der Lage war, die Bestätigung der Zuteilung an Jakob zu erlangen, die Rechte des
erstgeborenen Freiheitskämpfers erwerben und Esau mit
einem Linsengericht abspeisen konnte.

Die einsichtigsten Berater versuchten oft, mit einer
Fülle von Berichten die mit der Materie nicht vertrauten
Wirtschaftsminister jedes Clans und Wespennests davon
zu informieren, aber diese sagten gelangweilt: „Die wichtigen Dinge kommen morgen an die Reihe.

Tassos jedoch erkannte sofort die Chancen des Systems.
Da ihm in den meisten Dingen Japetos hilfreich zur Seite
stand, mit dem ihn eine stillschweigende Partnerschaft ver-
band, brachte er von diesem ganz schnell in Erfahrung,

dass sich das beste Land, das genug Wasser hatte und deshalb fruchtbar war, auf der Peloponnes bei dem Dorf Trivae befand. Tassos beschaffte sich unverzüglich Berechtigungsscheine von Veteranen des Freiheitskrieges, die er für siebzig Prozent unter ihrem Nennwert erwarb, und dies wiederum unter der Voraussetzung, dass diese sonst, falls sie nicht eingelöst würden, bei ihren unglücklichen Berechtigten verbleiben müssten, die wiederum keinerlei Möglichkeit besäßen, sie gegen Land einzutauschen.

Mit einer gehörigen Menge Geldes begab Tassos sich also in das Dorf Trivae, das alle seine Erwartungen überstieg: unbegrenztes Land, das reich an unversiegbaren Quellen war und jeden erdenklichen Ertrag versprach. Die unglücklichen Dorfbewohner hatten schon alles Mögliche unternommen, um das Land selbst zu erwerben, das sie seit undenkbaren Zeiten als Leibeigene bewirtschaftet hatten. Zu wiederholten Malen hatten sie versucht, die Unterstützung aller Notabeln der Provinz zu erlangen, die bereitwilligst ihre Geschenke in Empfang nahmen und Stein und Bein schworen, ihre wichtigen und vielfältigen Beziehungen spielen zu lassen. Aber schon nach kurzer Zeit hatten die Dorfbewohner das Geld, das sie für den Landerwerb beiseitegelegt hatten, für diese großmütigen Geschenkefresser ausgegeben, ohne dass etwas geschah. Als Tassos bei ihnen erschien, fand er sie verzweifelt und ohne jede Hoffnung vor, weil sie denen nichts mehr geben konnten, die ihre Vertrauensseligkeit missbraucht hatten, um sich zu bereichern.

Tassos trat daher sehr geschickt auf, um ihr Vertrauen zu gewinnen. Dabei tat er so, als sei er zufällig zu ihnen gekommen und eigentlich mit der Regelung anderer Angelegenheiten beschäftigt. Er hörte sich ohne sonderliche

Teilnahme die Klagen über ihr Schicksal an und zeigte sich nur erstaunt, dass sie trotz ihrer Bemühungen bisher keinen Erfolg gehabt hatten. Sein Mitgefühl schien unmerklich zu steigen, und er erweckte den Anschein, als sei er sehr reich und großzügig, weil er den Jungen für antike Münzen und Gefäße, die sie ihm brachten, Geld gab. Um einen Grund dafür zu haben, dass er länger bei ihnen blieb, gab er vor, er sei krank, und zeigte sich für die Sorge, die sie ihm boten, sehr dankbar. Gleichzeitig korrespondierte er oft mit Athen und erfuhr aus den Briefen von Japetos, dass dieser engste freundschaftliche Beziehungen zu Ministern pflegte. Während seiner „Genesung" wurde Tassos zum Paten neugeborener Kinder verschiedener Dorfbewohner, die er mit seinen Geschenken in Staunen versetzte. Daher kam bei den Dorfbewohnern der Gedanke auf, um seine Hilfe nachzusuchen. Zunächst versuchte Tassos, dieses Ansinnen mit dem Hinweis auf für ihn wichtige Angelegenheiten, die er zu erledigen habe, abzulehnen. Schließlich gab er jedoch den wiederholten dringenden Bitten einer Reihe von Dorfbewohnern nach und versprach, sich um die nicht leichte Aufgabe zu kümmern. Für sich selbst verlangte er nichts, weder ein Geschenk noch ein Honorar noch irgendein anderes Opfer, abgesehen davon, dass sie seinen Anweisungen voller Vertrauen Folge leisten sollten. Wenn sie dem Gerede und der Verleumdung böswilliger Menschen Glauben schenken würden, wolle er auf der Stelle von dieser Aufgabe nichts mehr hören.

Binnen kurzem erreichte er mit der Hilfe von Japetos, dass die Vorbereitungen zur Durchführung der Auktion abgeschlossen wurden. Als die Dorfbewohner sahen, dass die bislang unüberwindbaren Schwierigkeiten tatsächlich

aus dem Weg geräumt waren, schenkten sie ihm noch
mehr Vertrauen und betrachteten ihn voll Verehrung wie
einen von oben gesandten Erlöser.

Am Vortag der Auktion rief Tassos alle Dorfbewohner
zusammen und erläuterte seinen Plan:

„Damit ich Erfolg bei dieser Sache habe", sagte er,
„muss ich in Athen sein, solange der jetzige Minister noch
im Amt ist. Wer weiß, was geschieht? Morgen sind schon
andere Minister da, die nicht meine Freunde sind, und
dann ist alle Mühe umsonst gewesen. Wenn wir nicht die
Bestätigung des Zuschlags in der Hand haben, haben wir
nichts erreicht. Ich will kein Geld von euch, denn ich habe
genug. Ich habe mich darum bemüht, Berechtigungsscheine für Veteranen aus dem Freiheitskrieg zu bekommen, mit denen wir den Fiskus entschädigen. Diese
Scheine sind auf meinen Namen ausgestellt. Aus allen diesen Gründen und weil die Zeit drängt und die Scheine auf
meinen Namen ausgestellt sind, muss ich den Zuschlag für
das Land bekommen. Deshalb müsst ihr, so ist unser Plan,
ein Gesuch an die Regierung unterschreiben, dass ihr arm
und mittellos seid und fürchtet, dass euer Land Fremden
zugesprochen wird, die mit dem Dorf nichts zu tun haben
und euch Schaden zufügen können. Außerdem müsst ihr
erklären, dass ihr mich schon seit Jahren kennt und vielfältige Beziehungen zu mir pflegt. Ihr würdet es als einen
sehr großen Gunstbeweis der Regierung ansehen, wenn sie
den Zuschlag des Landes an mich bestätigen würde, weil
ich euch auf eure tränenreichen Bitten hin behilflich gewesen sei undsoweiter. Ihr könnt natürlich alle davon überzeugt sein, dass ich dieses Land nicht für mich behalten
werde."

„Aber natürlich!" riefen alle.

„Wenn jemand hier nur den mindesten Zweifel daran hat oder eine Sicherheit will, soll er es sagen!"

Alle schwiegen.

„Also, ihr seid alle einverstanden?"

„Unseren Segen hast du, oh Mann Gottes."

Das Gesuch wurde unterschrieben, die Auktion durchgeführt, und am folgenden Tag wurde in der Kirche von Trivae ein Dankgottesdienst abgehalten, nach dem sich die Dorfbewohner wie zu Ostern unter Tränen tief bewegt umarmten und alle ihren von Gott gesandten Retter bis an die Grenzen des Dorfes geleiteten, wo auch er alle der Reihe nach küsste.

„Möge Gott es ihm vergelten!" sagten unter tiefem Seufzen die Alten des Dorfes, die die schwere Arbeit der Leibeigenen kannten, und erhoben ihre Hände bittend zum Himmel.

Tassos brachte triumphierend diese Beute nach Athen und plante, mit Hilfe von Japetos seine Erwerbung zu legalisieren. Die Schriftstücke wurden der zuständigen Behörde unterbreitet, deren Entscheidung abgewartet werden musste. Währenddessen trafen sich die beiden Freunde im luxuriösesten Hotel der Hauptstadt und ließen sich bei einem Festessen die verschiedensten Speisen und ausgewählte Weine schmecken. Ihre Gesichter glänzten vor Freude, und sie machten bei ihrer Unterhaltung über alles ihre Witze.

„Du schmutziger Intrigant!" sagte Japetos, „du hast die Bewohner von Trivae in die Tasche gesteckt und die Schlinge zugezogen, sodass sie keiner mehr aufmachen kann."

„Wie der ungläubige Thomas sage ich nichts, bevor ich nicht die Bestätigung unter meinem Kopfkissen liegen habe."

„Das Gesuch der Dorfbewohner und ihre Tränen haben den Minister zur Rührung gebracht."

„Freue dich, du Teufel, über deine satanischen Werke."

„Der Plan ist deinem diabolischen Gehirn entsprungen, aber die Worte stammen von dem arglosen Japetos. Wie du siehst, wird auch in Operetten der musikalische Leiter lobend erwähnt."

„Wenn wir uns nicht glichen, würden wir nicht, wie es im Sprichwort heißt, zu Schwägern werden."

„Zum Wohl, Herr Schwager!"

„Auf dein Wohl!"

„Und die Dorfbewohner halten dich für den Messias!"

„Wenn ihre Wünsche erhört werden, werde ich bestimmt noch ein Heiliger."

„Dir fehlt nur noch das Paradies, das Kennzeichen der Auserwähltheit. Aber es tut mir leid, weil sich unsere Wege trennen: deiner führt nach oben, meiner nach unten. Aber bevor du die Süße des Paradieses genießt, probiere noch die Säure dieses Rheinweins!"

„Ich ziehe meinen Madeira vor, aber dir zu Gefallen..."

„Nehmen wir jetzt mal an, mein lieber Freund, du bekämest die Bestätigung, wie würdest du dann nach so vielen Versprechungen und Bitt- und Dankgottesdiensten vor die Bewohner von Trivae treten?"

„Was soll ich mein Leben mit diesen Geschöpfen des Herrn verbringen?"

„Deinen Besitz bewirtschaften und viel damit verdienen."

„Ich habe nicht vor, Landwirt zu werden und die Pflüge des *Versuchsgutes in Tiryns* einzusetzen. Ich werde Skias an meiner Stelle schicken, damit er ihnen erzählt, was ich vorhabe."

„Skias ist ein guter Mann, der schon dafür sorgen wird, dass sie nicht vergessen, dass sie einen Herrn haben, aber ich meine, du solltest auch jemanden hinschicken, der vertrauenswürdig ist und etwas von Landwirtschaft versteht – dein Bruder etwa."

„Ja, ja, das ist wirklich eine gute Idee! Thanos kann sie anleiten und kontrollieren, und Skias kann dann die Gewinne verteilen: einen für mich, einen für dich, und noch einmal einen für mich, einen für dich und immer so weiter. Wunderbar!"

„Du wirst sie bis zum letzten Tropfen ausquetschen. Man muss die Ziege melken, solange sie täglich Milch gibt."

„Lassen wir das jetzt mal, denn Pläne können wir ja noch später schmieden, wenn die Bestätigung auf dem Tisch liegt. Dann wirst du sehen, was wir noch vorhaben, natürlich immer, wie du es vorschlägst. Aber jetzt erzähle mal, du Gauner, was du jetzt in dieser schlechten Zeit so treibst."

„Nichts Besonderes. Ich habe ein Drama voll Leidenschaft und Verwicklungen begonnen, aber der erste Akt hat einen wenig erfreulichen Ausgang genommen. Jetzt bin ich mit Episoden und unwichtigem Gesang beschäftigt."

„Ich verstehe dich nicht."

„Das ist so, als gebe man Salziges und Saures in das gleiche Essen, um Appetit zu bekommen."

„Also eine runde Olive oder so etwas Ähnliches?"

„Eine ganz runde, die im Salzwasser schwimmt."

„Sieh mal, da ist ja auch der Champagner!"

„Plopp! Es lebe der *„kampanische Bakchos!"*

„Er lebe hoch, er lebe hoch!"

„Hör mal zu:

Wenn du im Glas sprudelst,
und dein Geist sich verbreitet,

verjagst du meine schnellfüßigen Sorgen,
und ich sehe den Himmel,
wie er sich im Laufe der Zeiten
hin und her, nach rechts und links
wie ein Kürbis dreht.
Hurra, hurra, hurra!"

„Bravo, Japetos, wenn die Verse aus deinem Kürbis stammen!"

„Du glaubst nicht, dass ich die Verse geschmiedet habe? Dann hör zu:

Wie ein unbezähmbarer,
Feuer schnaubender Araberhengst,
der den Boden mit Schaum vor dem Maul
nur leicht berührt,
so springt der spritzige Schaumwein
aus Kampanien nach rechts und links.
Hurra, hurra, hurra!"

Als so die beiden Freunde von ihrem Sorgen lösenden und zu Scherzen reizenden Trinkgelage kamen, begegnete ihnen Hephaistides, der ihnen erzählte, wie die Geschichte mit dem Schlammfresser weitergegangen war.

14
Japetos wird auf frischer Tat ertappt

Thanos erholte sich dank der Pflege der Menschen, die ihn liebten, schnell von seiner Krankheit. Kiouras gutes Herz zeigte sich auch bei dieser Gelegenheit. Sie ging Tag und Nacht in seinem Zimmer aus und ein und pflegte ihn nach den Vorschriften des Arztes mit eigenen Händen. Ayfandis und seine Tochter besuchten ihn oft tagsüber, sodass die Zeit für ihn unmerklich verging, weil er wie nie zuvor abgelenkt war. Seine Gefangenschaft zusammen mit Tieren in Menschengestalt hatte ihn fast zum Misanthropen werden lassen, sodass er es als Glück empfunden hätte, sich in die Weite einer menschenleeren Wüste zurückziehen zu können, weit weg von dem Zusammensein mit dem Abschaum der Menschen. Dass er, der in das Dunkel des Verderbens Ausgestoßene, sich plötzlich bei Menschen befand, deren Gefühle so gut und deren Worte so freundlich waren, dass er sozusagen von einem Moment zum anderen an die Quelle der liebevollen Gefühle versetzt war, wie sie unversiegbar nur im Schoß der Familie entspringen, und gleichzeitig Vater, Mutter, Schwester und alle, die ihn von ganzem Herzen liebten und sich für seine Pflege aufopferten, gewonnen hatte, war folglich für ihn, als träume er. Die melodische Stimme Ephrosynes, die in seinen Ohren jetzt noch melodischer klang, verzückte ihn so sehr, dass er oft wie im Traum nicht merkte, dass er angesprochen war, weshalb er keine Antwort gab.

Nach und nach jedoch konnte er wieder richtig sehen, sodass er merkte, dass sein Glück wirklich existierte. Dennoch war dieses Glücksgefühl nicht ganz ungetrübt. Auch er wollte Ayfandis und seine Familie nach Thessalien begleiten, denn Ephrosyne erzählte oft von ihren Plänen und davon, was sie machen könnten, wenn sie wieder dort wären. Aber während er ja vorher als Flüchtling zu ihnen gekommen war, wollte er jetzt, wo er die Freiheit wiedergewonnen hatte, nicht mehr von ihren Wohltaten leben, ohne dass er für sie etwas Erwähnenswertes leistete. Wenn er allein war, machte ihn dieses Gefühl traurig, und er suchte nach einem Weg, wieder auf eigenen Beinen stehen zu können und nicht mehr auf ihre Hilfe angewiesen zu sein. Um ihnen seine Dankbarkeit beweisen zu können, war er entschlossen, seine Wohltäter hin und wieder in Thessalien zu besuchen. Er wollte oft mit Ephrosyne über dieses Thema sprechen, brachte es aber nicht fertig, denn er wusste, er würde sie traurig stimmen und es könnte so aussehen, als sei er undankbar. Auch er selbst war bedrückt, ohne sich den Grund eingestehen zu wollen.

Nachdem Thanos wieder bei ihnen war, stand die schreckliche Erscheinung des Japetos weniger häufig vor den Augen Ephrosynes und verblasste langsam, zumal sie schon mit den Vorbereitungen ihrer Abreise aus Athen beschäftigt war. Allerdings konnte sie die Erinnerung an Japetos nicht völlig auslöschen, und jedes Mal, wenn sie allein zu Hause war und ein plötzliches Geräusch vernahm, durchfuhr sie ein kalter Schauder. Sie hoffte, fern von

Athen werde sie ihn vergessen und ihn nicht mehr unerwartet aus heiterem Himmel vor sich stehen sehen.

Obwohl sie protestierten, verließ Thanos das Haus seiner Wohltäter, sobald er genesen war, weil er ihnen nicht zur Last fallen wollte. Sie baten ihn, ebenfalls seine Sachen zu packen und sie zu begleiten. Zwar lehnte Thanos dies nicht ab, weil es nicht seine Art war, andere vor den Kopf zu stoßen, aber er traf auch keinerlei Vorbereitungen. Thanos war unentschlossen, was er tun sollte.

Sein Bruder hatte währenddessen sein Ziel erreicht. Seine Berechtigungsscheine waren akzeptiert und endgültig bestätigt, sodass Tassos das Übertragungsdokument in den Händen hielt. Wie er es geplant hatte, schickte er unverzüglich Skias als seinen Beauftragten, um den Besitz zu übernehmen und den Dorfbewohnern klarzumachen, wer nun ihr Herr sei.

Der Rat des Japetos, sich nicht völlig auf den rachsüchtigen Skias zu verlassen, sondern Thanos mit der landwirtschaftlichen Verwaltung des Landbesitzes zu betrauen, gefiel Tassos sehr. Um diesen zu überreden, die Familie des Ayfandis zu verlassen, wandte er eine äußerst gerissene Täuschung an. Er machte Thanos weis, dass die Regierung endlich ihre vom Vater ererbten Rechte anerkannt und ihm und seinem Bruder aus Bedauern über ihre bisherige Nachlässigkeit als generöses Geschenk das Dorf Trivae zugesprochen habe. Die Papiere seien zwar nur auf seinen Namen ausgestellt, weil Thanos ja nicht dagewesen sei und er, Tassos, auch Berechtigungsscheine benutzt habe, um das Verfahren zum Abschluss zu bringen, und weil der volle Wert des Landes die Entschädigungssumme überstiegen habe. Aber da er ja ein guter Bruder und nicht kleinlich sei, wolle er den Besitz gerecht aufteilen, sodass beide den gleichen

Anteil daran hätten. Er verknüpfe damit nur die gerechte und ganz natürliche Bedingung, dass Thanos die Verwaltung des Landes übernehmen solle. Er sei ja in solchen Dingen sehr erfahren, während er als Soldat seiner Einheit folgen müsse und hoffe, befördert zu werden und dem Namen Vlekas Ehre zu verschaffen. Was die Existenz von Dokumenten anging, die bewiesen, dass sie beide gemeinsam an dem Besitz Anteil hatten, ließ er allerdings kein Wort verlauten und hatte es auch für die Zukunft nicht vor.

Die Art und Weise, wie Tassos die Geschichte darstellte, war so überzeugend, dass sie bei Thanos nicht den geringsten Zweifel aufkommen ließ. Da er schon vorher fest entschlossen war, sich selbst wieder seinen Lebensunterhalt zu verdienen, ging er dankbar auf den Vorschlag seines Bruders ein und sah darin nichts Verdächtiges. Sofort ging er also zu Ayfandis nach Hause, um seinen Entschluss mitzuteilen. Die unglückliche Ephrosyne war sprachlos, als sie hörte, dass er sie so unerwartet verlassen wollte. Auch Ayfandis selbst war darüber traurig, aber er konnte nichts dagegen einwenden, dass Thanos sein väterliches Erbe antreten und sich selbst darum kümmern wollte.

Einzig und allein Ephrosynes Worte wären stark genug und gegenüber einem solchen Entschluss des Thanos unwiderlegbar gewesen, aber dazu wäre es nötig gewesen, dass ihre Lippen deutlich gemacht hätten, was sie für Ängste ausgestanden hatte, solange er im Gefängnis war. Oder Ayfandis hätte schon erraten müssen, was in ihrem Inneren vorging. Aber solange kein Wort über ihre Lippen kam, dachte Ayfandis, dass Ephrosynes Sympathie für Thanos nur ein Zeichen für ihre wohlwollenden Gefühle und Neigungen war.

Wenn Ayfandis mehr Erfahrung bei seinen Beobachtungen gehabt hätte, hätte er freilich bemerkt, dass bei jungen Leuten in diesem Alter die Sympathie tiefer geht, und die Hände zu dem erhoben, der die Herzen der Menschen in seiner Hand hält, und dann Thanos und Ephrosyne seine Hände auf den Kopf gelegt und sie mit den Worten „Dein Wille geschehe!" unter den göttlichen Willen gestellt.

Aber Ayfandis betrachtete Thanos als seinen Sohn und Ephrosynes Sympathie für ihn als die einer Schwester. Daher machte es ihn traurig, dass Thanos sie verlassen würde, ganz so wie ein Vater, dessen Sohn das Haus verlässt. Und genauso glaubte er, dass Ephrosyne wie eine Schwester traurig sei, wenn der Bruder fortgehe. Über diese Traurigkeit tröstete sie ein wenig hinweg, dass Thanos zu schreiben versprach. Auch hofften sie, dass er zurückkehre, denn er versicherte, er sehe es als heilige Pflicht an, seine Wohltäter zu besuchen, und wünschte ihnen aus tiefster Seele alles erdenklich Gute. Bei diesen Worten war er jedoch so aufgeregt, dass seine Stimme stockte. Vor ihrer Abreise versprach er ihnen, bei ihrem Abschied dabei zu sein, aber je mehr sich die Stunde des Abschieds näherte, umso schwerer zu ertragen schien ihm dieser, und der Mut verließ ihn, als werde er erneut ins Gefängnis geworfen.

Anders war es mit Ephrosynes zurückhaltender Art, die sie bewog, ihre Traurigkeit und ihre Schwäche für Thanos nicht offen zu zeigen. Mit allen Mitteln versuchte sie, ihre Ängste, die sie quälten, unter dem Vorwand zu verbergen, sie sorge sich um Thanos, der ja schon so viel erlitten habe und nun vielleicht fern von Leuten, die sich um ihn kümmerten, unter ihm unbekannten Menschen in noch größere Gefahren geraten könnte. Die tröstenden Worte ihres Vaters, dass Thanos als Herr eines großen Landbesitzes von niemand Schutz und Hilfe nötig haben werde, halfen nicht

viel und gossen nur Öl ins Feuer. Wenn er keinen benötigen
werde, also auch ihre Familie nicht, wie würde sich der
Großgrundbesitzer des Dorfes Trivae in Thessalien, an die
Menschen in Domokos, die Seidenraupenzucht und alles
Derartige erinnern? Oft reißt der, der Trost spenden will,
die Wunde auf anstatt sie zu glätten, weil er nicht das Geheimnis des Leidenden kennt.

Die Vorbereitungsphase seines Plans, nämlich die Entfernung des Thanos, war Japetos also wunschgemäß gelungen. Besonders der Aufschub der Abreise von Ayfandis
nach dem betrüblichen Entschluss des Thanos, sich in Trivae niederzulassen, kam Japetos gerade recht, Zeit zu gewinnen, um auch den Rest seines Plans durchzuführen. Er
würde sein gesamtes taktisches Geschick bei diesem kritischen Angriff einsetzen müssen, denn sollte dieser misslingen, könne es keine Hoffnung mehr für ihn geben. Denn
Ephrosyne direkt von Angesicht zu Angesicht gegenüber-
treten konnte er nicht, da sie der zartfühligen Eröffnung
seiner Leidenschaft nicht einmal Gehör geschenkt hätte.
Nur auf Umwegen konnte er einen Zugang zu dem unzu-
gänglichen und befestigten Ort finden. So setzte er folgendermaßen seine Belagerungstaktik in Gang:

Seiner Meinung nach war der türkische Gesandte der
einzige, der in der Lage war, auf Ayfandis Einfluss auszu-
üben! Und wenn es ihm, Japetos, gelänge, dessen Wohlwollen zu gewinnen, sodass dieser sich der Angelegenheit
annähme, könnte ihm Ayfandis, der türkische Untertan
aus Thessalien, nicht so leicht entwischen.

Um sich dieses Wohlwollens des türkischen Gesandten
zu vergewissern und ihn zum willigen Kampfgefährten zu
machen, bevor er ihm das Motiv für sein Interesse zu erkennen gab, zeigte er sich ihm gegenüber in jeder Hinsicht

dienstbereit. Jeden Tag, wenn er ihn besuchte, informierte er ihn über alle Neuigkeiten des Tages und über das, was er unter der Hand erfahren hatte, selbst wenn es aus seinem eigenen Büro stammte, sodass er sich bei dem Gesandten als Zuträger unentbehrlich machte. Da dieser so vor allen anderen von dem, was gesagt und getan worden war und was noch geschehen sollte, erfuhr, konnte er den Wert eines solchen Dienstes nicht hoch genug wertschätzen, mit dessen Hilfe er sich von den anderen Gesandten wie der *hundertäugige Argos* abhob und als ein von vielen Nachrichtenquellen gespeister Brunnen gefragt war, ganz im Sinn der sprichwörtlichen Formulierung Friedrichs des Großen, dass „der Gesandte ein privilegierter Spion" sei.

Da Japetos auf diese Weise für den Gesandten so unentbehrlich wurde wie die Brille für einen Kurzsichtigen, versuchte er ganz beiläufig, den Gesandten um seine Vermittlung zu bitten, indem er an seinen Ehrgeiz appellierte, für alles einen Weg zu finden. Dabei ging es um Ayfandis und Ephrosyne. Selbstverständlich würde er, Japetos, ihm bei der Durchführung dieser Angelegenheit in jeder Hinsicht behilflich sein.

Er würde deshalb die Herausgabe eines Pamphlets vorbereiten, das die Liebesaffäre Ephrosynes und angeblich heimliche Gespräche mit ihm öffentlich bekannt machen sollte. Dann wollte er viele Exemplare dieses Pamphlets in der Straße und sogar in dem Haus, wo Ayfandis wohnte, verteilen, sodass diese Schmach überall bekannt werden sollte.

Nach einem solchen Skandal würde der Gesandte, der für den guten Ruf eines Untertanen des Staates, dessen Vertreter er war, die Verantwortung trug, Anlass genug haben, Ayfandis als einzigen Ausweg die Heirat seiner

Tochter mit diesem gefährlichen Liebhaber vorzuschlagen, der unter dem Einfluss von schlechten und eifersüchtigen Menschen vom rechten Weg abgekommen sei. Soweit auch er ihn kenne, könne es nicht sein, dass ein bei allen wegen seiner Fähigkeiten beliebter junger Mann nicht seine Angebetete und über sie hinaus auch ihren Vater, den sie über alles in der Welt liebe, glücklich machen könne. Auf diese Weise, so hoffte Japetos, könne er erreichen, dass Ayfandis sich Sorgen machte, teils wegen des Skandals und des sich daraus ergebenden Geredes der Leute, teils wegen der geradezu angeborenen Furcht der Untertanen des türkischen Staates, der türkische Gesandte könne es ihm übel nehmen, wenn er seinen Vorschlag in den Wind schlagen würde, und veranlassen, dass die Behörden in Thessalien Ayfandis Schwierigkeiten bereiteten. Aus allen diesen Gründen, so hoffte Japetos schließlich, würde er sich ins fertige Nest setzen können.

Sein Erfolg schien schon fast sicher, umso mehr als der Gesandte für seine Schmeicheleien empfänglich war und sah, dass dessen Wohlwollen ihm gegenüber merklich wuchs. Aber er glaubte, dass noch etwas Zeit nötig sei und er ihm noch mehr Dienste erweisen müsse, bis er sich die Freiheit nehmen könnte, als berechtigten Anspruch um einen Gefallen zu bitten, den zu erfüllen der dankbare Gesandte als eine Ehrenpflicht ansehen würde. Bis die passende Stunde für den zweiten Akt dieses kunstvoll geplanten Stücks gekommen war, gab Japetos sich den von ihm so genannten Episoden hin, da er nicht die Dumpfheit der monotonen Untätigkeit ertragen konnte.

Fast jeden Tag besuchte er spät abends eine Dame, die von ihrem Mann allein zu Hause gelassen wurde, der sich die ganze Nacht über in einer Spielhölle seiner chronischen

Leidenschaft für das Kartenspiel hingab. Diese Dame, von
der Japetos Tassos gegenüber nur als der „saftigen Olive"
sprach, glänzte mehr durch ihre üppige Beleibtheit und
herbstliche Schönheit als durch ihre zarte Jugendlichkeit.
Unzufrieden mit dem weißen Glanz ihrer Gesichtshaut benutzte sie Schminke und färbte ihre Augenbrauen und Au-
genlider dunkel. Ihre Haare waren schwarz wie ihre gefärb-
ten Augenwimpern, sodass ihr Gesicht wie ein Schlachtfeld
zwischen schwarz und weiß aussah. Sie hatte zweierlei Art
zu sprechen: gegenüber Hausangestellten und Dienern hart
und metallisch klingend, Gästen gegenüber aber lieblich.
Überhaupt hatte der Ausdruck ihres Gesichts etwas Spöt-
tisches an sich, und beim Gehen wippte sie mit ihren Hüf-
ten. Ihre Art zu reden war nicht geistlos, und sie hatte von
allem Kenntnis, nicht aber von ihrem Mann, den sie nur
beim Essen wortlos dasitzen sah, als warte er in der Höhle
des Trophonios auf ein Orakel. Ihre beiden Kinder, kleine
Engel, die sie von klein an von Herzen liebte, gingen früh
zu Bett. Oft pflegte sie dann auf ihrem Sessel zu sitzen,
kaute geräuschvoll *Mastix* und wartete auf ein geistreiches
Lebewesen, mit dem sie ihre etwas oberflächlichen Ideen
austauschen und sich vergnügen konnte, weil ihr Mann
nicht zu Hause war und sie nichts mit dem lästigen Geschwätz ihrer Dienerschaft zu tun haben wollte. Die geist-
reiche Dame hatte die Romane von *George Sand* gelesen
und erzählte charmant die reizvollsten, wenn auch manchmal zweifelhaftesten Episoden aus diesen Romanen.

Wie es der Zufall wollte, trafen sich die Jünger des
Glücksspiels nicht in ihrer Spielhölle, sodass der gute *Am-*
phitryon plötzlich vorzeitig nach Hause zurückkehrte,
bevor Japetos Zeit hatte, sich zu entfernen. Das Schlafzimmer hatte nur eine Tür, und Japetos blieb nichts übrig, als

sich unter dem Bett zu verstecken. Schlecht gelaunt, weil
das Kartenspiel nicht stattgefunden hatte, schnaufte er wie
ein schlafmütziger alter Mann und wünschte seiner Frau,
die im Bett lag und so tat, als schliefe sie, nicht einmal
einen Guten Abend. Er ging sofort auf sein Bett zu und
suchte wie gewöhnlich ganz automatisch nach seinen Pantoffeln. Unglücklicherweise hatte Japetos mit den unzähligen Falten seiner Fustanella die Pantoffeln mit unter das
Bett gezogen, als er darunter gekrochen war. Deshalb war
der Mann gezwungen, sich hinunterzubeugen, aber statt
der Pantoffeln traf er auf den *Paris*, der sich in einer Ecke
wie eine Maus zusammengekauert hatte, auf die sich plötzlich die Katze stürzen will.

„Da besteht also jetzt ", schrie der Kartenspieler, „unser
Paar aus dreien. Kommen Sie heraus, mein Herr, damit ich
sehe, mit wem ich es zu tun habe!"

Er streckte seine Hand unter das Bett, packte Japetos
an seinen gepflegten und pomadisierten Haaren, zog ihn
wie einen Strohsack hervor und bearbeitete ihn mit Händen und Füßen. Bevor Japetos auf den Beinen stehen
konnte, landete auf seinem Kopf ein in der Nähe stehender
Stuhl. Währenddessen fiel die keusche Susanna ungeachtet
ihrer blühenden Gesundheit, aber auch ohne Gefahr für
diese, zwei-, dreimal in Ohnmacht. Ihr Mann hätte nicht
aufgehört, den am Boden ausgestreckt liegenden Japetos
wie wild zu bearbeiten, wenn nicht die Diener, aufgeschreckt durch den Lärm, herangeeilt wären. Sie brachten
den gehörnten Ehemann dazu, wieder zur Besinnung zu
kommen.

Dieser schickte unverzüglich nach einem Staatsanwalt
und nach jemandem, der die Angelegenheit untersuchen
sollte, nach einem Polizeikommissar oder etwas Ähnli-

chem. Dann wandte er sich seiner Frau zu, die noch auf dem Bett lag und deren Hautfarbe sich trotz ihres psychischen Schocks nicht verändert hatte, und sagte zu ihr:

„Meine Dame, die Einsamkeit, über die ihr Euch immer so beklagt, ist wohl doch nicht so groß gewesen. Deshalb werdet Ihr in Zukunft noch mehr Gelegenheit haben, Euch zu vergnügen, denn Ihr werdet, soweit es mich angeht, völlig frei sein."

Die Unglückliche sprang vom Bett hoch, raufte sich mit beiden Händen das Haar, zerkratzte ihre Wangen und warf sich ihrem Mann jammernd und klagend zu Füßen und rief dabei:

„Ich bin unschuldig, ich bin unschuldig!"

„Ja, ja, genauso wie *Beatrice in der Oper*. Jetzt sehen wir mal, was der Staatsanwalt zu sagen hat."

Der Staatsanwalt, der Polizeikommissar und die Polizisten trafen gleichzeitig ein. Sie fertigten ihren Bericht an und führten Japetos ab, der Ruhe und ärztliche Versorgung nötig hatte. Bis die Gerichte ein Urteil in der Angelegenheit fällen würden, verließ der Ehemann sein Haus und suchte den Rat der besten Anwälte, wie er sich scheiden lassen könnte, ohne die Mitgift seiner reichen Frau zurückgeben zu müssen. Seine Spielfreunde gaben ihm diesen nützlichen Rat, weil sie hofften, auch selbst ihren Teil abzubekommen. Ihr guter Freund hatte nämlich seit geraumer Zeit schon eine Pechsträhne und dadurch sein gesamtes eigenes Vermögen verloren. Deshalb hatte er einen Kredit bei seinen Mitspielern aufgenommen, den es nun zu tilgen galt.

So also war der unglückliche Japetos, der so oft über Gräben gesprungen war, unerwartet in eine harmlose Grube gestürzt, aus der er nur herauskommen konnte, wenn er das gerichtliche Verfahren hinter sich bringen würde. Die tragische Episode wurde in der ganzen Stadt ins Lächerliche gezogen und Japetos verspottet, da er behauptete, er sei in dunkler Nacht auf dem Kopfsteinpflaster ausgerutscht. Das Gerede wurde im Verlauf der Untersuchung noch verstärkt, aber was Japetos schließlich ganz am Boden zerstört sein ließ, war, dass er auch noch aus dem öffentlichen Dienst entlassen wurde.

Die Unternehmer und windigen Gestalten, die Japetos zwar glichen, ihn, den *Ukalegon*, aber nicht nachahmten, scharten sich um ihn. Dabei zeigten sie Sympathie mit ihm und boten ihm ihre Hilfe gegen den habgierigen Ehemann an, der sich seiner engelsgleichen Frau gegenüber wie ein unmenschlicher Tyrann gebären würde. Allerdings schadete der Beistand dieser Freunde Japetos nur noch mehr. Sollte doch an ihm, dem offenkundigen Protagonisten dieser schändlichen Tat, ein Exempel zur Unterbindung solchen Tuns statuiert werden. Aus diesem Grund fand das Gerichtsverfahren auch kurzerhand in aller Öffentlichkeit statt.

„Sie brauchen uns nicht zu fragen, meine Herren", sagte der Anwalt des als Kläger auftretenden Ehemannes, „ob der Angeklagte unter einem Mastixbaum oder einer Steineiche gefasst worden ist, weil wir Ihnen bereits erklärt haben, dass er unter dem Bett saß. Die Situation ist nicht neu, und man kann sie mit dem Schiffbruch vergleichen, den der Komödiendichter Theophilos beschreibt, wonach das steuerlose Schiff schon gleich nach Anbruch der Nacht einen neuen Hafen gefunden hat."

Der Anwalt von Japetos, ausgebildet in der Schule der *Zehn Redner*, benutzte als Beweis für Japetos' eigentliche Unschuld diejenigen, die die Ermordung des *Eratosthenes*

rächen wollten, nämlich dass Japetos in einen Hinterhalt
des bankrotten Kartenspielers geraten sei, der es darauf abgesehen habe, sich scheiden zu lassen und die Mitgift zu
behalten. Man brauche sich ja nur den Vertrag anzusehen,
mit dem er seinen Spielgenossen einen Teil seiner Einkünfte überschrieben habe. Und man brauche sich nur
weiter anzusehen, wofür der tugendhafte Ehemann und
fürsorgliche Vater seine Einkünfte verwendet habe!
Warum musste er seinen Mandanten bis zur Bewusstlosig-
keit verprügeln, wenn er doch auf frischer Tat ertappt worden sei? Der Staatsanwalt, der Kommissar und die Polizisten bestätigten doch alle, dass sie ihn stumm und halbtot
vorgefunden hätten. Der schlimme Vorgang habe sich an
der Tür abgespielt, aber die Zeugen seien ins Schlafzimmer
gerufen worden, nicht an die Tür.

Die Angeklagte, die in schwarzer Kleidung erschienen
war, wischte sich ihre Tränen ab und unterbrach oft ihren
Verteidiger, während er die ganze Ilias ihrer Leiden auf-
zählte, die sie von ihrem Mann zu ertragen hatte.

„Nein, bei Gott, Herr Verteidiger", wandte sie ein und
biss sich auf ihre Lippen, „sagen Sie das nicht von meinem
Mann, von dem Vater meiner Kinder, dem ich Treue und
Ergebenheit geschworen habe!"

Aber der Verteidiger fuhr, wie es vorher verabredet
worden war, genauso weiter fort und wies ihre Bitten ab.

„Lassen Sie", antwortete er, „nicht Sie sollen das sagen,
sondern Ihr Verteidiger, der vom Gesetz dazu verpflichtet
ist, die ganze Wahrheit zu sagen."

Aber alle diese Tricks halfen nicht. Die Angeklagten
wurden für schuldig befunden und in dasselbe Gefängnis
geworfen, als bestehe ihre Strafe darin, zusammen zu
leben. Auch wenn derartige Versehen den Richtern nicht

gefielen, den Gefängniswärtern gefielen sie. Alle Freunde und Gesinnungsgenossen des Japetos kamen, ihn zu besuchen. Sie trugen alles zum Wohlergehen bei, brachten Getränke mit und verwandelten das Gefängnis in ein Tollhaus, in dem in vielen Zellen jede Art von Unterhaltung geboten wurde.

Japetos beschränkte sich nicht darauf, es sich nur im Gefängnis gut gehen zu lassen. Mit Erlaubnis des gutmütigen Wärters verließ er manchmal bei Nacht das Gefängnis und begab sich zu seinen Freunden, wo mit größerem Vergnügen noch andere, ganz ähnliche ausschweifende Gelage gefeiert wurden, die von *Hogarth* auf einem Gemälde hätten festgehalten werden können. So waren alle Pläne, die Japetos wegen Ephrosyne im Schilde geführt hatte, gescheitert, und, wie es sprichwörtlich heißt, Hopfen und Malz verloren.

15
Das Dorf Trivae

Das Dorf Trivae liegt ungefähr zehn Stunden vom *Alpheios*
entfernt landeinwärts inmitten von Hügeln, die die ausge-
dehnte und holprige Ebene umgeben, und wird seit undenklichen Zeiten von Bauern bewohnt. Obwohl der
Boden fruchtbar und tief war, wurde er landwirtschaftlich
nur wenig genutzt. Den größten, im Sommer trockenen
Teil bedeckten Quecken. In der ganzen Gegend fanden sich
kaum Spuren von Kulturpflanzen, auch nicht auf den der
Sonne zugewandten Hängen, wo zum Beispiel Weintrau-
ben hätten gedeihen können. Auch auf den Hügeln gab es
kein schmückendes Laub. Im tiefer gelegenen Teil zwischen zwei Hügeln versteckt lagen die ärmlichen Hütten
der Dorfbewohner wie aneinandergeklebt, so als gäbe es
nicht genug Platz. Sie waren aus den Resten verfallener
Häuser erbaut, die erkennen ließen, dass Katastrophen in
der Vergangenheit die Zahl und den Wohlstand der Bewohner vermindert hatten.

Das Pflügen geschah gemeinschaftlich, daher gab es keinerlei Grenzen oder Zäune. Jeder besaß eigene Tiere, der
eine Ziegen, der andere Kühe oder Schweine und noch ein
weiterer Maultiere, nur die Pflugstiere gehörten allen. Dieses System, das kombiniert war aus Allgemeinbesitz, was
den Ertrag des Bodens anging, und Privatbesitz im Hin-

blick auf alles Übrige, gab es seit alter Zeit, die Dorfbewohner kannten keine andere Art des Zusammenlebens. Das
Land war nie ihr Eigentum gewesen, sondern gehörte in
der türkischen Zeit einem *Spahi*, der den zehnten Teil
bekam. Damals jedoch teilten sich die Dorfbewohner selbst
die Steuer und zahlten zusätzlich durch ihren Dorfältesten
eine Kopfsteuer an den Provinzgouverneur, der diese an
den Pascha abführte. Sie säten nicht mehr, als sie selbst benötigten, weil nämlich keiner in der Umgebung Getreide
benötigte.

Um es anderweitig zu vermarkten, hätten sie es mit
Lasttieren durch den Fluss, über den es keine Brücken gab,
durch Wälder, über Abhänge und Schluchten zum Meer
transportieren und alle Risiken auf sich nehmen müssen,
mit denen man als Kaufmann unterwegs zu rechnen hat,
was insgesamt wenig Gewinn versprach. Das wenige Vieh
versorgte sie mit Käse, der einen guten Ruf hatte, und mit
Wolle, aus der sie ihre Kleidung webten. Und die, die Maultiere besaßen, vermieteten sie an Reisende. Das Geld, das
sie dadurch verdienten, vergruben sie in der Erde, damit
der türkische Herr nicht auf den Gedanken kam, sie seien
wohlhabend, und seine Forderungen erhöhte, wie schon
Herodot erzählt, dass die *Meder* nach der Unterwerfung
durch die Perser ihren Reichtum an diese als Tribut abliefern mussten. Die Mädchen trugen um ihren Hals oder an
ihrer Stirn nur einige wenige Silbermünzen, die ihre Mitgift
bildeten. Ihre Sprache war die gesprochene Volkssprache
der Griechen und nicht das Albanische, sodass nur durch
eine chemische Analyse die These von *Fallmerayer* hätte
entschieden werden können, ob in ihren Adern noch ein
Tropfen Blut der antiken Griechen floss.

Nach dem Freiheitskrieg und der Wiederherstellung

der Ordnung schien sich ihr Schicksal zu bessern, weil es den Spahi, den Grundherr, nicht mehr gab und die Kopfsteuer abgeschafft wurde. Aber dann wurde vom neuen griechischen Staat die Steuer des „Doppelten Zehnten" eingeführt, das heißt die Steuer auf den Nießbrauch, deren Eintreibung durch die sogenannten Pächter sowohl den Kopf als auch die Schultern belastete. Bevor der Steuereinnehmer nicht seinen Teil bemessen und bekommen hatte, durfte der Bauer nicht Hand an seine Heuhaufen legen, sonst wurde er als Dieb betrachtet. Wenn dann nach langem Warten der Zehnteinnehmer endlich kam, erinnerten die Bauern sich dessen, was sie das Schicksal des Esels über die Verteilung gelehrt hatte. Die Einnehmer maßen nämlich immer zu viel, aber die Bauern schwiegen dazu. Wenn der doppelte Zehnte, der in Wirklichkeit der vierfache war, abgemessen war, waren die Dorfbewohner verpflichtet, ihn in die Lagerhäuser des Einnehmers in der Provinzhauptstadt zu schaffen. Sie wurden diese Blutegel, die alles aussaugten, nicht los, bevor diese sich am besten Teil ihrer Ernten gesättigt hatten.

Auch dies trug nicht wenig dazu bei, dass sich die Landwirtschaft in Griechenland nicht weiter entwickelte. Nach dem bestehenden Steuersystem bezahlt der Großgrundbesitzer überhaupt keine Steuern, selbst wenn dessen Landbesitz die ganze Provinz umfasst und nicht bewirtschaftet wird. Doch der, der nicht einmal genug Land sein eigen nennt, um darauf begraben zu werden, und der Teile des Landes des Großgrundbesitzers bewirtschaftet, der trägt auf seinen Schultern die ganze Last der Steuern.

Unsere Ökonomen versichern uns, dass es im Süden Griechenlands nicht anders möglich sei. Wie heißt es doch schon bei Shakespeare? *„Das sagt Brutus*, und Brutus ist ein ehrenwerter Mann. Anders als die Steuereinnehmer der Bauern sind die staatlichen Beamten eher Verbündete der arbeitenden Bevölkerung, denn sie erhalten nur den Anteil, der zuvor per Gesetz festgelegt wurde. Doch die Steuereinnehmer der Bauern handeln nie in deren Interesse, sondern versuchen stets, das meiste für sich herauszuschlagen – eben indem sie die Ernte der Bauern immer als ertragreicher einstufen als sie in Wirklichkeit ist. Besonders bei reichen Ernten gebaren sie sich wie ein Wirbelsturm und versuchen, sich für die Zeiten geringerer Ernte einzudecken.

In der Tat mussten die Bewohner von Trivae das Schlimmste von den Steuereinnehmern erdulden, wenn sie mit Gottes Hilfe einmal eine reiche Ernte hatten. Diese waren nämlich nicht bereit, mit der Festsetzung zu beginnen, wenn die Bauern ihnen nicht eine erwähnenswerte Entschädigung für ihre Arbeit versprachen. Um die unter freiem Himmel gelagerte und dem Wetter ausgesetzte Ernte zu retten, stimmten sie folglich allen Forderungen der Steuereinnehmer zu und lernten von ihnen, dass es für sie, wie es in dem berühmten Spruch *„Nichts zu viel"* heißt, vorteilhafter sei, nur insoweit das Land zu bebauen, wie es für ihre eigenen Bedürfnisse nötig war. Dabei war das nicht der einzige Vorgang, bei dem die Dorfbewohner ihre Geier sättigen mussten. Keiner der Verwaltungsbeamten, Soldaten oder Gendarmen, die durch Trivae kamen, glaubte, dass die ärmlichen Hütten der Dorfbewohner wirklich Armut beherbergten, sondern sie hörten nur auf die Stimme ihres unersättlichen Magens. Da es bei ihnen keinerlei Bäume oder Weinstöcke gab, waren die Leute von Trivae zwar frei von den übermäßigen Steuern auf deren jährlichen Ertrag, aber dafür wurden sie wie eine sieben Mal geschorene Ziege durch die Hirtensteuer kahl geschoren, wobei über ihren Köpfen stets die Drohung schwebte, wegen Falschangaben verklagt zu werden. Wenn man dazu noch berücksichtigt, wie die Kontrolle und Einziehung dieser Steuer vor sich ging, und an das Durcheinander bei den Gemeinde- und Parlamentswahlen denkt, braucht man sich nicht zu wundern, warum die Bewohner von Trivae wie Nomaden lebten, die dort nur vorübergehend ihre Zelte aufgeschlagen hatten und in planlos zusammengewürfelten Hütten unter demselben Dach mit ihren Tieren lebten. Es gab zwar eine Quelle mit reichlich kühlem Wasser, das aber nicht weit fließen konnte und den Schmutz schwarzen Schlamms vergrößerte, in dem sich die Schweine suhlten.

Die Hoffnung, eines Tages eigene Herren des Erdbodens zu werden, der die Gebeine ihrer Vorfahren bedeckte, die Jahrhunderte lang auf den Tag ihrer Unabhängigkeit gewartet hatten, stärkte diese Bauern mehr als der Zuspruch ihres Dorfpopen Papa-Vlassis. Dieser kam zwar mechanisch seinen religiösen Verpflichtungen nach, war aber im Übrigen fast genauso ungebildet wie sie.

Verlockt von dieser Hoffnung gaben sie nur wenig von dem Geld aus, das sie vergraben hatten. Die Notabeln der Provinz, die die türkische Bezeichnung *Kotzabassis*, nicht aber die türkischen Sitten geändert hatten, waren aus Habgier nicht daran interessiert, das Schicksal der Dorfbewohner zu verbessern. Da sie bei ihnen kein Gold oder Silber mehr fanden, sondern nur Käse und Wolle, erinnerten sie sich an dieses Dorf nur, wenn Wahlen bevorstanden. Das plötzliche Erscheinen des Tassos vor kurzem, der sich angeblich wegen seiner Krankheit länger im Dorf aufhalten musste und voll mitmenschlichen Gefühls für ihre Lage ein offenes Ohr hatte, entfachte wieder die schon fast erloschene Flamme ihrer Hoffnungen. Dass er zufällig und völlig unerwartet wie ein *deus ex machina* seine Mithilfe anbot, uneigennützig sogar sein eigenes Geld vorschießen wollte, anstatt es wie alle anderen im Voraus zu verlangen, und überhaupt, dass dies alles so unvermittelt geschah, begeisterte sie und erfüllte sie mit Vertrauen und Sicherheit. Sie führten sein wohltätiges Verhalten darauf zurück, dass er nur ihre schlimme Lage und das Unrecht, das sie erdulden mussten, im Auge hatte.

Die Veräußerung des Dorfes auf einer Auktion mit Hilfe von Berechtigungsscheinen auf den Namen von Tassos verlief jedoch nicht ganz ohne Aufregungen. Alle, die es nach dem Dorf gelüstete, wussten, dass Trivae auf einer Auktion angeboten wurde, und das glaubhafte Gerücht, dies geschehe zum Nutzen der Dorfbewohner, bewog sie, der Auktion alle möglichen Hindernisse in den Weg zu legen und von jeder Art Unregelmäßigkeit zu sprechen, wobei sie gleichzeitig den Dorfbewohnern versicherten, sich nach Kräften um eine Unterstützung für sie zu bemühen.

Aber die unglücklichen Dorfbewohner schenkten diesen Raubtieren keinen Glauben mehr, auch wenn sie jetzt so taten, als wollten sie sie schützen. Da diese angeblich uneigennützigen Schutzpatrone auf Grund der strikten Anweisungen aus Athen, die im Einverständnis mit Japetos erfolgten, die Behörden nicht nach ihrem Geschmack beeinflussen konnten, setzten sie alle möglichen Gerüchte über Tassos in die Welt. Damit wollten sie die Dorfbewohner warnen, nicht in eine Falle zu tappen, die inzwischen auch für einen Blinden deutlich erkennbar war, nachdem die Bittschrift der Dorfbewohner an die Regierung bekannt geworden war, in der sie darum baten, dass das Dorf als

Zeichen der Dankbarkeit auf den Namen des Tassos übertragen werden sollte. Aber, wie es so schön heißt „Wer einmal lügt, dem glaubt man nicht, und wenn er auch die
Wahrheit spricht". So schenkten die Dorfbewohner den
Warnungen kein Gehör.

Trotz der Bemühungen der einflussreichen Persönlichkeiten der Provinz fand die Auktion statt. So sollte sich
denn ein in der Provinz Fremder, noch nicht einmal ein
Einheimischer, ein unbekannter und unbedeutender Mann
zudem, der aber kein Risiko scheute und über Kontakte in
der Hauptstadt verfügte, unter den Dorfbewohnern niederlassen. Jemand, der die Bauern führte und unterstützte
und den Einfluss aller einflussreichen Familien entscheidend schwächen würde. Im Übrigen kam noch dazu, dass
sie von ihrer Einstellung her gegen alles Fremde waren und
diesem frechen Glücksritter aus der Ferne zeigen wollten,
was Sache sei.

Als erste passende Gelegenheit nutzten die Notabeln
der Provinz, auf die man im Dorf nicht gehört hatte, die
Aushebung der Wehrfähigen. Da der Gemeindeverbund,
zu dem Trivae gehörte, aber nur einen kleinen Teil darstellte, verpflichtet war, drei Wehrfähige zu stellen, wurden
die drei allesamt wie zufällig durch das Los aus diesem eigentlich unbedeutenden Dorf bestimmt. Schon damals
hatte der griechische Erfindungsgeist die geschickte Mani-
pulation von Wahlurnen perfektioniert. Die Stimmzettel
mit den Namen der Wehrfähigen aus Trivae waren größer,
sodass sie beim Anfassen leicht von den anderen unter-
schieden werden konnten.

Das Gefühl, das Ergebnis der Auslosung sei durch Ungerechtigkeit und Betrug zustande gekommen, vergrößerte
noch die Bitternis des Unglücks. Nur wer schon einmal un-

gerecht behandelt worden ist, kann verstehen, wie ein Mensch dadurch in Wut geraten kann.

Auch wenn die Dorfbewohner nicht wussten, durch welche Machenschaften die drei Lose ausgerechnet auf sie gefallen waren, konnte doch keiner sie davon überzeugen, dass die Auslosung ehrlich vor sich gegangen sei. Besonders die Art, wie sich schon vorher allgemeine Missgunst gegen sie gezeigt hatte, sprach für eine vorsätzliche Ungerechtigkeit. Noch deutlicher wurde dies, weil ihre Patrone ihnen sagten, sie brauchten ihre Hoffnung nicht zu verlieren, wo sie jetzt doch den großen Räuberhauptmann als Schutzherrn hätten.

Niedergeschlagen kamen die Dorfbewohner zu einer Versammlung unter Doudoumis, dem Vertreter des Dorfvorstehers, und dem Dorfpopen Papa-Vlassis in der kleinen Dorfkirche zusammen, die eher einem Schweinestall glich.

„Wenn du arm bist, ist dein Schicksal auch nicht viel besser", sagte Doudoumis. „Sie wollen uns schaden, weil wir einen guten Menschen gefunden haben, der uns dazu verhelfen will, über unser Land frei zu verfügen."

„Die Ungerechtigkeit schreit zum Himmel", jammerte der alte Lachanopoulos, „wir haben nur einen Sohn, und der soll Soldat werden! Wer wird sich um unseren Lebensunterhalt kümmern? Ich bin ein alter Mann, meine Beine wollen nicht mehr, und ich habe noch zwei Töchter, die ich unter die Haube bringen muss!"

„Gib die Hoffnung nicht auf", tröstete ihn Papa-Vlassis, „noch ist die Gerechtigkeit nicht verloren. Mit der Hilfe Gottes werden wir sie wieder finden, denn er hat uns einen Heiligen geschickt, um uns vor den Rachen der Wölfe zu retten."

„Ach was!" rief mit einer durchdringenden und metallisch klingenden Stimme eine alte Frau, „bis der das in Athen gehört hat, haben die Soldaten meinen Sohn schon auf dem Gewissen."

„Beruhige dich *Kyra*-Assimina, so schnell wird dein Sohn schon nicht sterben", sagte Papa-Vlassis. „Da er dein einziges Kind ist, muss er nicht zu den Soldaten, du musst nur eine Bittschrift verfassen."

„Und wer soll für mich diese Bittschrift abfassen? Der Schlag soll sie treffen!"

„Ich bin Waise, habe keinen Vater und keine Mutter, wer soll meine Geschwister ernähren, wenn ich zu den Soldaten muss?" schrie ein halbwüchsiger junger Mann. „Die Wölfe werden sie fressen."

„Ihr bellt alle gleichzeitig wie die Hunde im Schafstall, wer soll euch denn verstehen?" fuhr Doudoumis sie an und hielt sich die Ohren zu, um ihnen klar zu machen, dass sie ruhig sein sollten.

„Natürlich", antwortete Assimina, „dein Kind holen sie ja nicht. Deshalb glaubst du, wir schreien zu laut. Hört euch diesen Menschen an, er will, dass sie uns umbringen, und wir sollen ruhig bleiben."

„Gut, Kyra-Assimina, schrei nur weiter, und dann sage uns, was wir machen sollen!"

„Ja, ja, das sagte auch immer meine alte Mutter. ‚Die nicht im Chor sind, kennen viele Lieder'."

„Können wir denn nicht sagen, was wir denken?"

„Ich weiß nur", schrie der alte Lachanopoulos, „dass ich nicht ein Lepto mehr geben kann, damit mein Sohn vom Militärdienst befreit wird. Alle die hohen Tiere haben uns schon um unser Gespartes gebracht, und jetzt wollen sie auch noch unsere Kinder."

„Soll sie doch der Tod holen!" schrie Assimina krächzend. „Habe ich denn nicht schon vor kurzem meinen Kochtopf verkauft, um ihnen etwas geben zu können, damit der Steuereinnehmer seine Entscheidung trifft?"

„Ja!" schrien alle einstimmig, „wir haben nicht ein Lepto mehr. Wir wollen nicht wieder damit anfangen. Soll doch der Bürgermeister genügend Geld bekommen, der Präfekt der Provinz, der Sekretär, der Polizist und wer auch immer sonst, damit sie keinen Hunger leiden!"

Wie in einem Kanon ergriff Assimina immer das Wort, sobald das Geschrei aufhörte, und wiederholte den Refrain: „Mit ihrem ‚Gebt uns! Gebt uns!' haben sie uns die Seele aus dem Leib gezogen."

Doudoumis und Papa-Vlassis blickten sich ratlos an.

„Ich weiß jetzt, was ich mache", stöhnte der junge Tagaropoulos, „ich schneide mir den Daumen ab. Dann wollen sie mich nicht bei den Soldaten."

„Was ist das für ein Zustand!" schrien alle wie aus einem Mund, „müssen unsere Kinder verstümmelt sein, um ihren Fängen zu entgehen?"

In das Schreien der Männer und die Klagerufe der Frauen mischten sich das Wimmern der Säuglinge und das laute Geschrei der spielenden Kinder, sodass es sich anhörte, als sei ein Möwenschwarm in ein Unwetter geraten.

Auf dem Höhepunkt dieses lauten Durcheinanders war von fern ein Mann zu erkennen, der sich ihnen schnell näherte. Als erster bemerkte ihn Doudoumis und gab den anderen zu verstehen, sie sollten ruhig sein, um zu sehen, wer das sei und woher er komme.

„Vielleicht kommt er, um unsere Söhne zu holen", riefen alle zusammen unter Klagen aus. „Wir wollen sie nicht hergeben, nicht hergeben!"

„Hört auf! So schnell geht das nicht, wir wollen erst mal sehen, wer es ist", sagte Doudoumis und drängte sich durch die Mengen, um den Ankommenden zu begrüßen.

Überrascht durch den Lärm kam der Mann näher und wandte sich an Doudoumis, dem er sich als Bote vorstellte.

Als im Gespräch der beiden der Name Tassos fiel, waren alle plötzlich ruhig und starrten auf den Mann.

Doudoumis fragte: „Was? Die Auktion ist schon offiziell bestätigt?"

„Natürlich", war die Antwort, „ich bin gekommen, um euch das zu sagen und meine Provision in Empfang zu nehmen. Tassos schickt Skias, damit die Übertragung offiziell erfolgen kann. Morgen kommt Skias mit dem *Ephoren*, trefft daher schon alle Vorbereitungen, die beiden zu empfangen!"

„Seht ihr?" sagte der Dorfpope. „Der Allbarmherzige hat unsere Bitten vernommen und schickt uns den guten Menschen, der uns von unseren Leiden erlösen wird."

„Gepriesen sei Gott!" riefen alle zusammen aus.

„Du bist groß, oh Gott!" rief Assimina und bekreuzigte sich. „Von diesem Wunder werden noch unsere Enkel erzählen."

Alle Gesichter glänzten vor Freude, vergessen war alles Unglück. Sogar die Kinder wurden von der Freude erfasst, sie hüpften und küssten ihre Eltern.

Doudoumis gab Anweisungen für den Empfang der Gäste, und einstimmig fasste man den Beschluss, sie am folgenden Tag mit allem Pomp zu empfangen.

Am nächsten Tag machten sich tatsächlich alle Dorfbewohner auf den Weg und gingen den Gästen entgegen, um sie mit lautem Geschrei und Beifallsrufen zu empfangen. Vorneweg liefen die halbwüchsigen Jungen und kleineren Kinder, die Purzelbäume schlugen, dann folgten die Trommler, Cymbal- und Dudelsackspieler und machten einen Heidenlärm. Ihnen entgegen kam Skias, stolz wie ein Lord, der hin und wieder eine Reitpeitsche schwang. Sein Gesichtsausdruck wirkte arrogant mit dem gezwirbelten Bart, und seine Augen sprühten Funken. An seiner Seite war der Ephor, der hämisch lächelte, doch unbewaffnet war und von Skias mit seiner Bewaffnung und glitzernden Uniform in den Schatten gestellt wurde. Ihnen folgten vier Bewaffnete des Skias, mit weingeröteten und nichts Gutes verheißenden Gesichtern. Sie alle gingen in die kleine Kirche, wo es sich die Gäste auf Teppichen und Kissen bequem machten und von den Loblieder singenden Dorfbewohnern bewirtet wurden.

Nachdem die Gäste ihren Kaffee geschlürft und geraucht hatten, zog der Ephor Papiere aus seinem Umhang und begann zu reden. Alle verstummten und warteten gespannt auf seine Worte.

„Alles spricht dafür, dass die Angelegenheit, derentwegen ich hierhergekommen bin, für euch ein Anlass der Freude ist, den ihr schon lange herbeigesehnt habt und dessentwegen ihr jetzt dieses Fest begeht."

„Ja!" riefen alle, „es ist die Rettung für uns!"

„Aber es ist meine Pflicht, euch vorher offiziell etwas zu fragen, damit ich den Bericht ausfertigen kann. Ich bin also gekommen, um heute den Herrn Leutnant Tassos Vlekas im Dorf Trivae offiziell einzusetzen. Ich frage euch nun: Akzeptiert Ihr ihn als Herrn und Besitzer des gesamten Landes rings um das Dorf?"

„Natürlich! Natürlich!"

„Von nun an ist er und allein er Herr des gesamten Bo-

dens, des landwirtschaftlich nutzbaren und des nicht nutzbaren, der einzelnen Grundstücke und Wasserstellen und
überhaupt aller Dinge, die sich in dieser Gegend finden.
Stimmt ihr dem alle zu und billigt es?"

Die letzten Worte richtete der Ephor an die Dorfbewohner, indem er jedes Wort nachdrücklich betonte und alle
in der Runde spöttisch ansah. Die Dorfbewohner sahen
sich gegenseitig an und wussten nicht so recht, was sie mit
der Wiederholung der Frage anfangen sollten. Da sie aber
nichts Verdächtiges dahinter vermuteten, nahmen sie sich
ein Beispiel an dem, der als erster antwortete, und riefen
alle zugleich:

„Ja, wir wollen ihn!"

„Und wem das nicht passt, kann es ja bleibenlassen",
fügte einer von ihnen zum allgemeinen Gelächter hinzu.

„Warum stellt er uns so viele Fragen?" sagte einer zu seinem Nachbarn, und der antwortete:

„Das machen eben diese großen Herrschaften, vielleicht wissen sie selbst nicht genau, warum."

„Hört also zu, was ich in den Bericht schreibe, damit
ihr ihn unterschreibt, soweit ihr das könnt; ‚Heute… undsoweiter'."

Abgesehen von Doudoumis und Papa-Vlassis unterschrieben nur zwei, drei andere. Der Ephor hatte zwei
Zeugen mitgebracht, die die Bestätigung im Namen der
Analphabeten tätigten. Als letzter unterschrieb Skias, der
sagte:

„Dann will auch ich mein Kreuz darunter setzen."

„Ich wünsche euch also, dass ihr mit dem Herrn Vlekas
so zurechtkommt, wie ihr es euch gewünscht habt", schloss
der Ephor und packte die Dokumente zusammen, um zu
gehen.

„Er lebe hoch" Er lebe hoch! Er soll unser Herr sein!
Möge Gott ihm Kraft verleihen!"

„Sie werden doch nicht fortgehen, Herr Ephor", sagte
Skias, „bevor wir das *Kokoretsi* gegessen haben."

„Ja", sagte auch Doudoumis, „bleiben Sie noch ein
wenig, es wird gleich fertig sein."

Kurz darauf wurde das gebratene Lamm aufgetragen,
das auf einen Spieß gesteckt war, an dessen Spitze seine
ebenfalls gebratenen Därme und inneren Organe hingen.

Skias schnitt eigenhändig Stücke für den Ephoren und
sich selbst ab und presste mehrmals Wein aus dem
Schlauch, um seinen Durst zu stillen. Dann reichte er ihn
dem Ephoren, und dieser gab ihn an die dahinter sitzenden Gefolgsleute von Skias und die beiden Zeugen weiter,
die sich ebenfalls Stücke des gebratenen Lamms abschnit-
ten.

„Wir haben auch eiskaltes Wasser", bemerkte Doudoumis.

„Das ist etwas für Schafe", rief Skias.

So stopfte sich der schon leicht angetrunkene Skias
mit immer mehr Essen voll und netzte seine Kehle mit
Wein, bis er den Punkt erreichte, den ein deutscher Dichter passend mit folgenden Worten beschreibt: „Mir ist
ganz kannibalisch wohl als wie fünfhundert Säuen" oder,
wie man heute sagt: „Ich bin so kräftig wie fünfhundert
Schweine".

„Eh du, Kaliakoudas", sagte Skias zu einem seiner Ge-
folgsleuten, jetzt zeige uns, wie diese Eingeweide tanzen!"

Kaliakoudas sprang sofort auf, ergriff die Hand eines
alten weißhaarigen Mannes, der neben ihm stand, und gab
das Zeichen zu einem Rundtanz, dem sich alle fröhlich an-
schlossen.

Nachdem der Ephor nun alle Formalitäten der Einsetzung geregelt hatte, gab er vor, er habe noch mehr zu tun, und verabschiedete sich von dem Vertreter des neu eingesetzten Tassos, wobei er nochmals spöttisch den Dorfbewohnern alles Gute wünschte, die er hungrig bei ihrem Tanz um Skias zurückließ, der ausgestreckt und gesättigt auf dem Boden lag.

„Alles Gute, Ephor!" riefen die Dorfbewohner.

„Und gut, dass wir dich los sind!" fügte noch einer von ihnen unter dem Beifall aller, die das mitbekamen, im Spaß hinzu.

Skias, der viele Weinschläuche geleert hatte und zudem vom Tanz der Dorfbewohner eingelullt wurde, schlief schließlich ein. Weil die Dorfbewohner ihn nicht aufwekken wollten, zogen sie anderswohin und nahmen auch die vier Begleiter des Skias mit, um ihre Tänze fortzusetzen. Freude, die viele Jahre lang in Trivae unterdrückt und schon fast unbekannt geworden war, überflutete ihre Herzen, sodass sogar die Alten, die kaum Wein getrunken hatten, vor Freude trunken Gewehrschüsse abgaben und zu dem Volksfest das an Mitteln beisteuerten, was sie zu Hause beiseitegelegt hatten.

Als die untergehende Sonne die Hügel vergoldete, zog langsam das Himmelskleid der Nacht auf und zeigte das Funkeln seiner Diamanten, Smaragde und Silbersteine. Schließlich brachten die immer dunkler werdenden Schatten der Nacht das Fest zum Schweigen und die Dorfbewohner gingen beglückt nach Hause.

Nur Skias bekam das alles nicht mit und schnarchte auf seinen Kissen. Aber seine Begleiter, Kaliakoudas, Agriogatos, Grothos und Kopanos hatten ihn nicht vergessen und packten ihn an Händen und Füßen, um ihn in die ordent-

lichste Hütte des Dorfes zu tragen. Dort jagten sie die pro-
testierend grunzenden Schweine fort, die unter demselben
Dach hausten. In seinem vom Wein schweren Kopf glaubte
Skias, die Dorfbewohner sprächen zu ihm, daher antwortete er murmelnd: „Morgen! Morgen! Schwindler!"

16
Der Abschied

Während dieser Ereignisse im Dorf Trivae nahte die Stunde, zu der Thanos Abschied von seinen gutmütigen Beschützern nehmen sollte, um sich auf dem Land niederzulassen, das ja auch ihm zur Hälfte gehörte, und wo er mit seiner Arbeit als Bauer beginnen wollte. Die Freude, wieder zu seiner gewohnten Lieblingsarbeit zurückzukehren, trübte allerdings ein anderes Gefühl, das er bisher nicht gekannt hatte. Je näher der Tag der Trennung rückte, desto niedergeschlagener wurden er und Ephrosyne, aber sie gestanden weder einem anderen noch sich selbst gegenüber den Grund für ihre Traurigkeit ein. Während sie früher immer gesprächig waren, wenn sie sich trafen, und mühelos ihre wechselnden Stimmungen in Worte umsetzten, blieben sie jetzt stumm, auch wenn sie allein waren. Sie sahen sich nicht an, sondern sahen einsilbig auf den Boden, auf dem es ihnen nicht vergönnt war, zusammen zu leben.

Vorher hatte Ephrosyne es mit ihrem Abschied eilig gehabt, als noch geplant war, dass Thanos zusammen mit ihnen aus Athen abreisen sollte, nun aber, als er seine Meinung geändert hatte, erwähnte sie die Abreise mit keinem Wort mehr und traf auch keine Vorbereitungen dazu. Tag für Tag gab es, ohne dass es wirklich sehr wichtig war, etwas Neues, um das sie sich unbedingt kümmern musste.

Manchmal erinnerte sie sich zwar an ihre täglichen Aufgaben in der Heimat, jetzt wo die Gelegenheit bestand, Athen zu verlassen. Ihre Niedergeschlagenheit hinderte sie aber daran, diesen Aufgaben ihre volle Aufmerksamkeit zu schenken. Auch Thanos hatte versprochen, nicht als erster Athen zu verlassen, aber sein Entschluss, sich in Trivae niederzulassen, bestand unverändert fort. Wie alles Menschliche Änderungen unterliegt, hätte auch diese Entscheidung aus irgendeinem unvorhersehbaren Grund rückgängig gemacht werden können, wie zum Beispiel, weil Thanos mit der Einsetzung des Skias nicht ganz einverstanden war. Aber letzten Endes änderte er doch nicht seine Pläne.

Die Zeit, die mit schweren Füßen fortschreitet und niemals den gleichförmigen Rhythmus ihrer vorwärts gewandten Schritte ändert, schien diese bei den beiden, die kurz vor der Trennung standen, zu beschleunigen. Nichts störte die Monotonie der unerfreulichen Erwartung, und Thanos konnte auch nicht die Freude Ephrosynes teilen, als er erfuhr, was mit Japetos geschehen war, weil er diesen kaum kannte und nichts von dem wusste, was zwischen Japetos und Ephrosyne vorgefallen war. Aber auch diese Genugtuung brachte keine Erleichterung, da sie an der Situation nichts änderte. Wenn beide gewusst hätten, welche Motive Japetos gehabt hatte, hätte Thanos sicher zur großen Freude beider anders entschieden. Nun aber hatte Japetos mit seinen Plänen Schiffbruch erlitten und keinen Grund mehr, neue Intrigen anzuzetteln, um sie daran zu hindern, einen Ausweg aus der verworrenen Lage zu finden. Aber es mussten ja noch die Absichten des Tassos deutlich werden: um was es bei dem Dorf Trivae ging, wie es erworben und behalten werden sollte.

Für den Augenblick war das alles jedoch unmöglich, und die Ereignisse folgten so aufeinander, wie sie begonnen hatten. Wenn Ephrosyne sich nicht so beherrscht gezeigt und ihren Gefühlen nachgegeben hätte, hätte sie ihrem Vater, der unermüdlich liebevoll um sie besorgt war, die Gelegenheit gegeben, ihren wahren Gemütszustand zu erkennen. Der Kampf zwischen Ehrgefühl und unterschwelliger Leidenschaft bewegte ihren gewöhnlich heiter ruhigen Gesichtsausdruck und warf wie eine durchsichtige Wolke Schatten auf ihr Gesicht, die es noch lieblicher erscheinen ließen. Diese Nachdenklichkeit schien davon zu zeugen, dass es sich nicht um eine selbstgefällige Oberflächlichkeit handelte und die natürliche Schönheit kein trügerischer Schein war, sondern die sichtbare Form unsichtbarer Gaben der Natur.

Aber in den Augen ihres Vaters schien sie von Sorge ergriffen, die nicht so schwer auf ihr gelastet hätte, wenn sie eine größere Erfahrung besessen und so erkannt hätte, dass die Zeit viele Wunden heilt, Gegensätze ausgleicht und viele Probleme löst. Auf diesen sehr weisen Heiler menschlicher Leiden setzte Ayfandis seine Hoffnungen, weil er glaubte, dass die Nachricht, mit Thanos gehe es aufwärts, seine Tochter beruhigen werde. Um sie auf zukünftige erfreuliche Entwicklungen einzustimmen, sprach er oft in ihrer Gegenwart mit Thanos über die Verwaltung seines Landes, über den richtigen Landbau und die geeignetsten Maßnahmen zu dessen Entwicklung. Seiner Meinung nach war es unmöglich, die Situation in Griechenland zu verbessern, solange die großen Landbesitzer keine Fachkenntnisse und nicht genügend Kapital besaßen, um Methoden anzuwenden, die zu den verschiedenen Eigenschaften dieses fruchtbaren Landes passten. Ein Fortschritt sei unmöglich, solange das Land von Menschen bebaut würde, denen es nicht gehörte, während die, denen es gehörte, nicht selbst ein Auge darauf warfen. Zum Beweis dafür verglich er Leute, die große Dörfer besaßen, aber weit davon entfernt lebten, mit denen, die sich mit eigenen Händen um ihre Felder kümmerten. Während diese von Tag zu Tag ärmer oder zumindest ihre Verhältnisse sich nicht bessern würden, vermehrten die anderen ihr Vermögen. Aber diese nur geringe Verbesserung der Verhältnisse der kleinen Landbesitzer könne nicht zu einem schnellen Fortschritt im landwirtschaftlichen Bereich der ganzen Nation führen. Denn nur die Großgrundbesitzer hätten genug Geld, um geeignete Methoden für den Landbau zu finden. Die nämlich, die lediglich ein kleines Stückchen Land besäßen, betrieben weiter beharrlich den traditionellen Landbau und wichen kein Iota davon ab. Deshalb war es Ayfandis auch ein Rätsel, warum Griechenland nicht alle Anreize bot, dass große Kapitalanleger von der unbeschreiblich schönen Natur des griechischen Landes angezogen wurden: fruchtbar, wasserreich, Ertrag versprechend, klimatisch sehr gemäßigt und keinem plötzlichen Wetterwechsel unterworfen, das Meer in der Nähe und damit ideal für die Ausfuhr der verschiedensten Produkte – und trotzdem war das meiste Land ausgedörrt wie eine Wüste! Die Natur hat alles gegeben, was sie konnte, den Rest muss der Mensch bewerkstelligen.

Natürlich war Ayfandis nicht der Meinung, dem griechischen Boden gebühre die absolute Spitzenstellung, aber nach dem, was er sah, glaubte er, dass der Landbau in Griechenland zumindest das Niveau erreichen könnte, das damals in Thessalien herrschte, obwohl es noch das Joch der Unterdrückung zu tragen hatte. Ayfandis hatte weder weit

gestreute Kenntnisse noch war er in der Lage, Fachliteratur
der Nationalökonomie zu studieren, aber er besaß die Erfahrung eines Großgrundbesitzers, der unermüdlich die
Verwaltung seiner Angelegenheiten überschaute. Das
Thema lag ihm besonders am Herzen, sodass er immer
wieder sein eigentliches Ziel aus den Augen verlor und
dabei seine ursprüngliche Absicht vergaß, nämlich Ephrosyne klarzumachen, dass und wie Thanos zu Wohlstand
kommen werde.

Er war durch die Erprobung vieler Dinge zu dem Schluss
gekommen, dass der Zustand der Landwirtschaft unwei-
gerlich das Ergebnis des Verhältnisses zwischen Boden und
Mensch ist. Danach kann sich keine nennenswerte Landwirtschaft entwickeln, solange es keinen vollständigen, in
jeder Hinsicht freien und gesicherten Landbesitz gibt. Er
war ein echter Gegner der Vertreter des Allgemeinbesitzes,
die er namentlich nicht kannte, und hätte sich nicht einmal
im Traum etwas Schlimmeres vorstellen können. Nach seinen Worten fordere die Erde große Vorauszahlungen. Ihre
Wasservorräte lägen tief unten, und nur durch Graben,
Hacken und Umwenden des Bodens gewähre sie den ganzen Reichtum ihrer Nährkraft. Wenn ein Bauer sich nicht
vollständig sicher sein könne, in den Genuss der Früchte
seiner vielfältigen Opfer zu kommen, könne man nicht
voraussetzen, dass er diese erbringt, es sei denn, er wäre
ein höchst sonderbarer, von der Liebe zur Erde besessener
Mensch. Dass es derartige Menschen geben könne, bezwei-
felte er nicht, denn er hatte in Athen Leute gesehen, die
Geld für antike Gegenstände wie Gefäße und Ähnliches
ausgaben, die für ihn keinerlei Wert besaßen, aber sie betrachteten sie als ihr Eigentum und waren sich sicher, sie
ihren Erben hinterlassen zu können.

„Aber", so sagte er, „wenn ich nicht weiß, ob das Land, das ich bebaue, morgen einem anderen gehört, warum sollte ich es nicht so bebauen, dass es möglichst schnell Ertrag abwirft?"

Bei der Betrachtung der Lage der griechischen Bauern konnte Ayfandis keine dauerhafte Sicherheit entdecken.

„Die meisten", so ungefähr formulierte er es, „bebauen Staatsland nur vorübergehend oder bleiben noch immer den Preis für Staatsland schuldig, das sie auf krummen Wegen erworben haben und von dem sie nicht wissen, ob sie es endgültige behalten können. Die großen Landbesitzer haben Schulden und verlieren sich in einem wahren Labyrinth von Prozessen. Sie wagen wegen der Räuber nicht, ihr Land zu inspizieren, oder kompensieren als Beamte ihre durch Misswirtschaft entstandenen Verluste mit öffentlichen Geldern. Nur ganz wenige kleinere Grundbesitzer betreiben auf ihrem ererbten Boden in kleinem Rahmen Landwirtschaft. Ohne ein Prophet zu sein und indem ich nur den Puls des Kranken fühle, sage ich voraus, dass die Zeit das bewirken wird, was das Gesetz nicht geschafft hat, nämlich dass die unfähigen Großgrundbesitzer alle ihre Rechte an Grund und Boden zugunsten derer verlieren werden, die ihr Land verantwortungsvoll bearbeiten. Das Traurige daran ist nur, dass es solch einen Wechsel nicht friedlich und schmerzlos geben wird."

Thanos wiederum gab er viele Ratschläge, wie er die Bauern behandeln solle.

„Wenn die Interessen des Landbesitzers", so sagte er einmal, „den Interessen der Bauern zuwiderlaufen, kann es keine Zusammenarbeit geben. Sie müssen folglich einer Meinung sein, was nur geschehen kann, wenn es ein moralisches Band zwischen dem Herrn und den Bauern gibt.

Wenn sich weiterhin der Landbesitzer ehrlich darum bemüht, das Los der Bauern zu verbessern, und ihnen eine
gerechte Entlohnung für ihre Mühen und noch ein bisschen mehr zur Vergrößerung ihres Besitzes gewährt, wenn
er sich bemüht, ihnen in Zeiten knapper Ernte oder im
Krankheitsfall zu Hilfe zu kommen, zur Hochzeit der
Töchter etwas beizusteuern und für ihre Waisen zu sorgen,
werden die Dorfbewohner den Landbesitzer sicher nicht
mehr als Unterdrücker ansehen, für den sie wie unter
einem Joch arbeiten müssen, sondern als einen Abgesandten der göttlichen Vorsehung. Aber hier in Griechenland
muss ich das Gegenteil erleben. Der Bauer ist besitzlos und
sieht in dem Landbesitzer jemanden, der ihm das Land
weggenommen und ihn seines unantastbaren Rechtes und
seines von oben bestimmten Anteils beraubt hat. Wenn
jedem Bauern ein hinreichendes Stückchen Land zum Besitz gegeben würde, würde die Landwirtschaft sofort wie
durch Zauberhand die zweite und dritte Stufe ihrer Entwicklung erreichen, und die Staatseinkünfte würden sich
vervierfachen. Ich meine nicht, dass der gesamte Boden an
die Bauern verteilt werden sollte, sondern dass ein bedeutender Teil für die Errichtung großer Güter reserviert werden müsste. Du, Thanos, und dein Bruder würdet euch
zum Beispiel einen großen Nutzen erweisen, wenn ihr
einen Teil eures Besitzes im Dorf den Bewohnern als vollständigen Besitz überließet. Was ihr geben würdet, bekämt
ihr hundertfach zurück. Gleich von Anfang an gewinnt ihr
deren Wohlwollen und Ergebenheit, wenn ihr ihnen die
Mittel gewährt, dass sie sich ihr eigenes Haus einrichten
können, sodass sie sich alles Notwendige besorgen können
und nicht neidisch auf euren Wohlstand sind. Wenn es
ihnen gut geht, heiraten sie, bekommen Kinder und viele

Nachkommen. ‚Aber vielleicht werden sie ihre Felder nicht bebauen?‘, magst du fragen. Keineswegs! Wenn ihr persönlich darauf achtet und Saatgut zur Verfügung stellt sowie genug investiert, werdet ihr erleben, dass sie einmütig darangehen, viel von ihrer Zeit für den Ackerbau aufzuwenden, der ihnen einen deutlichen Gewinn und keinen Verlust bescheren wird. Ich stütze mich dabei auf das, was ich hier gesehen und gehört habe, und verstehe den bedauernswerten Zustand eurer Situation. Der Landbesitzer glaubt, es sei vorteilhafter für ihn, jedes Risikos und jeder Sorgfalt ledig zu sein. Deshalb verlangt er von dem Bauern nicht nur, für ihn zu arbeiten, sondern auch, dass er im Voraus die Kosten trägt. Für wie viele Ungereimtheiten, glaubst du, erkaufen sie sich diese verderbliche Gleichgültigkeit? Der Bauer kann nicht viel Geld für Saatgut und andere notwenige Dinge aufbringen, daher kann er auch nur einen kleinen Teil des Landes bebauen. Wenn jedoch in einem Jahr die Ernte nicht so gut ausfällt, ist der Bauer ruiniert, und der Landbesitzer hat keine Lust, ihm unter die Arme zu greifen, weil Vorauszahlungen nicht in seine Planungen passen, besonders dann, wenn er keinen Gewinn gemacht hat. Wenn also der Landbesitzer dem Bauern niemals etwas gibt, sondern immer nur etwas von ihm fordert und etwas von ihm haben will, aber den größeren Teil für sich beansprucht und dem Bauern fortnimmt, was wird dieser Bauer dann wohl empfinden?"

Diese Überzeugungen fußten auf der langen Erfahrung des Ayfandis, der damit offensichtlich weitgehend mit den Ratschlägen Hesiods aus Askra übereinstimmte, der ebenfalls nicht die neuesten Schriften zum Thema „Die Kunst des Reichwerdens" von irgendeinem x-beliebigen verarmten Autor gelesen hatte. In seinem Werk „Werke und Tage"

belehrte Hesiod unter anderem seinen Bruder Perses über
die entscheidenden Grundlinien des Ackerbaus, bei dem
es vor allem auf eigene Tätigkeit und das Vermeiden von
Untätigkeit ankomme.

Thanos hörte aufmerksam diesen Ratschlägen zu, denn
ergänzend dazu hatte er ja schon praktische Erfahrungen
während der Zeit sammeln können, als er sich im Haus seines Wohltäters aufhielt. Wenn ihn nicht andere Überlegungen beschäftigt hätten, hätte er sicher nach noch mehr
Einzelheiten gefragt. Unglücklicherweise war sein Bruder
zu seiner Einheit versetzt worden, sodass er sich nicht
mehr direkt mit ihm über die Verwirklichung dieser Vorschläge verständigen konnte. Trotzdem hatte er vor, ihn
eindringlich für die Vorschläge zu erwärmen und dazu zu
bringen, sie auch selbst in die Praxis umzusetzen.

Diese langen Belehrungen ihres Vaters vermochten
Ephrosyne nicht wirklich zu trösten, weil es unvermeidlich
sein würde, dass Thanos, wenn er tatsächlich die Ratschläge ihres Vaters verwirklichte, viele Jahre lang Trivae
nicht würde verlassen können und ihre Trennung von langer Dauer wäre, weil er, einmal dort, Zeit benötigte, um zu
Wohlstand zu gelangen. Da eine Änderung dieser unglücklichen Situation kaum wahrscheinlich war, wog das Gefühl
ihrer Trauer umso mehr. Eine schlimme Vorahnung quälte
sie, und es gab Augenblicke, in denen die Kräfte, die in
ihrem Inneren miteinander rangen, sehr an ihr zehrten.
Das war vor allem dann der Fall, wenn irgendetwas das
Gleichgewicht in dem Widerstreit zwischen ihrem Ehrgefühl und ihrer Liebe für Thanos störte und sie völlig durcheinander brachte. Am Vorabend ihrer Abreise kippte das
Lämpchen mit dem ewigen Licht vor der Ikone der Gottesmutter um, sei es wegen der Unruhe des Umzugs, sei es

aus Unachtsamkeit der Dienerin, und das Öl floss auf den Boden. Die unglückliche Ephrosyne wurde ganz bleich, und aus ihren blauen Augen kullerten die Tränen wie Perlen. Die ganze Nacht hindurch konnte sie nicht schlafen, immer wieder warf sie einen flehentlichen Blick auf die Ikone der Allheiligen Gottesmutter und bat um gnädige Verzeihung für ihre Ungeschicklichkeit.

Sie wagte aber nicht, auch um Hilfe gegen den Schmerz ihres Herzens zu bitten, sondern glaubte, sie werde auch ohne Bitte dessen teilhaftig werden, was allein die Gottesmutter für erhörenswert hielt, die an ihrer Brust den hielt, der die Sünde der Welt trug.

Die heitere Verzückung, mit der sie zärtlich ihr Kind anblickte, auf das himmlische Strahlen herabfielen, linderte Ephrosynes Unruhe und Leid und sandte ihr inmitten der schwarzen Schatten der einsamen Nacht mit ihrem göttlichen Licht Trost.

Die ersten Strahlen des anbrechenden Tages unterbrachen ihre Gedanken, denen die bittere Bekümmernis des Abschieds folgte. Schon früh am Morgen war alles im Haus auf den Beinen, und viele Freunde der Familie und Landsleute von Ayfandis strömten zusammen, um sich zu verabschieden. Unter ihnen war auch Thanos, der schweigend hinter den anderen stand und von keinem außer Ephrosyne bemerkt wurde, die sich hin und wieder zeigte. Auch Ayfandis erblickte ihn schließlich und rief ihn zu sich, um ihm noch weitere Ratschläge für die Verwaltung des Gutes zu geben, die diejenigen ergänzen sollten, die er ihm wenige Tage zuvor in aller Ausführlichkeit gegeben hatte. Er bat ihn darum, mit ihm in intensivem brieflichem Kontakt zu bleiben und ihn über den Fortgang seiner Tätigkeiten auf dem Land auf dem Laufenden zu halten. Er versprach,

ihm gern mit ausgiebigen Ratschlägen weiter zur Verfügung zu stehen und ihm die Kenntnisse, die er in Griechenland erworben hatte, weiterzugeben. Thanos nahm
das Angebot gern an, vor allem, weil er dadurch Neues
über seine Wohltäter erfahren würde, denen er von ganzem Herzen versicherte, sie zu besuchen, sobald er die Verwaltung des Gutes geregelt hätte.

Die Flut der Kommenden und Fortgehenden, die sich
verabschiedeten, hielt bis zum Mittag an, als viele, unter
ihnen auch Thanos, die Abreisenden bis nach Piräus begleiteten. Dort bestiegen sie das Dampfschiff nach Syros,
das kurz darauf ablegte. Von dort aus sollte es mit dem Segelschiff nach Hause gehen. Ephrosyne saß, ohne ein Wort
zu sagen, auf dem Deck des Dampfschiffes und blickte auf
die Küste Attikas, die immer mehr den Blicken ent-
schwand, bis schließlich nur noch die unter dem Dunst
liegenden Bergrücken zu erkennen waren. Hinter diesen
schien die Sonne ihre Hoffnungen davonzutragen und
auch sie durch das silbrige Kielwasser des glitzernden
Meeres mitzuziehen, das von dem Dampfschiff aufge-
wühlt wurde.

Nach ihrer Abreise verließ auch Thanos Athen und
brach nach Trivae auf, wo ihm der Aufenthalt verleidet war,
auch wenn er noch keine Antwort von seinem Bruder
wegen der Ratschläge des Ayfandis erhalten hatte. Er vermutete, dass Tassos noch nicht geantwortet hatte, weil er
jetzt als Adjutant des sogenannten Archegos, des mit der
Organisation der Grenztruppen Beauftragten, so viel zu
tun hatte. Er hatte jedoch keinerlei Zweifel daran, dass sein
Bruder die Vorschläge für vernünftig halten werde, und bat
seine Mutter, ihm unverzüglich den Brief des Tassos zu
schicken. Sie selbst, so riet er ihr, solle in Athen bleiben,

bis er in Trivae alles in Ordnung gebracht und für sie dort
eine passende Unterkunft vorbereitet habe.

Barbara gab ihm ihren Segen, wobei sie ihn ermahnte
aufzupassen, dass er nicht wieder durch seine Ungeschicklichkeit alles aufs Spiel setzte, was ihr Tassos so schön zustande gebracht habe.

17
Thanos in Trivae

Am Tag, nachdem die Dorfbewohner Skias begrüßt hatten, gingen die Dorfältesten unter Führung von Doudoumis und Papa-Vlassis zur Hütte des Abgesandten von Tassos. Dort warteten sie, um aus seinem Mund das Vorwort zu den guten Nachrichten zu vernehmen, deren Überbringer er doch war. Zuerst kamen seine bewaffneten Begleiter heraus, dann erschien er selbst mit einem unheilvollen Blick auf seinem Gesicht. Er starrte auf die Dorfältesten, drehte seinen Bart und sagte:

„Ihr seid gekommen, um zu erfahren, was wir wollen? Wir sind fünf an der Zahl und brauchen also jeden Tag eine *Oka* Mastix-Branntwein und zehn Oka Wein, und dann sollen jeden Morgen draußen an meiner Tür ein Schaf und eine Ziege an ihren Stirnlocken hängen. Habt ihr verstanden?"

Die unseligen Dorfbewohner wagten nicht einmal, den Blick zu erheben, sondern beugten ihren von der Arbeit gebeugten Nacken und schwiegen.

„Das", fuhr Skias fort, „ist für jeden Tag. Aber an Festtagen will ich auch besondere Leckerbissen, eine Ziege, die Milch gibt, ein gut gemästetes Schwein, ein Kalb und ähnliches. Käse und Brot dürfen natürlich auch nicht fehlen. Auf Wiedersehen, Leute!"

Als er das in vollem Befehlston gesagt hatte, schwang er seine Reitpeitsche und schritt mit geschwellter Brust, gefolgt von seinen bewaffneten Begleitern, mitten durch die Dorfbewohner, die wortlos zurückwichen. Als er sich entfernt hatte und die Dorfbewohner alle gleichzeitig ihre Stimme wiedergefunden hatten, entströmten ihren Kehlen laute Schreie wie in einem regelrechten Konzert, mit denen sie Doudoumis und dem Dorfpopen Vorwürfe machten, dass sie nicht die Rede auf ihre eigene Lage gebracht hatten.

„Wir müssen herausfinden, wer was zu geben hat!"

Doudoumis und Papa-Vlassis beruhigten sie und ermahnten sie, Geduld zu haben, obwohl sie selbst nicht mit dem, was sie da gehört hatten, einverstanden waren.

So vergingen viele Tage geduldigen Wartens, in denen die eingeschüchterten Dorfältesten nicht wagten, mit Skias zu sprechen. Und dieser sah ebenfalls keine Notwendigkeit, ihnen etwas zu sagen, da sie seinen Anordnungen genauestens nachkamen. Aber lange konnten die Bauern derartige Kosten nicht tragen. Und wer nur einmal mit der Zungenspitze von den Grundsätzen der Wirtschaftswissenschaft gekostet hat, versteht, dass jedes Mal von Anfang an das Gleichgewicht fehlt, wenn es keine entsprechende Gegenleistung gibt. Da aber außerdem die Zeit der Aussaat näher rückte, mussten die Dorfbewohner unbedingt wissen, wer das Saatgut zur Verfügung stellen würde, da es ihnen daran mangelte, und welche Aufgaben jeder bei der Ernte haben sollte. Nimmt man noch die Unruhe wegen der Wehrpflichtigen und die Sticheleien der neugierigen Nachbarn dazu, die zu unpassender Zeit fragten: „Wie kommt ihr mit eurem Herrn aus?", kann man sich vorstellen, dass der Allgemeinzustand des Dorfes als fiebrig und schon in jenem

Stadium der Verschlimmerung bezeichnet werden kann, das einem Anfall vorausgeht.

Skias jedoch führte ganz genau alle Aufträge aus, die er von Tassos erhalten hatte. Dazu gehörte auch darauf zu achten, dass das Dorf von keinem betreten wurde, dass er ebenso wie seine Begleiter kein Wort mit den Dorfbewohnern wechselte und er sich von ihnen nur mit dem Lebensnotwendigen versorgen ließ. Nach Meinung des Skias allerdings war seine tägliche Speisekarte eher bescheiden.

Die Dorfbewohner forderten Doudoumis und Papa-Vlassis auf, als Bittsteller zu Skias zu gehen. Früh am Morgen versammelten sich erneut die Dorfältesten mit ihren beiden Anführern vor der Hütte von Skias, der herauskam und sich überrascht zeigte.

„Was wollt ihr?" fragte er mit donnernder Stimme, die den beiden Anführern die Knie zittern ließ.

„Wir wollen nur wissen, ob es dir gut geht", stammelte der Dorfpope, „und wollen uns nach dem Befinden unseres Herrn Kapetan-Tassos erkundigen."

„Wir fühlen uns wohl wie der Fisch im Wasser", antwortete Skias, „und den Kapetan-Tassos haben wir quicklebendig verlassen. Seitdem hatte er sicher keinen Anlass, blass zu werden."

„Und schreibt er nicht, wann er beschließt zu kommen, damit wir uns an seiner Gegenwart erfreuen?"

„Bah! Und was soll er hier? Etwa mit den alten Kerlen wie verrückt herumtanzen? Er ist zu seiner Einheit unterwegs."

„Und wann können wir alles teilen?" riefen alle, ziemlich erstaunt über den Sinn dieser Antwort oder ermutigt durch das Benehmen des Skias.

„Teilen? Wer sagt denn so etwas Verrücktes? Mit dem

Herrn teilen? Was schuldet euch denn der Kapetan Tassos, ihr Dummköpfe?"

„Hat er denn das Dorf nicht für uns gekauft? Und hat er nicht versprochen, dass wir es bekommen sollen?"

„Da hör sich doch einer solche Dummköpfe an! Wofür haltet ihr Kapetan-Tassos? Noch nie etwas von einer Vollmacht gehört?"

„Aber wir betrachten ihn als unseren Wohltäter, der von Gott gesandt ist und über uns wacht. Deshalb verehren wir ihn als Herrn."

Bei diesen Worten entblößten alle ihre glatt geschorenen Häupter und beugten sich nieder, während sie ihre rechte Hand nach oben ausstreckten.

„Also, was wollt ihr nun eigentlich?"

„Die gute Nachricht hören, dass er uns freundlicherweise sagt, welches Land uns gehört und welches ihm, und wie wir säen soll, was…"

„Das ist doch nicht zu glauben! Was für ein dummes Zeug redet ihr da, ihr peloponnesischen Dummköpfe!"

„Aber beim Heiligen Kreuz, Kapetan Tassos hat uns doch versprochen, dass das Dorf uns gehört. Er soll uns sagen, was er für Ausgaben hatte, dann können wir eine Hypothek aufnehmen…"

„Lasst mich doch alle zusammen in Ruhe, ihr gerissenen Kerle und Heuchler!"

„Wir haben kein Saatgut! Und keiner wird uns ein Darlehen geben, solange das Dorf nicht auf unserem Namen steht! Unser Geld ist ausgegangen, wir haben keinen Weizen und auch kein Vieh mehr!"

„Jetzt werde ich euch mal einen Vorgeschmack davon geben, was ihr braucht, ihr verfaulten peloponnesischen Gedärme!"

Er hob seine Peitsche und ließ sie dicht vor den Köpfen der Bittenden, die rings um ihn herum standen, niedersausen. Dabei brüllte er mit donnernder Stimme:

„Ganze Abteilung – kehrt um!"

Der drohende Peitschenknall trieb alle in die Flucht, aber weil Skias das nicht reichte, lief er hinter ihnen her, um ihnen eine noch gründlichere Lektion zu erteilen. Da er schneller als alle anderen lief, holte er als ersten den Popen und dann nacheinander alle ein und ließ seine Peitsche, die lang genug war, auf ihre Schultern knallen. Die Schreie und das Stöhnen der Fliehenden und von der Peitsche Getroffenen erschreckten alle. Viele kamen aus ihren Hütten heraus, aber machten, so schnell sie konnten, wieder kehrt, als sich ihnen der jämmerliche Anblick bot. Skias hätte auch diese verfolgt und ohne Unterschied auf sie eingeschlagen, wenn nicht unter den Fliehenden auch Assimina gewesen wäre, die bei ihrem schnellen Weglaufen zuerst ihre rechte Holzpantine und dann ihre linke verlor.

Als sie dabei von einem Fuß auf den anderen hüpfte, erregte sie das Gelächter von Skias, der seine Peitsche in der Hand hielt. Ganz außer Atem kam er von der Straße zurück und sagte voll Freude über seinen Erfolg zu seinen Begleitern:

„Wenn sie auch noch so schnell gelaufen sind, glaube ich doch, dass ich sie zur Vernunft gebracht habe. Habt ihr gesehen, wie sie mit ihrem ‚Herr, erbarme dich' auf ihren Gesichtern ankamen, um mit mir zu sprechen? Wenn wir nicht mehr leben, können sie uns ja beweinen. Kapetan-Tassos hat das Dorf mit seinem Schwert nicht erworben, um es diesen triefäugigen Gestalten zu überlassen."

Weil Skias Krokodilstränen verachtete, glaubte er, dass der Fuchs sich zwar in vielen Dingen auskennt, der Igel aber nur in einer wichtigen Sache. Seine Peitsche jedoch zerriss den Vorhang, den die Bewohner von Trivae vor den Augen hatten und der Nebel schwand. So sahen sie, dass sie statt eines Barsches einen Skorpionfisch an der Angel hatten. Alle ergriff Jammern, und es erhob sich ein Klagegeschrei. Sobald sie aber Skias mit der Peitsche sahen, wagten sie nicht einmal mehr zu husten, sondern ergriffen sie Flucht. Skias' Triumph war vollkommen, und seine Überlegung ‚Wo es Furcht gibt, da gibt es auch Respekt' hatte wie gewünscht Erfolg.

Aber das Schweigen, das jetzt herrschte, war nur oberflächlich. Diejenigen, die sich in ihrer Hoffnung gänzlich getäuscht sahen und nicht wagten, offen darüber zu klagen, beschlossen, sich heimlich zu treffen, um über die nächsten Schritte zu sprechen. Noch vor Tagesanbruch versammelten sie sich hinter einem Hügel, wo man sie auch zur Mittagszeit nicht sehen konnte, nachdem sie auf verschiedenen Wegen dorthin gelangt waren. Lange wagte keiner als erster etwas zu sagen und einen Rat zu geben. Alle in den um Trivae herumliegenden Dörfern freuten sich über ihr Unglück, das nicht länger ein Geheimnis war, und sahen ohne Mitleid auf sie herab, weil sie trotz vieler Warnungen offensichtlich in die Falle getappt waren. Außer sich selbst hatten sie keinen auf der Erde, an den sie sich wenden konnten. Aber das Schlimmste war, dass es keinen Ausweg mehr gab, weil sie ja das Gesuch an die Regierung und den Bericht des Ephoren unterschrieben hatten, um damit ihr vollstes Einverständnis zu erklären. Der Priester übernahm die Aufgabe, sie zu trösten, und wollte sie mit den folgenden Worten ermuntern:

„Vielfach sind die Geißeln für den Sünder, aber wer auf den Herrn vertraut, für den gibt es Gnade."

„Da hast du Recht", fügte ein junger Mann hinzu, der forscher als die anderen war, „du musst von der Geißel sprechen, weil du sie ja als erster erfahren hast."

Diese vorlaute Bemerkung brachte die anderen dazu, ihren Unwillen zu äußern, und sie schoben, wie es gewöhnlich geschieht, wenn es einem nicht so gut geht, die Schuld für ihr ganzes Unglück ihren Führern zu. Papa-Vlassis und Doudoumis hörten, was da über sie Schlimmes geredet wurde.

„Ihr habt uns um Rat gefragt und uns gesagt, wir sollten unterschreiben. Wer hat denn den Kapetan-Tassos gekannt? Er hat doch eure Kinder taufen lassen!"

Und so riefen sie noch viele andere Dinge in dem Durcheinander. Der Dorfpope hob vergeblich seine Hände und rief Gott an, der gutmütige Doudoumis bat flehentlich um Gehör. Alle schrien vor Empörung:

„Sie haben uns betrogen, sie haben uns betrogen!"

Der Tumult wäre noch lauter geworden, wenn nicht ein alter Mann sie daran erinnert hätte, dass Skias mit seiner Peitsche sie bestimmt hören könnte. Die Erwähnung seines fürchterlichen Namens beruhigte das Durcheinandergeschrei, und alle Blicke richteten sich auf das Dorf in der Furcht, er könne plötzlich erscheinen.

Nachdem sich die Erregung gelegt hatte und die Zeit dafür da war, daran zu denken, dass sie so schnell wie möglich auseinander gehen müssten, bevor ihre Zusammenkunft bekannt würde, wandten sich alle erneut ihren Führern zu und fragten, was sie tun könnten. Da konnte man viele, ganz unterschiedliche Meinungen hören, aber es war unmöglich, etwas ohne die Hilfe von irgendeinem der führenden Persönlichkeiten der Provinz zu unternehmen. Aber im Gegensatz zu Papa-Vlassis, der lesen konnte, war

Doudoumis nur in der Lage, seinen Namen zu schreiben. Wer also sollte den Bericht an die Regierung verfassen und von dem Betrug des gerissenen Räubers berichten, der die heiligsten Versprechungen verletzt hatte? Der Regierung würde sicher nichts übrig bleiben, als die Entscheidung zu widerrufen oder sie wenigstens von diesem furchtbaren Herrn zu befreien. Sie hatten vorher unter den schlimmsten Verhältnissen gelebt, aber niemals ein ganzes Jahr lang Menschen ernährt, von denen sie als Dank Schläge erlitten. Stets hatten sie genau gewusst, was zur Zeit der Aussaat zu tun war, während sie jetzt kein Saatgut hatten und auch nicht wussten, was sie säen sollten. Keiner hatte je ein unfreundliches oder unverschämtes Wort zu Skias gesagt, und trotzdem brach seine brutale Wildheit immer wieder hervor. Wer würde ihn unter diesen Umständen darum bitten, für die jungen Leute, die Soldaten werden sollten, ein gutes Wort einzulegen?

So sahen sie also keine andere Möglichkeit, als sich wieder an einen der mächtigen Notabeln der Provinz zu wenden, damit dieser ihnen den Weg weisen sollte, wie sie aus der Falle herauskommen könnten. Es stimmt zwar, dass diese alle ganz offen ihre Feindschaft und Schadenfreude zeigten, allerdings hatten die Dorfbewohner selbst deren Mahnungen und Warnungen in den Wind geschlagen und sie damit beleidigt. Zweifelsohne würden aber auch diese Notabeln ein Interesse daran haben, einen solchen Emporkömmling zu vertreiben, der ein Stachel in ihrem Fleisch war. So müsse man sie nicht nach dem beurteilen, was sie ihnen, den Dorfbewohnern, zum Vorwurf gemacht hätten, als es darum ging, das Dorf aufzukaufen. Welche anderen Menschen außer ihnen hätten sie auf der Erde, an die sie sich wenden könnten? Es sei besser, sich an den populär-

sten der Notabeln der Provinz zu wenden, der gewiss maß-
volle Forderungen für seine Hilfe stellen würde, zumindest
im Verhältnis zu dem, was ihnen nach solchen schlimmen
Erfahrung übrig geblieben war.

Etwa solche Überlegungen stellten sie an, wobei jeder
noch seine persönlichen Anmerkungen machte.

Die Entscheidung fiel unter Tränen einstimmig, und
die Ausführung wurde noch einmal Papa-Vlassis und
Doudoumis mit der Auflage übertragen, schnell zu handeln. Nur jener vorlaute junge Mann, der den Unwillen der
anderen vorher hervorgerufen hatte – es handelte sich um
Tagaropoulos, den das Los zum Wehrdienst getroffen hatte
– beschwerte sich:

„Überlegt genau, was ihr gesagt habt, und dann werde
ich euch sagen, was geschehen muss!"

Aber keiner zeigte das geringste Interesse daran zu erfahren, welches Gegenmittel dieses beschränkte Spatzen-
hirn ausbrütete.

Niedergeschlagen zerstreuten sie sich wieder und kehrten zu ihren Arbeiten zurück. Papa-Vlassis und Doudoumis jedoch machten sich, begleitet von den drei angese-
hensten Männern aus dem Dorf, auf den Weg in die
Provinzhauptstadt, um dort den wichtigen Mann aufzu-
suchen, dem sie in dieser Situation den Vorzug gaben. Er
war in der Tat populärer als die anderen, weil er unermüdlich wie Sisyphos den Stein seiner Unverschämtheit bergan
rollte und dies erneut tat, wenn er ihn von der Spitze des
Berges nach unten zurückrollen sah, wo er liegen blieb.
Deshalb machte er sich oft an die Mittellosen heran und
benutzte ihre Schultern als Sprungbrett. Er war bei ihnen
beliebt, weil sie glaubten, er nehme wegen seiner unermüdlichen Mühen für sie Opfer auf sich. Nacheinander

sympathisierte er mal mit den Russen, mal mit den Eng-
ländern und mal mit den Franzosen und schwenkte mit
rasender Schnelligkeit über seinem Kopf die jeweilige
Flagge, wenn es darum ging, sich im Namen einer dieser
Mächte einen Vorteil zu verschaffen. Aber da keine dieser
Mächte jemals mitbekam, was für einen Vorkämpfer sie in
dieser nicht ganz unwichtigen Provinz besaß, erfuhr der
Ärmste niemals einen Beweis ihrer Dankbarkeit. Alle
diese Tätigkeiten finanzierte er nicht mit seinem Vermögen – er hatte eigentlich nur Schulden –, sondern mit dem
Geld anderer, einfacherer Menschen, denen er es, so sei er
fest entschlossen, mit Zinsen zurückzahlen würde, sobald
es ihm finanziell besser ginge. So vergaß er diese zwar
nicht, machte aber Jahr für Jahr zu den alten auch wieder
neue Schulden. Diese Schuldenlast beunruhigte ihn nicht
im Mindesten, weil er nichts zu ihrer Tilgung unternahm,
und er fand immer wieder neue, gierigere Geldverleiher,
sooft es nötig war. Er war aber davon überzeugt, dass die
drei Mächte, wenn sie auch als „Großmächte" bezeichnet
wurden, nicht in der Lage seien, die Interessen Griechenlands zu erkennen und seine Bedeutung in diesem Land
richtig einzuschätzen. Deshalb beschritt er nun einen
neuen Weg und konzentrierte sich auf seine eigenen Interessen. Er wartete gespannt darauf, dass die *Orientalische
Frage* Auswirkungen auch auf seine Provinz haben und
mit Sicherheit auch an die Tür seines Hauses klopfen
würde!

Dieses Haus war ärmlich und schmutzig und passte
ganz und gar nicht zu der auffallenden Kleidung seiner
Familie und insbesondere zu seinem Leben als Fein-
schmecker. Seine Frau, übermäßig geschminkt und von
glänzender Hautfarbe, trug wertvolle, aber wenig elegante

Ohrringe, Halsketten und Armbänder und saß im Salon
wie ein Ausstellungsstück eines Goldschmieds auf einem
Sessel, dessen Sitz der Sattel eines Esels war.

Zwei Bänke und ein Tisch aus Brettern, furchtbar
schmutzig und voller Fettflecken, bildeten das Mobiliar der
Veranda, an deren Wänden voll Spinnweben kunstlose und
verblichene Kupferstiche von *Fénelons* Télémaque in der
Gestalt eines zeitgenössischen Griechen hingen.

Bevor also an die Tür dieses Hauses die Orientalische
Frage klopfte, klopften Doudoumis, Papa-Vlassis und die
drei aus Trivae Mitgesandten an. Seit undenklichen Zeiten
war es Sitte, dass die, die mit einer Bitte zu einer wichtigen
Persönlichkeit kamen, als Geschenk ein Schaf mitbrachten.
Sie verbeugten sich und blieben an der Schwelle der Veranda stehen.

Auf den Wink des hohen Herrn hin, der mit gekreuzten
Beinen auf dem Sessel saß, traten der Dorfpope und Doudoumis ein und setzten sich unterwürfig ebenfalls mit gekreuzten Beinen hin, während ihre drei Begleiter vor der
Türschwelle stehen blieben. Dann fragte er sie in herablas-
sendem Tonfall nach ihrem Befinden und nach allem, was
in ihrem Dorf vor sich gehe, wobei er so tat, als wisse er
gar nichts davon, zeigte sich aber überrascht, dass sie ihn
nicht schon früher davon in Kenntnis gesetzt hatten. Papa-
Vlassis und Doudoumis antworteten nur kurz auf diese
Fragen, da es sich um Vorgänge handelte, die allen bekannt
waren, und deren Wiederholung sie als überflüssig betrachteten, auch wenn andere kaum alle Einzelheiten kennen konnten. Während dieses Frage- und Antwortspiels
kamen mal seine Frau, mal sein halbwüchsiger Sohn und
mal sein Diener und flüsterten ihm etwas ins Ohr. Er hörte
aufmerksam zu und lächelte oder runzelte die Stirn und

zuckte mit den Achseln, sodass auch der Dümmste merken konnte, dass andere wichtigere Angelegenheiten seine Überlegungen beschäftigten und er kaum Gelegenheiten fand, sich herabzulassen und ihren Bitten Gehör zu schenken. Währenddessen ließ er hin und wieder Worte fallen, als führe er einen lauten Monolog, zum Beispiel, dass der verdammte Minister aufgefordert worden sei, seinen Rücktritt zu erklären.

„Da ist doch auch diesen Intellektuellen, diesen angeblichen Ehrsamen, diesen Schlauköpfen endlich einmal eine Lektion erteilt worden!"

Doudoumis und Papa-Vlassis nickten einander zu und schienen zu sagen:

„Der Stern des Ministers, bei dem Tassos tätig ist, ist im Sinken begriffen."

Nachdem er kurz nachgedacht und eine andere wichtige Nachricht erhalten hatte, rief der wichtige Mann aus:

„Das sind gute Minister! Das sind meine Freunde!"

Als er von den Abgesandten aus dem Dorf über alles informiert worden war, fragte er sie, was ihrer Meinung nach nun geschehen solle.

„Rette uns vor dem Gottlosen!"

„Ich soll euch vor diesem verfluchten Emporkömmling retten", antwortete er finster, „nachdem er euch an Händen und Füßen gefesselt hat! Nachdem das Kind in den Brunnen gefallen ist? Es geht nicht mehr darum, den Kranken zu heilen, sondern den Toten wiederzubeleben!"

„Wenn Ihr hohen Herren hier es wollt, ist alles möglich. Wir flehen Euch auf Gnade und Ungnade an! Wir werden Euch bis ins letzte Glied preisen, solange es Menschen in Trivae gibt!"

„Segnungen brauchen ein Weihrauchgefäß, und das

Weihrauchgefäß braucht Weihrauch. Ohne Weihrauch betet man nicht zu einem Heiligen."

„Wir verstehen, Eure Hoheit. Aber Ihr wisst, wie arm wir sind. Wir leben von der Hand in den Mund!"

„Ich will nichts für mich. Ihr kennt mich doch! Ich habe nie etwas genommen, immer nur gegeben. Sogar die Steine können bezeugen, was für ein Opfer mein Haus für den Befreiungskampf gebracht hat. Aber was für einen Lohn habe ich bis zu diesem Moment, in dem wir miteinander sprechen, dafür erhalten? Verfolgung, Verachtung! Wer von diesen Ausländern kennt einen? Wir haben für die Unabhängigkeit unseres Staates Mühen auf uns genommen, und wir bereuen nicht, dass wir dafür unseren letzten *Obolos* geopfert haben. Wenn wir wenigstens sehen könnten, dass es unserem Staat gut geht! Das macht mich wütend! Das verzehrt uns! Dass wir euch noch immer als Sklaven sehen müssen, nachdem wir euer Joch mit unseren Zähnen zernagt haben!!"

„Ja!" riefen die Gesandten aus Trivae seufzend aus und blickten zum Himmel. „Gott weiß, was wir durchmachen!"

„Für mich will ich nichts. Ich habe beschlossen, mit dem Wenigen, das ich habe, zu leben. Das habe ich auch meiner Frau und meinen Kindern gesagt und sage es ihnen jeden Tag. Trocken Brot, aber wir wollen, dass es dem Vaterland gut geht!"

„Wir werden das Dorf befreien, die Hälfte soll dir gehören, und wir werden dich wie einen Vater lieben. Aber was sollen wir dir jetzt geben, nachdem die Aasgeier des Kapetan-Tassos auch unsere Tiere gefressen haben?"

„Ich habe euch gesagt, dass ich nichts will. Bei Gott! Etwas anderes ist es, wenn ihr mir als Zeichen eurer Dankbarkeit etwas geben wollt, nachdem ihr euer Dorf befreit habt und es euch gut geht. Aber jetzt braucht ihr erst einmal Rechtsanwälte für die verschiedenen Gerichte, um die Versteigerung eures Landes rückgängig zu machen. Legale Gerichtskosten! Außerdem muss ein Bericht an die Regierung verfasst werden, und der muss an der richtigen Stelle vorgelegt werden. Glaubt nicht, dass ‚Klopft an, so wird euch aufgetan‘ bedeutet, dass jedem geöffnet wird, der anklopft. Vielmehr muss man wissen, wie man anklopft, und deshalb müssen wir den richtigen Mann dafür finden. Dies und anderes derartiges wird so und so viel kosten!"

Doudoumis und Papa-Vlassis sahen einander mit jammervollem Blick an. Schließlich wagte Doudoumis zu fragen, wie hoch die Ausgaben dafür sein könnten.

„Für alles, was ich euch genannt habe, für den Bericht, den Prozess undsoweiter jetzt im Voraus… nur fünftausend."

Die unglücklichen Vertreter von Trivae erschraken und Tränen schossen ihnen in die Augen.

„Ja", fügte er hinzu, „ich sehe, das ist viel für euch, aber ich habe euch den geringsten Preis genannt… Bei Gott! Vielleicht reicht auch das nicht aus, aber für den Moment werde ich den Rest bezahlen. Ohne das geht nichts. Überlegt es euch, fragt die anderen Dorfbewohner und kommt zurück, wenn ihr euch entschieden habt, den Preis zu zahlen. Dann werde ich euch sagen, was zu tun ist."

Der entschiedene Ton seiner Stimme überraschte die Bittenden, die glaubten, dass es keinen anderen Weg gebe, und sie beschlossen, es sei am besten, zu gehen und den anderen das Ergebnis ihrer Mission mitzuteilen. Sie konnten ja nicht erwarten, dass er trotz ihrer Bitten den Preis im Voraus aus eigener Tasche bezahlen würde. Die pani-

sche Angst, die alle ergriff, ließ jede klagende Stimme verstummen, die ihr unermessliches Leid hätte ausdrücken
können, aber ihre Gesichter spiegelten ihre leidvollen Gefühle wider.

Fast zur gleichen Zeit näherte sich Thanos allein und
unbemerkt Trivae. Auf dem Weg dahin rief er sich die Ratschläge des Ayfandis in Erinnerung, aber Ephrosynes Bild
trübte häufig seine klaren Überlegungen, weil der wortlose
Abschied von ihr noch immer auf ihm lastete. Sein Gewissen ließ ihm keine Ruhe und plagte ihn, weil er meinte,
undankbar gewesen zu sein. Als Beweis dafür hatte er
immer noch ihr trauriges und schweigsames Gesicht vor
Augen.

„Wäre ich doch wenigstens", so sagte er sich, „nicht so
schnell bereit gewesen, sie zu verlassen, und, nur an mich
denkend, auf meinen Besitz geeilt. Als ich im Gefängnis
saß, hat die Familie des Ayfandis doch alle Hebel in Bewegung gesetzt, mich herauszubekommen, und als ich krank
war, haben sie mich wie ein Familienmitglied gepflegt.
Hätte ich sie nicht als kleines Zeichen meiner Dankbarkeit
nach Thessalien begleiten sollen? Hätte ich nicht erst einmal sehen sollen, wie sie in ihrem Haus wieder zur Ruhe
gekommen sind, wo sie mir so viel Gutes erwiesen haben,
als ich fliehen musste, und sie mich während meines Auf-
enthalts in der Fremde glücklicher gemacht haben, als ich
es in meiner Hütte war? Und da liegt mir dieser Besitz
mehr am Herzen, den ich noch nicht einmal kenne? Aber
ich musste ja unbedingt los!"

Der Entschluss, ein Zeichen seiner Dankbarkeit zu setzen und seine Wohltäter zu besuchen, sobald Ayfandis
seine Angelegenheiten geregelt hätte, reichte nicht aus, das
immer wiederkehrende und schweigende Bild zu besänf-

tigen, das sich in seiner Phantasie festgesetzt hatte. Und konnte er vielleicht voraussehen, wann er seine Angelegenheiten geregelt hätte? So schien es in weiter Ferne zu liegen, Beweise seiner Dankbarkeit zu erbringen. Dann wandte er sich wieder seinen Plänen zu und überlegte, wie er Ayfandis wenigstens dadurch, dass er dessen Ratschläge verwirklichte und ihn davon informierte, eine Freude bereiten könnte. Dann wüsste Ayfandis auch, dass er zu einer guten Sache beigetragen und jemand gefunden habe, der bereit war, seine Lehren anzunehmen und sein Leben zum Wohl der vielen leidtragenden Menschen in Trivae auszurichten.

In solch schwere Gedanken versunken erreichte Thanos bei Sonnenuntergang Trivae. Der Abendstern, der als erster aus der Dunkelheit heraustrat, schien hell, doch bald waren auch die anderen Sterne zu erkennen. Obwohl Thanos viele verlassene Gegenden durchquert hatte, bevor er zu seinem Besitz kam, wuchs sein Erstaunen, je mehr er sich dem Dorf näherte. Denn nirgendwo war gepflügtes Land zu sehen, obwohl es dafür nach den starken Regenfällen schon längst Zeit war. Den Grund dafür sah er darin, dass man auf seine Ankunft wartete. Daher beschleunigte er seine Schritte in der Annahme, dass das Wohlergehen vieler verarmter Familien davon abhing. Vor dem Dorf traf er auf Skias, der mit seinen Begleitern stolzen Schrittes von einem Spaziergang zurückkehrte.

„Da sieh mal einer, der Thanos!" sagte Skias zu ihm, aber nicht wie zu einem Höhergestellten, sondern wie zu einem gewöhnlichen und auf gleicher Stufe stehenden Menschen. Er befahl Kaliakoudas, ihn bis zu der Hütte zu begleiten, damit er sich dort ausruhen sollte. Er selbst blieb dort an der Quelle, um die trinkenden Rinder zu zählen, weil er seit einiger Zeit den Verdacht hegte, dass die Bauern deren Anzahl verheimlichten.

Thanos, der keine Lust hatte, sich mit dem ungeschliffenen Skias zu unterhalten, folgte Kaliakoudas und fragte ihn beim Eintritt in die Hütte, wie es im Dorf so gehe.

Kaliakoudas gab ihm zu verstehen, die Dorfbewohner seien träge, hinterlistige und feige Betrüger. Sie hätten bisher die Felder noch nicht bestellt, um Kapetan-Tassos zu zwingen, das Saatgut im Voraus für sie zu bezahlen. Aber Skias würde sie schon zur Vernunft bringen. Thanos, der sich in dem bestätigt sah, was Ayfandis ihm gesagt hatte, hörte zu, ohne zu antworten, sondern fragte Kaliakoudas weiter aus, ohne zu zeigen, was er dachte und wie aufgebracht er war. Kaliakoudas berichtete alles, wobei er besonders belustigt die Szene mit der Peitsche beschrieb, und bemerkte überhaupt nicht, was für ein Entsetzen er damit bei Thanos hervorrief. Nur eines blieb diesem unklar: Was bedeutete der Anspruch der Dorfbewohner, sie hätten das Dorf gekauft? Kaliakoudas erwähnte diesen Umstand, um nachdrücklich zu zeigen, wie weit die Frechheit dieser Kerle noch gehen würde, wenn sie nicht mit der Peitsche zur Räson gebracht würden. Thanos aber, der die krummen Wege seines Bruders kannte, wurde den Verdacht nicht los, dass unter jedem Stein ein Skorpion verborgen sei. Obwohl er erschöpft war, machte er die ganze Nacht kein Auge zu, während die anderen in der Hütte sorglos schnarchten.

Am anderen Morgen verließ er vor allen anderen die Hütte, um sich bei den Dorfbewohnern umzusehen. Die waren schon seit Sonnenaufgang unterwegs, um ihre Rinder fernab vom Dorf und den niederträchtigen Augen des Skias und seiner Leute auf die Weide zu treiben, als Thanos

ihnen beim Verlassen der Hütte begegnete. Die Morgen-
dämmerung, ließ sie noch trauriger erscheinen. Als sie jemanden aus der ihnen allzu bekannten Hütte heraustreten
sahen, beschleunigten sie ihre Schritte und kamen schnell
angelaufen. Papa-Vlassis und Doudoumis blieben stehen,
als Thanos sich näherte und ihnen mit seinem heiteren Gesicht Mut machte. Was er von ihnen hören musste, erbit-
terte ihn noch mehr als das, was er schon von Kaliakoudas
gehört hatte. Ihre bedrückende Armut, dass sie keine Mittel
zum Bestellen der Felder hatten und nicht wussten, wie die
Ernte verteilt werden würde, all dies ließ bei jedem Wort
erkennen, in welch bedauernswerter Lage sie sich befanden. Ihre Worte trafen ihn umso mehr, weil sie seinen Absichten misstrauten, da er sich als Bruder von Tassos zu erkennen gab, der sie mit seiner einschmeichelnden Art
betrogen hatte und gegen den sie kein Wort der Kritik vor-
zubringen wagten. Seine ermutigenden Worte kamen
ihnen wie eine neue Falle vor, um sie vielleicht davon abzuhalten, bei jemand anderem um Hilfe nachzusuchen.
Thanos hatte das dringende Bedürfnis, sofort seine Versprechungen zu erfüllen, und bat sie, ihn zu informieren,
welche Leute in der Provinz das notwenige Geld leihen
könnten, um mit der Bestellung der Felder zu beginnen.
Er bat sie, zuzustimmen und keine Mühe zu scheuen,
damit genügend Mittel zur Verfügung ständen, und bot
ihnen als Sicherheit die Hälfte seines Dorfbesitzes an.
Dabei hoffte er, schon bald eine Antwort von seinem Bruder auf seine Anfrage wegen der Verwaltung des Besitzes
zu erhalten, wie es ihm Ayfandis geraten hatte. Wenn jedoch sein Bruder nicht in der Lage sei zu erkennen, dass
seine wahren Interessen nur im harmonischen Miteinander mit den Interessen der Dorfbewohner lägen, sei er ent-

schlossen, ihnen den ihm zustehenden Teil zu überlassen und nach Thessalien zu gehen. Er war sich sicher, dass Ayfandis ihn in diesem Fall für seine Großzügigkeit loben und ihn gern nach einem solchen Opfer, das seinen Prinzipien und Ratschlägen entsprach, wieder in seinen Dienst nehmen werde.

Papa-Vlassis und Doudoumis, die gerade beauftragt worden waren, die Hälfte des Dorfbesitzes als Sicherheit für ein Darlehen anzubieten, wussten nicht recht, wem sie glauben sollten: Skias mit seiner Peitsche oder den freundlichen Worten des angeblichen Bruders von Tassos, der plötzlich und unerwartet aufgetaucht war. Wenn Thanos wirklich der war, für den er sich ausgab, hätte ihn Skias wie ein Untergebener und Diener seines Herrn empfangen müssen. Aber Skias ließ ganz im Gegenteil nichts von Untergebenheit erkennen, weder am Tag zuvor noch am jetzigen Tag, denn als er aus seiner Hütte herauskam und Thanos begegnete, verbeugte er sich nicht, sondern redete ihn wie ein Mitglied seiner Familie an und setzte mit seinen Begleitern seinen Morgenspaziergang in herrschaftlicher Manier fort. Wenn auch die Dorfbewohner sie für ein bisschen dumm hielten, Papa-Vlasis und Doudoumis entging dieses für sie merkwürdige Verhalten nicht. Nachdem sie alles gegeneinander abgewogen und daraus das Gegenteil von dem gefolgert hatten, was Thanos ihnen gesagt hatte, gerieten sie umso mehr in Angst, noch einmal durch irgendeine Handlung den Zorn des Skias auf sich zu ziehen. Sie setzten auch die übrigen Dorfbewohner davon in Kenntnis, erhielten aber die Antwort, dass der Wunsch von Thanos erfüllt werden sollte. Wenn es Skias nicht passe, solle er sich an den Verantwortlichen halten.

Die Lage spitzte sich zu, die Jahreszeit schritt fort, und

die Armut des Dorfes wuchs von Tag zu Tag. In Kürze sollten sich auch die drei zukünftigen Soldaten melden, sodass
die Dorfbewohner nicht mehr viele Ausflüchte akzeptier-
ten. Wenn auch gegen ihren Willen und nichts Gutes er-
wartend, gaben Doudoumis und Papa-Vlassis doch dem
Willen der Mehrheit nach und machten sich erneut zu Ver-
handlungen wegen eines Darlehens auf den Weg in die
Provinzhauptstadt.

Der erste Besuch der Abgesandten bei dem wichtigen
Mann war der allgemeinen Neugier der Nachbardörfer
nicht entgangen. Die, die seine wohltätige Absichten gegenüber dem Dorf teilten, verstanden rechtzeitig den Wink
und begannen mit ihren Aktivitäten. Aber obwohl die
Nachbarn schärfere Blicke als die Füchse auf die Vorgänge
im Dorf warfen, konnten sie nichts Sicheres in Erfahrung
bringen. In ihrem Bemühen, die Beute an sich zu reißen,
benutzten sie andere Dorfbewohner, um das Geheimnis zu
lüften, aber hatten damit keinen Erfolg. Die Bewohner von
Trivae wussten nämlich aus Erfahrung, welchen Wert
deren mildtätige Mithilfe hatte und wie diese sich ins Gegenteil verkehren konnte, und gaben deshalb acht, dass ihr
Vorhaben nicht dem gottlosen Skias zu Ohren kam.

Als die Neugierigen sahen, dass die beiden Dorfältesten
wiederkamen und ganz offen über ein Darlehen sprachen
und dabei auch den Bruder von Tassos sowie seine groß-
zügige Unterstützung der Bauern, die noch vor kurzem
Schläge einstecken mussten, bei der Bestellung der Felder
erwähnten, stellten sie unzählige Vermutungen an, ohne
das Rätsel lösen zu können. Natürlich brachten die beiden
Abgesandten die Angelegenheit auch bei dem vor, den sie
sich als Beschützer ausgesucht hatten und den bereits die
habgierigen Geldverleiher konsultiert hatten, ob es ratsam

sei, den Vorschlägen der Bewohner von Trivae Gehör zu schenken. Dabei handelte es sich um die Steuereinnehmer, die mit Hilfe von Leuten, die in der Öffentlichkeit Verwirrung stifteten, sodass die Unterdrückten nichts mehr verstanden, den Erlös aus den Einkünften in ihre eigenen Fässer ohne Boden fließen ließen, anstatt den vereinbarten Wert rechtzeitig der Staatskasse zukommen zu lassen. So richteten sie ihr Augenmerk mehr auf die, die schon reichlich Schulden hatten, als auf Leute, die kreditwürdig waren. Folglich antworteten sie Papa-Vlassis und Doudoumis, sie müssten als Darlehensnehmer ihre Besitzpapiere vorlegen.

„So", sagte ihnen ihr Beschützer, „können wir sie durch zuständige Anwälte auf Formfehler prüfen lassen."

Obwohl die übrigen Bedingungen für das Darlehen ziemlich hart waren, schien Thanos trotzdem die Antwort verständlich, dass erst die Besitzurkunden vorgelegt werden müssten. Da er im Moment nichts anderes machen konnte, da er noch keine Antwort von seinem Bruder hatte, schrieb er ihm erneut und schilderte ihm mit der Bitte um eine schnelle Antwort in allen Einzelheiten die gegenwärtige Lage. Er solle ihm eine Vollmacht und eine Bestätigung zukommen lassen, dass ihm die Hälfte des Dorfes gehöre, um die notwendigen Maßnahmen in die Wege leiten zu können. Zusätzlich merkte er noch an, dass er Skias nicht mehr brauche, da die Bauern willig und folgsam seien und keine Ansprüche stellten. Die Lage war für Thanos umso unangenehmer, als er es als unpassend ansah, Ayfandis zu schreiben, bevor er dessen empfohlene Maßnahmen durchgeführt hatte. Obwohl er es deshalb als besser ansah, sich nicht bei Ayfandis zu melden, aber gleichzeitig das Gefühl hatte, damit missverstanden zu werden, saß er wie auf glühenden Kohlen. Ein einziger kleiner Trost bestand für ihn in der vergeblichen Hoffnung, den aufbrausenden Skias zu besänftigen und günstig zu stimmen, indem er ihm gegenüber keinerlei Zeichen von Missfallen erkennen ließ, sondern seinen Eifer und seine Entschlossenheit lobte. Dabei flocht er hin und wieder absichtlich eine Bemerkung über allzu große und nicht immer angebrachte Strenge ein, aber, wie das Sprichwort richtig sagt: „Was Hänschen nicht lernt, lernt Hans nimmermehr".

18

Ayfandis kehrt nach Thessalien zurück

Während der Rückreise von Ayfandis und seiner Familie nach Thessalien passierte nichts Unerwartetes. So hatte Ephrosyne auch Gelegenheit, sich ihren herzzerreißenden Gedanken hinzugeben. Ihr offener, wissbegieriger und ruhiger Charakter hatte sich völlig verändert, und sie wirkte nun nicht mehr ruhig und heiter, sondern von Sorge betrübt. Sie versuchte jedoch, diese Sorge zu verbergen, die sich allerdings durch alle ihre Gedanken zog und sie immer wieder in tiefe Mutlosigkeit versinken ließ. Sie konnte an nichts anderes mehr denken, und wenn sie ein oberflächliches Interesse an etwas zeigte, war es offensichtlich nur ganz nebenbei und so, als sei sie gezwungenermaßen abgelenkt. Ihr Gesicht lachte nicht mehr wie das Rosenblatt im milden Wind, sondern ihr abwesender Blick, die Falten in ihrem Gesicht und die stockende Redeweise waren für den, der genau hinsah und hinhörte, offensichtliche Zeichen für das verzehrende Feuer in ihrem Innersten und entging auch nicht mehr der fürsorglichen Beobachtung ihres Vaters. Da verstand er, wie tief in ihrem Herzen die Gefühle sie aufwühlten. Aber weder konnte er das fortschreitende Leid aufhalten noch wusste er ein Heilmittel dagegen. Er hielt es für ganz natürlich, dass sie, erschüttert durch die leidvollen Erfahrungen, die Thanos machen musste, sich zu ihm hingezogen fühlte, weil er trotz alledem seinen guten Charakter bewahrt hatte. Obwohl er sich sicher war, die Gründe für Ephrosynes Zustand zu kennen, hielt er es dennoch für unangebracht, von seiner Tochter zu verlangen, ihr Geheimnis preiszugeben, so, wie nur ein unerfahrener Künstler die Saiten seiner Lyra über das notwendige Maß hinaus spannt, um alle Feinheiten der Töne kennenzulernen. Er wusste ganz genau, dass ihre zurückhaltende Art sie daran hindern würde, das Unaussprechliche auszusprechen. Ohne sich daher in ihre innersten Geheimnisse einzumischen, sprach er oft mit ihr über den, den sie liebte, aber zeigte mit Absicht keinerlei Interesse an der Wirkung, die seine Worte auf sie machten, sondern wollte damit nur sein Mitgefühl zeigen. Er glaubte, ihr auf diese Weise unmerklich einen Ausweg für ihre Gefühle zeigen und die auf ihr ruhende Last erleichtern zu können. Die geschickte Art und Weise, auf die er ihren Seelenschmerz heilen wollte, zeigte seinen edlen Charakter und sein liebevolles väterliches Verhalten. Ephrosyne ihrerseits ahnte schuldbewusst, dass ihr Vater den Grund ihrer Betrübnis kannte, denn da er wusste, was geschehen war, war es nicht schwierig für ihn, aus den Folgen auf den Anlass zu schließen. Es war deutlich, dass Ayfandis um ihr Geheimnis wusste. Beim Spaziergang mit ihm auf dem Deck des Schiffes stützte sie sich leicht auf seinen Arm und wandte ihre feuchten Augen schamvoll auf die dahineilenden Wellen, die ihre heimlichen Seufzer davontrugen.

Vielleicht bereute Ayfandis es jetzt, dass er nicht rechtzeitig aufgepasst und dadurch das, was zwischen den beiden vor sich ging, bemerkt hatte, als er die Situation noch hätte erleichtern können. So unterließ er jetzt zunächst alle weiteren Bemühungen und wartete ab, bis er wieder in

Thessalien sein und erfahren würde, wie es Thanos ging,
um dann zu entscheiden, was zu tun sei. Auch Ephrosyne
wartete ungeduldig darauf, nach Domokos zu kommen,
weil sie ganz sicher hoffte, dass dort ein Brief von Thanos
an ihren Vater angekommen sei. Seine Niedergeschlagenheit nach dem Entschluss, sich in Trivae niederzulassen,
seine Unruhe bis zur Abschiedsstunde, in der er kein Wort
hervorbringen konnte, obwohl er doch vorher fröhlich und
glücklich gewesen war, waren hinreichend Zeichen für sie,
dass auch er, wenn er auch nicht in dem Maße gelitten
hatte wie sie, nicht ganz anteillos war. Je mehr sie Gelegenheit gehabt hatte, ihn näher kennenzulernen, desto weniger
fand sie etwas an ihm auszusetzen und erblickte ganz im
Gegenteil in ihm einen Menschen, der echte Gefühle und
ein gutmütiges Wesen besaß. Vielleicht zeigte er eine ge-
wisse Gleichgültigkeit, ihrer Meinung nach eine Eigenschaft, die sich bei Menschen findet, die von Natur aus kritisch sind. Folglich sah sie in ihm nicht jemanden, der sich
ganz uneigennützig mit aller Kraft auf die Verwaltung seines Gutes stürzt, sondern der so handelte wie jeder, der
sich sorgfältig um seine Angelegenheiten kümmert. Aber
abgesehen davon, dass sie seinen Charakter und seine Situation richtig einschätzte, hielt sie es für natürlich, dass er
nicht anders handeln konnte, weil er von ihrer Seite keine
Ermutigung erfuhr zu hoffen, was er nicht erwarten
konnte. Und wenn er vielleicht mit ihnen nach Thessalien
gekommen wäre, welches andere Los hätte ihn treffen können als das, als Aufseher über die Ländereien ihres Vaters
tätig zu sein? Und angenommen, er bemerkte ihre Zuneigung zu ihm, aber wollte ihr keine Sorgen bereiten, würde
daraus folgen, dass er etwas für sie empfände? Natürlich
würde auch Thanos, wenn er sich denn darüber Gedanken

machte, dieselben Schlüsse ziehen und zurückhaltend, wie
er nun einmal war, den Zeitpunkt für passend halten, die
Verbindung abzubrechen, wobei er sich bestimmt nicht im
klaren darüber war, dass sein Abschied von ihr für sie diese
untröstliche Trauer zur Folge hatte. So konnte sie auch
nichts anderes mehr von ihm erwarten, als zu erfahren,
dass es ihm gut ging, und dass die Trennung nicht vorläu-
figer Art, sondern endgültig war. Sie wollte auch nicht, dass
er wieder zum Flüchtling wurde, nicht, dass er wieder um
Asyl in Thessalien nachsuchen musste, und auch nicht,
dass er wieder so bedürftig wäre, einen Beschützer nötig
zu haben. Es war nur ein Traum gewesen, und der hatte
sich verflüchtigt! Hätte er doch nur nicht so lange gedauert,
und wäre er doch nicht so deutlich gewesen, dass er sich
nicht von der Wirklichkeit unterschied!

Während Ephrosyne alle diese Gedanken in ihrem Herz
bewegte, kämpfte sich das Schiff unverdrossen durch die
tosenden Wellenkämme hindurch. Sie glich einer wertvol-
len Blume von einzigartigem Aussehen, die durch die un-
ermüdliche Pflege des Gärtners in voller Blüte steht. Einem
solchen Gärtner, der am Ufer eine diese Blume mit seinen
Blicken verfolgt, aber keine Möglichkeit sieht, sie am Fort-
schwimmen zu hindern, sondern nur hoffen kann, dass sie
von irgendeinem natürlichen Hindernis aufgehalten wird,
bevor sie an der Flussmündung ins Meer gespült wird,
glich auch Ephrosynes Vater. Zwischen Vater und Tochter
bestand in der Tat eine Art von lebendigem Magnetismus,
weil jeder unausgesprochen und instinktiv durch ein tiefes
Gefühl wusste, was der andere dachte und fühlte. Trotzdem
wollte keiner von beiden sein Gefühl aussprechen, weil er
glaubte, es sei für den anderen unangenehm.

In dieser seelischen Verfassung kamen sie nach Volos

und begaben sich von dort aus nach Domokos. Ihr Haus
befand sich in einem jämmerlichen Zustand, nachdem es
von den Albanern geplündert und verwüstet worden war.
Aber noch beklagenswerter schien es Ayfandis und seiner
Tochter, dass kein Brief von Thanos angekommen war, obwohl nach dem, was Thanos versprochen hatte, mehrere
hätten da sein müssen. Kioura kümmerte sich allein
darum, die Überreste der zerbrochenen und verschmutz-
ten Möbel wieder in Ordnung zu bringen, denn Ephrosyne
war bleich wie ein Leichentuch und der unglückliche Ayfandis ratlos und ohne jede Hoffnung, wie er seine Tochter
wieder auf andere Gedanken bringen und eine Lösung für
das unerwartete Problem finden konnte.

Da er wusste, dass Tassos Adjutant des Archegos in Hypate war, schrieb er ihm dorthin, um Neuigkeiten von Thanos zu erfahren. Er glaubte nämlich, dass dieser vielleicht
die so sehnlich erwarteten Briefe an seinen Bruder geschickt hatte, der wiederum auf eine Nachricht wartete,
dass Ayfandis in Thessalien angekommen sei. Tassos antwortete umgehend. Als der Antwortbrief eintraf, sprang
Ephrosyne vor Freude auf, während das Gesicht des Ab-
senders vor ihren Augen auftauchte. Ayfandis brach das
Siegel auf und öffnete den Brief, aber weil er schon an dessen Gewicht merkte, dass sich kein weiterer darin befand,
dämpfte er Ephrosynes Hoffnungen. Tassos drückte in seinem Brief seine Freude darüber aus, dass sie sicher nach
Thessalien gelangt waren und bedankte sich dafür, dass
Ayfandis daran interessiert war, von ihm und seinem Bruder zu hören. Was ihn anbetreffe, so schrieb er, komme er
unter der Last unzähliger Mühen und Arbeiten kaum dazu,
einmal Luft zu holen, da er als Kenner der Örtlichkeiten
und dort wohnenden Menschen für die wichtigsten Ange-

legenheiten unentbehrlich sei. Er betrachte es jedoch als eine willkommene Atempause, mit seinem Wohltäter zu korrespondieren. Vor allem aber hoffe er, seinen Archegos, der ihm bisher keinen Moment frei gegeben habe, überreden zu können, ihm einen mehrtägigen Urlaub zu gewähren, sodass er Ayfandis besuchen könne. Sie seien ja nicht so weit voneinander entfernt. Von seinem Bruder habe er erfahren, dass dieser gesund in Trivae angekommen und unermüdlich mit der Verwaltung des Landes beschäftigt sei, wobei er den Empfehlungen seines darin erfahrenen Wohltäters folge. Er ersehe aus den Briefen seines Bruders, dass für ihn die Ratschläge des Ayfandis außerordentlich hilfreich seien. Aus dem Inhalt dieses Briefes schloss Ayfandis, dass Thanos sich in der Tat sehr intensiv mit der Verwaltung des Landes beschäftige, die gerade zu Anfang große Mühe und Sorgfalt erforderte, und dass er deshalb keine Zeit habe, an etwas anderes zu denken.

Die Gewissheit, dass es mit ihm aufwärts gehen würde, wenn er die richtigen Methoden anwende, die er ihm mit auf den Weg gegeben hatte, müsste eigentlich auch Ephrosyne beruhigen. Daher meinte Ayfandis, sie solle Thanos Zeit geben, der gerade erst die wichtigen und vielseitigen Arbeiten übernommen habe, die mit der Verwaltung eines fast brachliegenden Landgutes zusammenhingen. Bisher wisse er auch noch nicht, welche Methoden dafür wohl passend seien, mit deren Hilfe er die ersten Grundlagen schaffen und die ersten Schritte auf seinem zukünftigen Weg unternehmen könne. Ayfandis war sich sicher, dass Thanos sich um vielerlei kümmern müsse und keinen Moment Zeit für etwas anderes habe, wenn er seine Ratschläge auch nur teilweise anwenden würde. Wenn es ihm jedoch durch die Befolgung seiner Prinzipien gut gehen und er die willkommenen Ergebnisse sehen würde, die er andernfalls nicht erwarten könnte, würde er sich bestimmt an den erinnern, der ihm dazu verholfen hatte. Dadurch dass er seiner Tochter sagte, er sei neugierig, wie Thanos seine Ratschläge aufgenommen und sie umgesetzt habe, nutzte Ayfandis oft die Gelegenheit, dem Anschein nach ganz von selbst und ohne Hintergedanken auf ihn zu sprechen zu kommen. Er beabsichtigte, nochmals an Tassos zu schreiben und ihm anzubieten, dass er Thanos jede Art von Hilfe zukommen lassen werde, die er nötig habe. Auf diese Weise, so glaubte er, werde Thanos erfahren, dass man an ihn denke, und sein Versprechen erfüllen, direkt an sie zu schreiben, ohne dass Tassos etwas davon mitbekomme.

So sehr sich auch Ayfandis bemühte herauszufinden, wie er Thanos dazu bewegen konnte, einen Brief zu schreiben und damit Ephrosyne etwas zu beruhigen, so nahmen doch die Dinge gerade den gegenteiligen Verlauf. Ephrosyne urteilte nicht mit dem Verstand, sondern mit ihrem Herz, und alle Argumente, die Ayfandis überzeugten, fanden bei ihr kein offenes Ohr. Die Gegenwart erschien ihr dunkel, ohne Hoffnungsschimmer. Mochte es auch sein, dass Thanos in jeder Hinsicht Erfolge hatte und die Anweisungen ihres Vaters befolgte, so zeigte er sich doch als vergesslich und gefühllos, da er oft von ganz allein, so als sei es eine heilige Pflicht für ihn, zu schreiben versprochen hatte. Daraus konnte man auch schließen, wie es um sein anderes Versprechen stand, nämlich in Thessalien die zu besuchen, die er als Wohltäter ansah, sobald er seine Angelegenheiten in Ordnung gebracht hätte. Vielleicht hatte er ja in gewisser Weise auch Recht, gar nicht zu glauben, dass sie auf seine Briefe warteten und sich Gedanken darüber machten, ob er sein Versprechen erfüllte. Ihrer Meinung nach war es nur natürlich, dass er so dachte. Während sie versuchte, seine für sie glaubhaftesten Beweggründe aus dem, was er vorhatte, herauszufinden, kam sie auf die Idee, ihr Vater sei kaltherzig und seine Vermutungen seien an den Haaren herbeigezogen und entbehrten jeder Grundlage. Wenn jemand gar nicht wisse, dass man von ihm Dankbarkeit erwartete, könne man sich auch nicht als dankbar erweisen. Sie ging nicht so weit, Thanos als undankbar zu bezeichnen, weil sie Gründe dafür hatte, eine Entschuldigung für ihn zu finden, dass er sein Versprechen nicht hielt, oder besser, weil immer etwas in ihr für Thanos sprach. Auch ihr Vater hielt zu Thanos, aber aus einem anderen Grund.

Wenn sie also recht damit hatte, dass Thanos gar nicht merkte, wie er sie in Sorge versetzte, weil er ihnen nicht schrieb, obwohl er es versprochen hatte, konnte man daraus auch einen anderen Schluss ziehen: Vielleicht hatte Thanos im Laufe der Zeit und angesichts der vielen Arbeit schlicht und einfach sein Versprechen vergessen, ihr schreiben zu wollen. Und vielleicht sind auch seine Erinnerungen verblasst und er hatte gar kein Interesse mehr an ihr.

Aber obwohl Ephrosyne trotz aller dieser Überlegungen nicht mit ihrem Vater darüber sprach und sich hinter einer Mauer von Traurigkeit verschanzte, fiel ihrem aufmerksamen Vater doch auf, dass ihr auch diese Überlegungen nicht viel halfen.

Seine Beobachtungen beunruhigten Ayfandis noch mehr, weil Tassos sich nicht beeilte zu antworten, wie er es bei dem ersten Brief getan hatte. Die Nachbarn und gleichaltrigen Freundinnen von Ephrosyne versuchten, jede auf ihre Weise, die offensichtliche Veränderung in ihrem Gesichtsausdruck zu erklären. Einige vermuteten, dass Ay-

fandis großen Schaden erlitten habe und es schwer für ihn
sei, seinen früheren Wohlstand wiederzugewinnen, oder
dass er durch das gute Leben in Griechenland auf den Geschmack gekommen sei und sich nun dort niederlassen
wolle, aber es mit unüberwindlichen Hindernissen beim
Verkauf seines Besitzes zu tun habe. Andere meinten, er
sehe unangenehme Entwicklungen auf Thessalien zukommen, von denen er möglicherweise genauer durch neue
Bekanntschaften informiert sei. Ephrosynes Freundinnen
wiederum schoben ihr nicht mehr so kontaktfreudiges
Verhalten hauptsächlich darauf, dass sie infolge der feine-
ren Lebensweise in Athen hochnäsig geworden sei und ihr
das traditionelle, einfache Leben nicht mehr gefiel, nachdem sie nun Höheres im Sinn hatte.

Aber keiner von diesen konnte die Wahrheit erahnen.
Ayfandis hatte wohl große Verluste erlitten, aber alle bei
ihm Beschäftigten waren ihm während seiner Abwesenheit
treu geblieben, sodass sein Land wie früher bearbeitet und
auch das Vieh auf sichere Weiden getrieben und so der Bestand erhalten worden war. Der einzige Schaden, den er
erlitten hatte, war die Plünderung seines Hauses. Gleich
nach seiner Rückkehr brachte er wieder alles so in Ordnung, wie es vorher gewesen war, auch wenn er jetzt aus
Sorge um seine Tochter nicht mehr so viel Zeit der Guts-
verwaltung widmete. Er hatte auch keinen Anlass, sich
nach Griechenland zurückzusehnen, da er die Landwirtschaft in Thessalien für höher entwickelt hielt, sodass ihn
nur der unerfreuliche Zustand seiner Tochter dorthin hätte
ziehen können. Es würde zu weit führen, hier zu untersuchen, was Ephrosyne in ihrem Herzen verbarg.

Ihr Gesicht zeigte, dass sie sich in ein unheilbares Leiden gefügt hatte, und zu ihren anderen Reizen trat ganz

besonders ein Ausdruck von Ernst, der ihr Gesicht mit
einem süßen Schimmer überzog, der ihre Traurigkeit mil-
derte. Nur ihr Vater, der sich jeden Gesichtsausdruck bei
ihr erklären konnte, bemerkte die ruhig glimmende
Flamme, die sich hinter ihrer mädchenhaften Zurückhaltung verbarg.

Mit seinen frischen Regenfällen ließ der Winter die ermü-
deten Kräfte der ausgetrockneten Erde, die sich nun erholte, unter dem grünen Gewand wieder aufleben. Während Ephrosyne sonst in dieser Jahreszeit verschiedene
Arbeiten in Angriff nahm und viele Freundinnen um Hilfe
bat, brachte sie nun nichts erfolgreich zu Ende, sondern
hörte schon nach kurzer Zeit lustlos mit dem auf, was sie
vorbereitet hatte. Ihr zurückgezogenes Leben lenkte ihre
Gedanken nicht von ihren Sorgen ab, die ihre Kräfte lähm-
ten, und ihre Phantasie, die willig der Richtung ihres Gefühls folgte, vergrößerte ihre Betrübnis und ließ sie noch
schrecklicher erscheinen. Gegen diesen Ansturm gab es
nur ihre reinen und tief verwurzelten religiösen Vorstellungen, aber sie brachen ihr durch ihre Strenge das Herz,
das unfähig war, ihren ungerechtfertigten und unbezwing-
baren Impulsen ein Opfer zu bringen. Sie ging eifrig in die
Kirche, und ihre Gebete waren ergreifend, aber jedes Mal,
wenn sie nach Hause zurückkam, empfand sie die Last, die
sie bedrückte, umso größer.

Nachdem einige Zeit vergangen war, kam schließlich
eine Antwort von Tassos, in der er seine vielen Tätigkeiten
als Entschuldigung für die Verzögerung anführte. Er
schrieb wieder, dass er Briefe von Thanos bekommen habe,
der durch die Anwendung der Empfehlungen des Ayfandis
für den Ackerbau sehr erfolgreich sei, aber sich gerade jetzt
zu Beginn um viele Dinge gleichzeitig kümmern und

Neuerungen einführen müsse. Näher ging er nicht darauf ein, sodass die Bemühungen des Ayfandis sich als erfolglos erwiesen. Überhaupt enthielt der Brief keinerlei Einzelheiten und trug wenig zur Aufklärung bei, sondern enthielt im Wesentlichen nur Allgemeinplätze.

Da Ayfandis also sah, dass der Brief kaum etwas neues enthielt, machte er sich Gedanken, wie er auf einem anderen Weg zu einem günstigeren Ergebnis gelangen könnte, ohne allerdings zu wissen, wie er das machen sollte.

19
Tassos als Adjutant des Anführers

Zu dieser Zeit hielt sich Tassos in Hypate auf, weil dort der Choregos sein Hauptquartier hatte, dessen Adjutant und rechte Hand er war. Der Choregos hatte den militärischen Befehl über die Grenzschutztruppen und war verantwortlich für die Bekämpfung des Räuberunwesens, aber durch die umtriebige Art des Tassos beschränkte sich seine Zuständigkeit nicht allein darauf.

Jedes Jahr kamen *Wlachen*, auch Karagounen genannt, die seit der Zeit, als sie in Bulgarien gelebt hatten, ihr Nomadenleben in keiner Weise geändert hatten, als Hirten von den Bergen des Pindos in die fruchtbaren Ebenen der Phtiotis und der Nachbargebiete herunter, wo sie den Winter verbrachten. Seitdem die Hirtensteuer die Landsteuer ersetzte, hatten diese Hirten, wie auch alle anderen, lokalen Viehzüchter, das größte Interesse daran, die Täler in Besitz zu nehmen, wo das höchste und fetteste Gras wächst. Darüber entschieden in erster Linie die Gemeindevorsteher und der Vorsitzende der Gemeinderäte jeder Provinz, die aus dem Nomarchen oder dem Provinzgouverneur und dem Friedensrichter bestanden. Auch wenn der Choregos bei diesem begehrten Verfahren vom Gesetz her kein unmittelbares Mitwirkungsrecht besaß, fand Tassos einen Weg, ganz unbemerkt seinen starken militärischen Einfluss geltend zu machen. Um dieses Ziel zu erreichen, mussten alle Gemeindevorsteherposten und Gemeinderäte mit seinen Leuten besetzt werden.

Die Wohlhabenden unter den Hirten, die sogenannten Tzelengi, die von diesen geheimen Bestrebungen des Tassos Wind bekommen hatten, wandten sich direkt an ihn. Er nahm ihre gewohnten Wünsche an und gab sie dann an die untergeordneten Behörden als Anordnungen weiter, die stets befolgt wurden. Aber Tassos beschränkte sich nicht darauf, nur diese wohlhabenden Hirten auszunutzen, wenn sie sich dort niederlassen wollten, sondern alle Hirten, solange sie dort überwinterten, waren von ihm abhängig, da es für sie keine Alternative gab.

Die Hirten, die zeitweilig als Nomaden unterwegs waren und nichts von den Vorteilen sozialen Lebens hielten, wollten umso mehr auch nichts mit den Nachteilen zu tun haben. Ohne Rücksicht auf das, was die anderen traf, sahen sie das einzige Mittel, nicht selbst von den Nachteilen betroffen zu werden, darin, den Räubern jede erdenkliche Hilfe zu gewähren. Generell führten diese Nomaden ein patriarchalisches Leben in alt ererbter Einfachheit und boten allen, die zu ihnen kamen, bereitwillig von ihrer Milch und ihrem Käse an. In ihren Augen bedurfte der Räuber umso mehr der Hilfe, weil er verfolgt wurde und um sein Leben fürchten musste. Im Gegenzug griffen die Räuber sie nie an, solange sie ihnen das zum Leben Notwendige verschafften, sie schützten, wenn sie verfolgt wurden, und ihnen manchmal sogar Hinweise für günstige Gelegenheiten gaben. Umgekehrt behandelten die Räuber aber keinen so hart und roh wie Hirten, die sie verrieten, wenn sie voll Vertrauen zu ihnen kamen, weil sie sicher waren, in der einsamen Wildnis, fern von menschlicher

Behausung und dazu noch im Winter bei ihnen Essen, Waffen und Informationen zu bekommen, um ihre Aktionen durchführen zu können.

Die vagabundierenden Hirten hatten das Räuberunwesen nicht erschaffen, sondern es innerhalb der Gesellschaft vorgefunden, als deren untrennbares Element sie es betrachteten. Deshalb fühlten sie auch keine Verpflichtung, diese Gesellschaft zu verbessern, und ließen sich folglich von dem Grundsatz der Sitte des jeweiligen Landes leiten. Da nach ihrem pantheistischen Glauben alles, also auch die Räuber, von Gott kam, betrachteten auch diese die Hirten als Werk der göttlichen Vorsehung. „Gott schickt den Gast", sagt der Hirte, „und wer ihm nicht freiwillig etwas gibt, begeht eine Sünde". „Gott schickt den Hirten", sagen die Räuber, „damit auch wir einen Platz haben, wo wir uns vor denen verstecken können, die alles für sich haben wollen."

So uneigennützig und in gewisser Weise menschenfreundlich war der Schutz, den die Hirten den Räubern gewährten. Solche Nächstenliebe zeigte Tassos jedoch nicht. Für ihn waren die Räuber der große Hebel seiner kunstvollen Maschinerie. Mit Hilfe der Räuber reichte sein Arm in alle kommunalen Wahlurnen, aus denen die Namen der Bürgermeister und Mitglieder der Gemeinderäte hervorgingen. Und mit Hilfe der Räuber hatte Tassos die dauernde Kontrolle über die Hirten, weil er über sie den Ohren der Viehbesitzer einflüstern konnte, sie dürften nicht das Wohlwollen des allmächtigen Choregos aufs Spiel setzen.

Auf diese Weise unterstanden die Räuber den direkten Befehlen des Tassos. Sie führten ihre Raubzüge unterwürfig und ganz nach seinen Wünschen aus, denn ihnen waren Beispiele dafür bekannt, dass die bestraft wurden, die nicht gehorchten. Tassos mischte sich nicht nur in Angelegenheiten ein, die lokale Dinge und generell Wahlen betrafen, sondern nutzte überall da, wo Vorteile und Gewinn für ihn herauszuspringen versprachen, seine machtvolle Stellung, sodass seine Anordnungen überall ohne Murren ausgeführt wurden.

Die Räuber waren aus guten Gründen willfährige Werkzeuge für ihn, vor allem, weil er ihre geheimen Schlupfwinkel kannte. Folglich hatte er zwar die Verpflichtung, sie zu verfolgen, aber es kam trotz der umfangreichen militärischen Maßnahmen bislang zu keiner Auseinandersetzung mit ihnen, weil sie jeweils vorher rechtzeitig gewarnt wurden. Für den Misserfolg im Kampf gegen die Räuber gab es offiziell die einfache Erklärung, dass die Grenzen schwer zu bewachen seien, über die die Räuber flüchten konnten, um dann in den Nachbarstädten eine Zuflucht zu finden.

Die Tätigkeit für Tassos reichte allerdings nicht aus, um die zufriedenzustellen, die Raub berufsmäßig ausübten. Deshalb suchten die Räuber, wieder mit Erlaubnis des Tassos, Opfer aus, die sie für die Zeit, in der sie nicht tätig sein konnten, entschädigten. Aus Dank für die Erlaubnis dazu bekam Tassos den Löwenanteil davon. Durch ihn hatten sie auch andere Vorteile, weil sie durch seine Verbindungen ihre Beute durch Hehler verkaufen lassen und so mehr daran verdienen konnten.

Auf diese Weise kam freilich auch Tassos zu einem enormen Reichtum, obwohl er, abhängig von der Art seiner Unternehmungen, jeweils andere Partner oder Mittelsmänner hatte. Er schaffte sich eine eigene Herde an, erwarb wertvolle Gegenstände und verfügte über ein großes Geldvermögen.

Er kannte zwar nicht die Theorien der neueren Wirtschaftswissenschaft, dass das Kapital der ertragreiche Überschuss nach Abzug des Verbrauchs ist, aber er folgte der seit jeher vorherrschenden Ansicht, dass Kapital das ist, was, sicher deponiert, nicht an Wert verliert. Er hatte aber noch einen weiteren guten Grund, seinen Reichtum nicht offen zur Schau zu stellen. Er wollte nämlich öffentliche Aufmerksamkeit und Entrüstung vermeiden, weil ihn alle als arm und bedeutungslos kannten und mit Sicherheit geglaubt hätten, dass sein plötzlicher Reichtum nicht legal erworben sei. Aber so sehr er sich auch darum bemühte, entging er doch nicht dem scharfen Blick derer, die keinen Anteil an der Beute bekommen, ja dadurch sogar noch Schaden erlitten hatten und heimlich statt vom „militärischen Hauptquartier" vom „Räuberhauptquartier" sprachen. Aber diese wurden als Gegner des politischen Systems und Anarchisten diffamiert, die an allem, was geschah, Kritik übten und wie Sternengucker nach Unerreichbarem strebten. So gaben sie schließlich auf, da sie sahen, dass ihre Beobachtungen nicht nur nichts fruchteten, sondern ihren eigenen Interessen schadeten, die nicht gesetzlich geschützt waren. Deshalb äußerten sie ihre Überzeugungen nur noch dann, wenn sie sicher waren, dass diese nicht nach draußen drangen. Auf der anderen Seite machte sich die Mehrzahl der führenden Köpfe in der Provinz bei Tassos lieb Kind und sprach lobend von ihm als einem unermüdlichen, tatkräftigen Mann, der die Ordnung schützte und für das Gemeinwohl tätig sei. Sein Wohlwollen garantierte den einen Sicherheit, wenn sie ihre Güter besuchten, obwohl sie dort gar nicht zu leben wagten, oder dem Handel nachgingen, der von vielerlei Gefahren und Sorgen bedroht war, oder wenn sie Steuern eintrieben. Den anderen garantierte Tassos' Wohlwollen ihre politische Machtstellung und Bedeutung, sodass sie, sei es bei Kommunal- oder Parlamentswahlen, ihre politischen Gegner ausschalten konnten. Daher fanden die politisch Aktivsten das System des Tassos nützlich und unterstützten ihn nicht nur aktiv, sondern auch moralisch mit ihrem guten Ruf.

Tassos hingegen wandte nicht nur diesen seine Aufmerksamkeit zu, sondern richtete unermüdlich seinen Blick auf Athen. Das Hauptquartier bestand aus der Finanzabteilung und dem Büro des Choregos, das von zwei schreibgewandten Offizieren geleitet wurde, die damit beschäftigt waren, Berichte an die Regierung zu senden. In diesen stellten sie alle illegalen Vorgänge als legal dar. In diesem Büro entstanden auch leuchtende Lobreden auf das Hauptquartier, von denen die Zeitungen der Hauptstadt voll waren, und von hier aus wurden die, wie es hieß, völlig unbegründeten Auslassungen der Kritiker zurückgewiesen. Im Büro wusste man überhaupt nicht, wer alles in der Finanzabteilung unter der Leitung von Tassos beschäftigt war, die jedoch dem Büro über den Choregos ihre Anweisungen erteilte.

Da der Adjutant es mit so bedeutenden Dingen, die unheimlich viel Gewinn abwarfen, zu tun hatte, interessierte er sich natürlich wenig für das Dorf Trivae und das Einkommen von dort, sondern meinte in seiner typischen Sicht der Dinge, dass ihm dies auch ohne vorherige eigene Investitionen zufließen werde, denn die seien unsicher und lohnten sich erst nach einer gewissen Zeit.

Wie konnte auch jemand, der glaubte, dass ungepflügte und nicht bestellte Felder Ernte bringen, wirklich verstehen, dass die Bauern für ihre Arbeit entschädigt, ihnen ein Teil des Landes als Privatbesitz überlassen und zur Auf-

nahme eines Kredits als Sicherheit das ganze oder wenigstens das halbe Dorf als Hypothek zur Verfügung gestellt
werden musste? Nur unter diesen Voraussetzungen würden sie Land für sich, aber auch für den bestellen können,
der von seinem eigenen Geld alles für die Bauern getan
hätte.

Tassos achtete und schätzte Ayfandis, von dessen Ratschlägen Thanos immer wieder sprach, aber er meinte,
dass Thanos diesen falsch verstanden habe, weil er nicht
wisse, wie viele Anstrengungen es koste, um zu Geld und
Besitz zu kommen, und deshalb aus jugendlichem Eifer
und Leichtsinn über die Stränge geschlagen habe. Er
glaubte nicht, dass Ayfandis dadurch reich geworden war,
dass er alles den Bauern überlassen hatte. Erst nachdem er
nämlich zu Reichtum gekommen war, konnte er einen Teil
davon großzügig für wohltätige Zwecke verwenden, die
ihm am Herzen lagen. Jeder hat so seine Eigenheiten, aber
man muss seine Grenzen kennen. Tassos selbst hatte nun
nicht die Mittel, einem solchen Beispiel zu folgen, das seinen Bruder aus dem Häuschen gebracht hätte. Er hoffte,
dass Thanos aus Schaden klug werden und am Ende erkennen würde, dass der, der wohlhabend werden wolle,
seinen Weg gehen müsse, ohne auf andere angewiesen zu
sein. Aber er habe seine Scheuklappen auch dann noch
nicht abgelegt, als ihn die verschiedensten Schicksals-
schläge getroffen hätten. Nach dem Unglück mit seinem
verbrannten Getreide habe er in Thessalien Zuflucht und
einen großzügigen Patron gefunden, bei dem er in kurzer
Zeit für alles entschädigt worden sei, was er verloren hatte.
Nachdem er dann vor Gericht freigesprochen worden sei,
habe er völlig unerwartet erfahren, dass er Teilhaber dieses
großen Gutes geworden war. So habe er geglaubt, dass der

Schicksalsumschlag von äußerster Armut in Reichtum gar
nichts Seltenes sei. Er habe dabei nicht erkannt, dass viel
häufiger das Gegenteil vorkommt und die Armut zu jenen
bleibenden Zuständen gehört, aus denen es für die meisten
keinen Ausweg gibt. So, wie er ohne sein eigenes Zutun die
Hälfte des Dorfes Trivae bekommen habe, so sei er auch
bereit, diese an Bauern zu verschenken, um sie glücklich
zu machen, an Bauern, die er zum ersten Mal gesehen, also
gar nicht gekannt habe, und von denen er glaube, sie seien
dafür dankbar und würden seine Gefälligkeit tausendfach
vergelten. Wie kann man sich doch irren! Hätte er ein
wenig mehr Erfahrung besessen, hätte er gemerkt, dass sie
sich zuerst gegen ihn wenden und ihn dann endgültig aus
dem Dorf vertreiben würden, sobald sie unabhängig und
wohlhabend geworden wären. Das ist auch ganz natürlich,
denn keiner ist wirklich froh, wenn er nicht das Ganze besitzt. Wenn aber einer nichts hat, ist er unterwürfig und
fügsam, weil er einsieht, dass es noch etwas gibt, das er-
strebenswert ist.

Solche Gedanken gingen Tassos durch den Kopf, schon
als er den ersten Brief von Thanos erhielt. Er versetzte sich
mit seinem Scharfsinn in seinen Bruder und merkte, dass
er nicht der war, den er brauchte, und bereute, dass er den
Vorschlag von Japetos angenommen hatte. Da er davon
überzeugt war, seinen Bruder nicht umstimmen zu können, der durch die Lektionen von Ayfandis ermuntert war,
wollte er zwar nicht das Versprechen zurücknehmen, das
er Thanos gegeben hatte, aber er entschied sich, ihm weder
zu antworten noch andere Instruktionen zu geben. Tassos
glaubte, es reiche aus, was er Skias aufgetragen hatte, nämlich dass der Besitz nicht gefährdet werden dürfe. Sein Bruder aber könne nicht tätig werden, wenn er keine Besitz-

urkunde in den Händen habe und über keine eigenen Mittel verfüge.

Die Briefe, die er danach von Thanos erhielt, bestärkten ihn umso mehr in seiner Meinung. Die ergreifenden Bilder des jämmerlichen Zustandes der Bauern, die Beschreibung ihrer unbeschreiblichen Armut, dass sie das dringend benötigte Saatgut nicht hatten, die enttäuschten Hoffnungen, die sie sich nach dessen plötzlichem Erscheinen gemacht hatten und die nun schon wieder enttäuscht worden waren, seine Absicht, zur Besserung ihres Schicksals beizutragen und die ihm zustehende Hälfte des Dorfes als Sicherheit für ein Darlehen anzubieten, die versteckten Hinweise darauf, dass die Tätigkeit des Skias sich erübrige, der durch seine unangemessene Strenge einfachen und unterdrückten Menschen gegenüber Furcht verbreite und sie nichts Gutes für die Zukunft erwarten lasse, alles das bewirkte genau das Gegenteil.

Tassos, der die Schreiben danach beurteilte, wie sie seinen Zielen nützen konnten, zog daraus den Schluss, dass es ihm sehr schaden würde, wenn er darauf antwortete. Er sah, dass Thanos seinem, wie Tassos meinte, jugendlichen und gedankenlosen Mitgefühl nachgegeben hatte, und dass es nicht ganz ungefährlich sei, ihm brieflich mitzuteilen, dass ihm ebenfalls ein Teil des Besitzes gehöre, den er möglicherweise leichtfertig veräußern könnte. Das Versprechen, Thanos als Miteigentümer zu betrachten, habe er seinerzeit nur gegeben, um diesen dazu zu bringen, nach Trivae zu gehen, aber es war nie wirklich ernst gemeint gewesen. Tassos hatte damals geglaubt, sein Bruder werde als jemand, der etwas von Landwirtschaft versteht, den Gewinn vergrößern. Nach einiger Zeit, wenn sein Bruder sich zurückziehen wollte und etwas von dem vergrößerten Gewinn übrig sei, hatte er den Plan, ihn davon in Kenntnis zu setzen, wie es wirklich war, und ihn mit etwas Geld abzuspeisen. Aber Thanos machte von Anfang an einen Strich durch diese Rechnung, weil er ein Dokument forderte, aus dem hervorging, dass ihm eine Hälfte gehörte und dass er es dazu benutzen könnte, von anderer Seite Geld zur Unterstützung der Bauern zu besorgen. Was Thanos andererseits von Skias schrieb, reichte wiederum, dass Tassos dessen Anwesenheit in Trivae für notwendig erachtete, damit die törichten Hoffnungen der Bauern sich nicht zu Forderungen entwickelten. Ihre Verzweiflung war nötig, damit sie sich damit abfanden, die Unterwerfung unter den rechtmäßigen Herrn als Verbesserung ihres Schicksals zu akzeptieren. Wenn sie aufhörten, von einem anderen Zustand zu träumen, würden sie ihren Nacken unter das Joch beugen und bereitwillige Arbeiter werden, die eine Entschädigung für ihre Mühen entsprechend ihrer Arbeitsamkeit erwarteten und sich nicht von irgendwelchen Illusionen leiten ließen.

Je unruhiger Thanos zu werden schien, weil er keine Antwort von seinem Bruder erhielt und nicht wusste, worauf er das unselige Schweigen zurückführen sollte, desto mehr Befriedigung empfand Tassos, weil er sah, dass sich alles nach Plan entwickelte. Thanos würde es schließlich vorziehen aufzugeben, wie er es schon angedeutet hatte, und dann könnte er nach eigenem Belieben das Dorf verwalten. „Soll doch mein Bruder", so sagte Tassos bei sich, „wieder Diener bei Ayfandis werden, weil das seine Bestimmung ist und er nicht weiß, wie man von den Umständen profitiert und unabhängig lebt. Ich kann ihn nicht davor bewahren, ohne mir selbst sehr zu schaden."

Thanos unternahm alles nur Erdenkliche, um sich zu

vergewissern, dass sein Bruder seine Briefe bekam. Schließlich war er sich dessen sicher, weil er den Brief an seinen
Bruder einem Brief an seine Mutter beifügte, bei der er sich
nach ihm erkundigte.

Ihrer Antwort, die von jemand anders geschrieben war,
entnahm er, dass sie von Tassos Briefe bekommen hatte.
Sie pries nämlich in den höchsten Tönen ihren Erstgeborenen wegen seiner Beförderung zum Adjutant und fügte
hinzu, dass sie täglich seinen Namen lobend erwähnt höre.
Thanos dagegen machte sie Vorwürfe, weil sie bis jetzt
nicht gehört habe, dass er es zu etwas gebracht habe. Er besitze ein großes Gut, aber erwarte Anweisungen seines
Bruders und belästige ihn damit, wo der doch viele andere
Dinge habe, um die er sich kümmern müsse.

Nach diesem Brief bestanden für Thanos keine Zweifel
mehr daran, dass sie beide unterschiedlicher Meinung
seien und es keinen Sinn habe, seinen Bruder zu überzeugen. Er führte diesen Misserfolg auf die gewohnte Interesselosigkeit seines Bruders an allen Dingen, die mit der Verwaltung eines Hauses zusammenhingen, und auf seine
Vorliebe für Ehren und Würden zurück. Abgesehen von
dieser Interesselosigkeit glaubte er, dass sein Bruder seinen
Mahnungen keine Aufmerksamkeit schenkte, weil er sie
vielleicht als nicht wesentlich betrachtete und die Dinge
nicht so sah wie er. Wenn er ein mitfühlendes Herz hätte,
wäre er sicher davon bewegt gewesen, als er seine Schilde-
rung der Lage der Bauern gelesen hatte, und hätte den
Wunsch gehabt, das Schicksal der Menschen zu verbessern, die für ihn von Nutzen sein konnten. Da ihn also
weder sein eigenes Interesse noch Einfühlungsvermögen
beeindrucken konnten, brauchte es etwas anderes, um ihn
aus seiner Gleichgültigkeit aufzurütteln.

Um dieses Ziel zu erreichen, so glaubte Thanos, könnte Ayfandis ein passender Vermittler sein. Ihm gegenüber bewies Tassos wegen dessen wohltätigen Verhaltens Respekt, und wenn direkt von ihm Mahnungen erfolgen würden, könnten sie ihn dazu bringen, eine Entscheidung zu treffen. So schrieb er an Ayfandis und erfüllte damit gleichzeitig sein Versprechen. Es tat ihm leid, dass er ihm schreiben musste, bevor er seine Ratschläge umgesetzt hatte, aber er entschuldigte sich, indem er die Situation in allen Einzelheiten schilderte und betonte, wie lange er schon versucht habe, seinen Bruder zu überzeugen. Er übte keine Kritik an seinem Bruder, sondern führte es darauf zurück, dass dieser mit Recht wenig von den von ihm vorgeschlagenen Maßnahmen hielt, die er schon gleich zu Beginn hatte ausprobieren wollen. Er bat also Ayfandis, ihm zu helfen und Tassos mit einem Mahnschreiben das Nötige zu raten und ihm seine wahren Interessen vor Augen zu führen, deren Vernachlässigung nicht nur für ihn, sondern auch für viele andere schädlich sei.

Dies war der letzte Versuch, den Thanos unternahm. Danach blieb ihm nichts anderes mehr, was er noch hätte tun können, um sein Aufenthalt in Trivae zu rechtfertigen.

20
Ayfandis als Vermittler

Der so sehnlich erwartete Brief von Thanos an Ayfandis kam schließlich an und bereitete der Unsicherheit des Ayfandis und seiner Tochter ein Ende. Die wiederholte Lektüre des Briefes und sein Inhalt boten beiden die Gelegenheit, die Situation des Thanos so zu sehen, wie es jeder sie sehen wollte. Ephrosyne fand darin genügend Material, das ihre Sorge um den Abwesenden rechtfertigte. Auch wenn sich das Schicksal des Thanos zum Besseren gewendet hatte, als er Mitbesitzer des Dorfes Trivae geworden war und ihm der Weg zum Reichtum offenstand, war er noch weit davon entfernt, weil unerwartet aufgetretene Schwierigkeiten seine Zukunft problematisch gestalteten. Was konnte er schon ohne finanzielle Mittel und umgeben von bedürftigen Menschen ausrichten, die ihn nicht entschädigen konnten und ihn natürlicherweise als gemeinsamen Feind betrachteten? Sein bisheriges Schweigen, wie sehr es auch der Anlass für schmerzliche Gefühle bei ihr war, bewies Ephrosyne seine gutmütige und edle Gesinnung, die sie bei ihm kannte. Weil er bestrebt war, seinen Weg zum Erfolg nach den Ratschlägen ihres Vaters zu gehen und so, wie er es selbst auch gern wollte, nämlich zum Wohlergehen der Allgemeinheit, hatte er es vermieden zu schreiben, bevor er etwas Erwähnenswertes geschafft hatte. Aber wie

hätte er im Kampf gegen diese Hindernisse Erfolg haben
können, von denen die Gleichgültigkeit seines Bruders
doch schier unüberwindlich war?

Ayfandis wiederum sah sich in seinem Urteil bestärkt,
dass das Schweigen des Thanos auf dessen emsige Tätigkeit
für das Gut zurückzuführen sei und dass ein guter Schüler
seinen Lehrer nicht vergessen könne. Der Widerstand des
Tassos schien ihm jedoch nicht ungewöhnlich. Jemand, der
mit anderen Prinzipien groß geworden sei, könne nicht
glauben, reich zu werden, wenn er nicht gleichzeitig dafür
sorgte, dass auch die, die er dazu brauchte, reich würden,
weil er nicht einsehe, dass man von Besitzenden mehr Vorteile hat als von Habenichtsen. Zweifellos sah Tassos die
von seinem Bruder gemachten Ratschläge als moralische
Vorschriften an, die aber zum Erwerb von Reichtum nicht
viel nützten. Deshalb erkläre er, er nehme sie dankbar an,
wie auch, dass sein Bruder sie verwirklichen wolle, aber
unterlasse gleichzeitig alles, was, wie er meinte, zum Scheitern verurteilt sei. Seine Vermittlung, um die Thanos bat,
könne nur Erfolg haben, wenn er sich mit Tassos persönlich unterhalten würde, damit der keine Gelegenheit zu
einer wie auch immer gearteten Ausrede habe. Da er sich
schriftlich dazu bereit erklärt hatte, seine Ratschläge zu akzeptieren, könne er jetzt nicht das Gegenteil behaupten. Er,
Ayfandis, könnte dann also das Thema wechseln und in
einem Gespräch unter vier Augen zu den eigentlichen Fak-
ten kommen und ihn unvermutet bitten, schriftlich die
Rechte des Thanos an dem Gut zu bestätigen.

Ephrosynes Zustand erforderte eine ernsthafte und
schnelle Fürsorge, denn ihre bleiche Hautfarbe ließ erkennen, dass ihre Kräfte nachließen. Der Brief linderte ein
klein wenig ihr bitteres Leiden, denn er bewies, dass Tha-

nos der gleiche geblieben war, aber völlig konnte Ayfandis ihre Sorgen denn doch nicht verscheuchen, denn es kamen neue dazu.

Als der morgendliche Gesang der Schwalben die Wiederkehr des blühenden Frühlings ankündigte, machte sich Ayfandis mit seiner Tochter nach Hypate auf. Sie ließ sich leicht überreden, ihn zu begleiten, weil sie nicht gern ohne ihn blieb, zumal aber ganz besonders bei dieser Gelegenheit, wo er als Vermittler für Thanos tätig sein sollte. Von Domokos aus war es nicht besonders weit, und Ayfandis konnte sagen, er wolle Vieh für seine Herden kaufen. Er fürchtete nicht die Räuber, weil er vielen von ihnen schon einmal geholfen hatte, und auch die Hirten führten wegen seiner Wohltätigkeit nichts Böses gegen ihn im Schilde.

Wenige Tage, bevor er nach Hypate kam, war auch Japetos nach seiner Entlassung aus dem Gefängnis dort eingetroffen. Er hielt es für klug, wenigstens für kurze Zeit, bis sein „Ungemach" in Vergessenheit geraten war, aus Athen zu verschwinden. Er hatte jedoch kein Einkommen mehr, nachdem er das wenige Geld, das er besaß, ausgegeben und die Großzügigkeit seiner Freunde, denen er inzwischen lästig geworden war, zur Genüge strapaziert hatte. Nun glaubte er, von Tassos seinen gebührenden Teil für die Besitzübertragung des Dorfes Trivae zu bekommen, bei der er nicht unwesentlich mitgeholfen hatte. Tassos aber schien beweisen zu wollen, wie richtig doch das Sprichwort ist „Wenn man Mitleid erwartet, ist der Dank schon gestorben". Japetos war allerdings im Besitz von Tassos' Briefen, aus denen klar hervorging, mit welchen Mitteln dieser die Bauern und die Regierung betrogen hatte. Obwohl sich Japetos in einer schwierigen Notlage befand, ließ er sich nicht zu Drohungen hinreißen, damit es nicht zu einem unerfreulichen Bruch kam, bevor er alle Mittel ausgeschöpft hatte. Er schrieb einen höflichen Brief an seinen nachlässigen Freund, indem er ihm scherzhaft von seiner Notlage berichtete und zwischen den Zeilen einflocht, dass er in dieser Situation gern wüsste, wer seine wahren Freunde seien, die nichts von ihm erwarten, aber ihm sehr nützlich sein könnten. Aber von Tassos kam keine Nachricht.

Japetos hatte von dem großen Erfolg und im Großen und Ganzen auch von den Aktivitäten seines undankbaren Freundes Kenntnis erlangt, sodass er, wie bereits erwähnt, unmittelbar nachdem er aus dem Gefängnis entlassen worden war, sich nach Hypate begeben hatte, weil er keine Unterkunft besaß, und im Vertrauen auf die alte Freundschaft im Haus des Tassos abgestiegen war. Mit großer Ausdauer war er bis zum Überdruss voll des Lobes für ihn, sobald auch nur zwei Leute beisammen und bereit waren, ihm zuzuhören, und hoffte, so sein Ziel zu erreichen und, statt Geld zu bekommen, sich nicht ungern an den Unternehmungen des Tassos beteiligen zu können. Es war nicht unwahrscheinlich, dass er mit dieser Änderung seiner Forderungen Erfolg haben würde, denn er wusste, dass man schneller etwas bekommt, wenn man es selbst in die Hand nimmt und nicht darum bittet. So mischte er sich heimlich ungebeten in alles ein und zog Erkundigungen ein, um eine günstige Gelegenheit zu finden. Tassos machte seine Witze mit ihm, aber wich ihm geschickt aus und ließ die Katze nicht aus dem Sack, damit Japetos nicht die Initiative an sich riss. Dies schien gefährlich, weil er sich nicht auf Kleinigkeiten beschränken würde, sondern wegen seiner üblichen Prahlerei die öffentliche Aufmerksamkeit erregen würde.

Trotzdem wagte Tassos es nicht, ihn schroff abzuweisen und den Geiern zum Fraß vorzuwerfen, weil er dessen Verbindungen in Athen kannte, durch die er den hundert Mündern des Gerüchts eine Stimme geben könnte. So kam es zwischen den beiden Freunden zu einer Art permanentem Schattenboxen, bei dem der eine angriffslustig und hartnäckig war und der andere konterte und zurückwich.

Japetos besaß nicht mehr den Stolz und die Leichtfertigkeit, mit denen er in Athen so viel Anklang gefunden hatte, und er merkte, einmal aus seiner Bahn geworfen, dass im menschlichen Leben nichts von Bestand war. Sein lebhafter Blick war jetzt sprunghaft und furchtsam, so als ob er nach etwas Unsichtbarem und Verborgenem suchte und der Aufmerksamkeit der anderen aus dem Weg gehen wollte, weil er glaubte, dass diese alle seine Schritte beobachteten. Aber seine stutzerhafte Art hatte sich nicht verändert, und er bot weiter ein etwas verweichlichtes Aussehen. Den ganzen Tag über war er hierhin und dorthin unterwegs, schnüffelte hinter den Kulissen herum und tat dabei so, als sei er von Tassos dazu beauftragt, der allerdings erkennen ließ, dass er kein Interesse daran hatte. Er sei nämlich mit anderen Dingen beschäftigt, so sagte er, und hatte so einen klugen Vorwand, ihn fortzuschicken. Obwohl Japetos alle Nebenstraßen eingeschlagen hatte, schien er sich immer noch auf dem falschen Weg zu befinden und fing wieder von vorn an. Wie auch schon bei früheren Gelegenheiten, erfuhr er als erster von der Ankunft des Ayfandis und seiner Tochter und war der erste, der sie begrüßte, als sie das Haus des Tassos betraten.

Diese Begegnung gefiel Ayfandis ganz und gar nicht. Er erinnerte sich an die unerfreulichen Vorgänge in Athen, an denen Japetos mit seiner unverschämten Art schuld ge-

wesen war, und hatte keine Lust, diese unerfreuliche Bekanntschaft zu erneuern. Deshalb tat er so, als kenne er ihn
nicht, und wollte schon wieder gehen, weil er Tassos nicht
antraf. Japetos versuchte daraufhin, ihn freundlich zum
Bleiben zu bewegen und forderte ihn auf, ihm doch zu
sagen, was er wolle. Er werde es dann an Tassos weiterlei-
ten, weil es zwischen ihnen keine Geheimnisse gebe. Aber
auch so konnte er Ayfandis nicht zu einer Änderung seiner
Meinung bewegen, der sich nicht einmal für den freundlichen Empfang bedankte, sondern kühl antwortete, er habe
nichts Dringendes auf dem Herzen, und ihm den Rücken
kehrte. Inzwischen aber war der lang erwartete Tassos angekommen und zeigte sich über den unerwarteten Besuch
irritiert. Ayfandis sagte zur Erklärung seines Besuches, er
habe vor, Vieh zu kaufen.

Auch in Anwesenheit des Tassos nahm sich Japetos
nicht nur die Freiheit, die zwischen engen Freunden
herrscht, sich nicht nur nicht zu verabschieden – sodass
sich Ayfandis, wie er es wollte, mit Tassos unter vier Augen
unterhalten konnte –, sondern er beteiligte sich sogar noch
mit witzigen Bemerkungen an dem Gespräch.

„Die Phthiotis", sagte er ganz nebenbei, „ist ja nicht so
sehr für ihr Vieh wie für ihre Räuber bekannt. Deshalb ist
sie zu bemitleiden, aber ich glaube, der Herr Tassos unter-
nimmt alle Schritte, um sein Vaterland von dieser furch-
baren Geißel zu befreien. Man muss dem so zivilisierten
Griechenland wirklich einen Vorwurf machen, dass es in
der Tat gegen die Räuber nicht mehr als die Türkei unternehmen kann."

„Ich führe", sagte Tassos, „die Befehle des Choregos aus,
der entschlossen ist, keine Ruhe zu geben, aber ihr könnt
mir glauben, die türkischen Behörden haben dazu wir-

kungsvollere Mittel. Sie müssen sich nicht an Formalitäten halten und tragen keine Verantwortung gegenüber Gesetzen, und es gibt keine Gerichte, die Beweise fordern und derentwegen sie mit langwierigen Untersuchungen Zeit vergeuden, nur um zu beweisen, was alle wissen, aber was schwer zu erkennen ist."

„Ja", sagte Japetos, „die Verantwortung und Kontrolle lähmen den kraftvollsten Arm, wie die Stimme des besten Sängers versagt, wenn er daran zweifelt, ob dem Publikum sein Gesang gefällt. Deshalb ist verständlich, dass er schon im Voraus den Applaus braucht."

„Ich weiß nicht", sagte Ayfandis, „was eure Sänger brauchen, aber als jemand, der im türkischen Gebiet lebt und dazu noch als türkischer Untertan, kann ich euch aus Erfahrung von den verschiedensten und vielfachen Nachteilen verantwortungsloser Macht berichten. Nehmen wir mal als Beispiel, was bei der Bewachung unserer Grenzen geschieht. Der jetzige Derven Aga bekommt den Sold für dreihundert Soldaten. Dabei hat er nur fünfzig Soldaten, und ich bezweifele, dass selbst diese fünfzig Waffen haben. Vielleicht habt ihr von dem Vereinbarung gehört, die der Derven Aga mit dem Pascha geschlossen hat?"

„Nein", sagte Tassos, „die ist uns nicht bekannt."

„Sie ist in der Tat unglaublich. Der Derven Aga ist zur Entschädigung für jeden Räuberüberfall verpflichtet, der von einer Bande von weniger als fünfundzwanzig Leuten ausgeführt worden ist. Weil aber alle Raubüberfälle bei uns von Räuberbanden ausgeführt werden, die aus vielen Leuten bestehen und weder den Ruf des Derven Aga beschädigen, weil er nichts mit ihnen zu tun hat, noch seinen Interessen schaden, weil er immer seinen Anteil bekommt, gewährt er allen euren Räubern als ihr guter Freund Asyl."

„Bei uns", bemerkte Japetos, „sind viele scharfsinnige und weitblickende Politiker der Meinung, es sei nicht nützlich, das Räuberunwesen völlig auszumerzen."

„Nach allem, was ich gesehen und gehört habe", erwiderte Ayfandis, „glaube ich, dass es bei euch solche Politiker gibt. Aber ich ziehe diesen scharfblickenden Weitsichtigen die Kurzsichtigen vor, die die augenblicklichen Zustände verbessern wollen. Ich gestehe, dass ich nicht vorhersehen kann, wie sich das Gute aus dem Schlechten entwickeln soll."

„Wie?" sagte Japetos lächelnd und blickte auf Tassos. „Leugnet Ihr, dass auch die Räuberei ihre guten Seiten hat und nicht so ist wie andere schlechte Dinge? Und bestreitet Ihr, dass das Leben als Räuber den kriegerischen und männlichen Geist erhält, der sich noch als nützlich für uns erweisen wird? Und schließlich: Könnt Ihr leugnen, dass den sogenannten Kleften unser Aufstand und unsere Unabhängigkeit zu verdanken ist?"

„Vielleicht war eine solche Gesinnung", sagte Ayfandis, „damals für die, die unter dem Joch der Sklaverei lebten, von Nutzen, wie es auch noch bei uns sein könnte. Aber, nachdem ihr nun die Unabhängigkeit erlangt habt, solltet ihr keine Waffen mehr tragen, es sei denn, um diese Unabhängigkeit legal zu sichern. Andernfalls müsstet ihr von Grund auf feige sein, wenn ihr nichts anderes als Männlichkeit gelten ließet, als Räuber Unbewaffnete zu überfallen. Die Kleften jener Zeit waren nicht solche blutrünstigen Räuber, und ihr besudelt ihre Ehre, wenn ihr sie mit solchen Scheusalen vergleicht, die es nicht wert sind, als Menschen bezeichnet zu werden."

Wenn Japetos ihm auch zuwider war, so beteiligte sich Ayfandis doch an der Unterhaltung, um Tassos zu zeigen,

wie sehr er die Ansichten des Japetos verachtete, von denen
er wusste, dass Tassos sie teilte, und die ihn dazu verleitet
hatten, sich den Bewohnern von Trivae gegenüber ohne
Mitgefühl und unempfänglich für die Bitten seines Bruders
zu verhalten. So wollte er Tassos gegenüber zu erkennen
geben, dass er sich in ihn hinein versetzte, und hoffte, ihn
damit an seiner Ehre zu packen, damit er ein besseres Bild
von sich als das augenblickliche bot. Opportunistisch, wie
er war, lobte Japetos selbstgefällig in hohen Tönen die
nichtssagenden Werte der, wie es so schön heißt, Menschen mit Erfahrung. Gleichzeitig aber machte es ihm
Spaß, zu sticheln und Tassos seine Unaufrichtigkeit und
seinen Undank vorzuwerfen.

Der antwortete daraufhin: „Ich gebe ja zu, dass nicht
alle Räuber gleich sind. Deshalb sind wir hinter den bösen
her und bestrafen sie. Aber die, die von vornehmer Ab-
stammung sind und große Taten vollbringen, respektieren
und ehren wir oft. Der Tag wird noch kommen, an dem
man sehen wird, was diese Leute zustande bringen."

„Ich kann wirklich nicht zwischen diesen beiden Sorten
von Räubern unterscheiden", antwortete Ayfandis, „aber
ich versichere euch, wenn wir euch einmal in der Begleitung solcher Räuber kommen sehen würden, dass wir
dann vor den Händen solcher ‚Retter' unser Heil in der
Flucht suchen würden."

„Unter denen, die dann weglaufen", fügte Japetos hinzu,
„werdet Ihr auch mich als jemanden finden, der Euch Mut
macht und Euren Wunsch nach Sicherheit mitträgt."

Ayfandis hatte keine Lust, diesem selbstgefälligen Kerl
zu antworten, und wandte sich Tassos zu, der still dasaß,
und sagte:

„Ich bin heute eigentlich nur gekommen, um dir einen

Besuch abzustatten. Später einmal habe ich noch etwas anderes mit dir zu besprechen."

Tassos und Japetos begleiteten ihn zur Hoftür.

Am nächsten Tag besuchte Ayfandis Tassos allein, sodass Japetos nicht mitbekommen konnte, was es zwischen ihnen gab. Bei dieser Unterhaltung erkundigte sich Ayfandis zunächst bei Tassos nach den örtlichen Viehzüchtern und brachte dann ganz nebenbei das Gespräch auf das, was er von dem Besitz in Trivae und von Thanos erfahren hatte. Tassos konnte kaum verbergen, wie peinlich es ihm war, dass er als Lügner von jemandem ertappt worden war, den er aus vielen Gründen schätzte, aber Ayfandis vermied es, ihn in dieser Situation auf den Widerspruch zwischen dem, was er geschrieben hatte, und seinen Taten hinzuweisen. Während er ganz ruhig mit ihm sprach und betonte, dass er sich als ihrer beider Freund empfinde, bat er darum, ihnen Ratschläge für ihre Situation geben zu dürfen.

Ayfandis erzählte Tassos, wie sehr es ihm genützt habe, dass er sich seit jeher seinen Dienern gegenüber nachsichtig verhalte, während andere Krämerseelen, die ihren Ehrgeiz darin setzten, dass nur keiner an ihrem Gewinn teilhabe, nicht so viele Einnahmen aus ihren Feldern hätten wie er. Er sehe auch selbst ein, warum Tassos den Worten seines Bruders nicht Folge geleistet habe, dessen Erfahrung und Kenntnissen er nicht allzu viel Vertrauen geschenkt habe. Wenn er jedoch seinen eigenen Ratschlägen zustimme und dazu beitragen könne, auch andere glücklich zu machen, verstehe er nicht, wie er das Gegenteil behaupten könne.

Weil er mit seinen wohlklingenden Mahnungen Tassos nicht an dessen frühere briefliche Äußerungen erin-

nerte, beruhigte er ihn, sodass dieser nochmals so tun
konnte, als habe er sich gern von den Worten des Ayfandis überzeugen lassen. Tassos akzeptierte und versprach
alles, was Ayfandis angesprochen hatte, umzusetzen. Als
Entschuldigung für seine Versäumnisse in der Vergangenheit führte er die vielen Aufgaben seines Dienstes an,
denen er sich habe widmen müssen und die ihm nicht er-
laubt hätten, den Bitten seines Bruders die erforderliche
Aufmerksamkeit zu schenken. Er werde ihm jedoch nun
umgehend schriftlich seine Zustimmung geben, dass er
voll verantwortlich alles unternehmen könne, was er für
richtig halte.

Auch Ayfandis benutzte den Hinweis auf seine viele Arbeit,
um Tassos zu bitten, den Brief an Thanos doch sofort zu
schreiben. Er werde dann selbst dafür sorgen, dass er an
Thanos geschickt würde.

Dieser unerwartete Vorschlag von Ayfandis, der jetzt
aus der Rolle des Ratgebers in die des Vermittlers ge-
schlüpft war, beunruhigte Tassos sehr und brachte ihn in
eine Zwickmühle. Würde er eine derartige Zustimmung
erteilen, würde sie Thanos zu Handlungen dienen, die seinen eigenen Interessen völlig zuwiderliefen. Er versprach
also zu schreiben und gab sein Ehrenwort als Soldat, sodass
sich Ayfandis deshalb keine Sorgen weiter machen müsste.
Tassos hatte sich in den Fallstricken seiner Machenschaften
verfangen und konnte nicht frecherweise seine eigenen
Worte Lügen strafen, ohne sein Gesicht zu verlieren. So
fand Ayfandis die Gelegenheit passend und wies darauf
hin, dass das Interesse an seinen Freunden ihm das Recht
gebe, bei deren Angelegenheiten mitreden zu können. Er
beabsichtige, in Kürze abzureisen, und wolle Tassos, der so

vielfältige Aufgaben habe, nicht zur Last fallen. Aber da Thanos ihn ja um Vermittlung gebeten habe, wolle er ihm selbst von seinem Erfolg und der Zustimmung des Tassos berichten. Warum sollte ihm Tassos diese Freude nicht gönnen?

Um den Ausreden, die Tassos nur mit Mühe zu verbergen suchte, einen Riegel vorzuschieben, fügte Ayfandis hinzu, dass er es aus einem weiteren Grund gern hätte, dass Tassos den Brief in seiner Gegenwart schrieb, weil er ihm nämlich noch einige Ratschläge für den Bruder mitdiktieren wolle.

Obwohl es ihm also nicht passte, schrieb Tassos das auf, was Ayfandis ihm diktierte, überlegte aber gleichzeitig dabei schon, wie er das Ganze wieder rückgängig machen könnte.

Ayfandis, so mutmaßte Tassos, würde sicher den Brief auf dem Postweg schicken, also würde es für ihn in seiner Stellung ein leichtes sein, den Brief abzufangen. Deshalb schrieb er bereitwillig in dem Brief, was Ayfandis diktierte, nämlich dass er damit einverstanden sei, dass Thanos zur Hälfte Miteigentümer sei und handeln könne, wie er wolle. Als Tassos sich ganz glücklich entfernte, zeigte Ayfandis den Brief seiner Tochter und las ihn immer wieder, um sich selbst völlig davon zu überzeugen, dass alle Probleme nun endgültig gelöst werden konnten.

Inzwischen vergingen einige Tage und kein Brief an Thanos war im Postbüro zu sehen. Tassos begann daran zu denken, ob Ayfandis nicht zufällig vorhatte, ihn auf einem anderen Weg abzuschicken. Er war beunruhigt und wollte unbedingt Klarheit, bevor Thanos Dinge in Angriff nahm, die nicht mehr rückgängig gemacht werden konnten. Ebenfalls unruhig war auch Japetos, der überall herumschnüffelte, besonders als er davon erfuhr, dass Ayfandis seine Abreise vorbereitete.

Während Ayfandis tatsächlich vorhatte, in wenigen Tagen abzureisen, suchte ihn spätabends der Hirte Gikas Tramessis auf, der viel von ihm hielt und ihn damals um Hilfe für den verwundeten Tassos und seinen Bruder, der ja dann Arbeit bei ihm fand, gebeten hatte. Tramessis kam nicht wie sonst fröhlich in das Haus des Ayfandis, sondern schlich sich heimlich und zögerlich hinein. Ephrosyne begrüßte und kündigte ihn ihrem Vater an, der ihn auf seine gewohnte Art freundlich willkommen hieß. Er freue sich, sagte er, dass er ihn in Hypate treffe, und versicherte ihm, er hätte sich noch mehr gefreut, wenn er schon ein paar Tage früher gewusst hätte, dass er auch da sei.

„Ich habe erst heute erfahren", sagte Tramessis zu ihm, „dass Ihr hier seid, und bin gekommen, um zu fragen, wie es Euch geht und wann Ihr abreist, damit ich Euch eine gute Reise wünschen kann."

„Wahrscheinlich reisen wir in zwei Tagen ab."

„Es wäre besser für Euch, schon morgen abzureisen, damit Ihr uns als Begleitung habt, weil auch wir uns morgen auf den Weg machen."

„Aber warum denn?"

„Tut, wie Ihr es für richtig erachtet, aber wenn Ihr auf mich hören wollt, werdet Ihr es nicht bereuen."

Der ernste und warnende Tonfall, in dem Tramessis sprach, und das Geheimnisvolle, das in seiner Stimme mitschwang, machten Ayfandis neugierig. Er nickte seiner Tochter zu, sie solle den Raum verlassen, damit der Hirte freimütiger sprechen konnte.

Als sie allein waren, versuchte Ayfandis vergeblich, Genaueres von ihm zu erfahren. Tramessis wiederholte immer

nur dasselbe, dass es besser sei, am kommenden Tag abzureisen und er, Ayfandis, es nicht bereuen werde.

„Glaubst du etwa, es sei gefährlich, länger zu bleiben?"

„Das weiß ich nicht. Es steht Euch frei zu tun, was Ihr
wollt. Ich als jemand, der in Euerm Haus so oft Brot und
Salz gegessen habe, sage nur das: ‚Reist morgen ab'."

„Gut", sagte Ayfandis, „ich habe das gehört und zweifele
nicht daran, dass du mir einen guten Rat gibst. Morgen
früh machen wir uns auf den Weg, aber wir werden zunächst nach Lamia reisen und dann von dort weiter."

„Wenn wir in Lamia angekommen sind, sage ich Euch,
was Ihr machen sollt, aber morgen früh erwarten wir Euch
außerhalb von Hypate."

„Ja, in jedem Fall, und wir werden keinem ein Sterbenswörtchen davon sagen, dann kann es auch keiner wissen."

Tramessis blickte Ayfandis ernst an, verbeugte sich zum
Abschied und sagte:

„Bevor es Tag wird, erwarten wir Euch."

Dann entfernte er sich.

Die Gefahren, die Ayfandis nicht kannte, drohten von
allen Seiten und waren vielfältig. Weil Tassos im Postamt
den Brief an Thanos nicht gefunden hatte, aber sein Schreiben in die Hände bekommen und vernichten wollte, beschloss er, zu außergewöhnlichen Mitteln zu greifen, zu
denen er, wie es seine Gewohnheit war, im Notfall griff. Er
heuerte also eine Bande an, die Ayfandis bei seiner Abreise
aus Hypate festhalten und ihm ohne Gewaltanwendung
alle Papiere, die er bei sich trug, fortnehmen sollte. Zum
Glück hatte Tramessis, der sich in nächster Nähe von Hypate aufhielt, zwei Tage, bevor Ayfandis abreisen wollte,
den Auftrag erhalten, Vorbereitungen für dessen Über-
nachtung zu treffen. Wozu der Hinterhalt vorbereitet wer-

den sollte, konnte Tramessis nicht in Erfahrung bringen,
aber da er Ayfandis sehr ergeben war und wusste, dass er
Hypate ungefähr in dieser Zeit verlassen wollte, beschlich
ihn eine böse Ahnung, dass unterwegs etwas passieren
könnte. Vielleicht wäre er nicht misstrauisch geworden,
wenn ihm Tassos den Auftrag erteilt hätte, aber er wurde
von einem Untergebenen des Tassos beauftragt. Er wagte
nicht, sich nach weiteren Einzelheiten des Auftrags zu erkundigen, und wusste daher nicht, ob die Bande eigene
Absichten verfolgte oder für andere arbeitete. Er hätte sich
jedoch niemals vorstellen können, dass Tassos, den er
selbst Ayfandis empfohlen hatte, sich seinem Wohltäter gegenüber so undankbar zeigen würde.

Aber noch in anderer Hinsicht nahmen die Gefahren
für Ayfandis zu. Japetos, der auch weiterhin nichts zu tun
und keine Möglichkeit hatte, mit Hilfe von Tassos, der ihm
wie ein glitschiger Aal entglitt, etwas auf die Beine zu stellen, glaubte, es biete sich die Gelegenheit, in Hypate das
auszuführen, was er in Athen nicht geschafft hatte. *Was hat
Sapragoras nötig? Eine Mitgift!* Er erfuhr, dass Ayfandis in
Kürze mit seiner Tochter abreisen wollte. Da dachte er bei
sich: „Wenn ich Ephrosyne entführe, werde ich ihn dazu
bringen, in Zukunft zwischen den Räubern zu unterscheiden. Der gute Vater wird dann sicher Bedingungen für ihre
Freilassung stellen, aber ohne Hochzeit wird nichts passieren." Er ging also zu den Gestalten, die an der Tür von Tassos warteten, und versprach ihnen viel, wenn sie ihm behilflich seien. Diese aber informierten heimlich Tassos von
Japetos Plan, der damit einverstanden war, allerdings weil
er anderes im Sinn hatte. Denn Japetos könnte ihm dazu
dienen, seine Tat zu verbergen. Wenn er nämlich erst einmal die Dokumente des Ayfandis in den Händen hätte,

würde er Japetos festnehmen lassen und ihn dem Gericht übergeben. So wäre er ihn los, und gleichzeitig hätte er Ayfandis einen Dienst erweisen. Deshalb ließ er Japetos seine Pläne verwirklichen und tat selbst so, als wisse er nichts davon.

Japetos traf demnach alle Vorbereitungen und glaubte, sein Freund würde nichts merken. Er ließ sich zu diesem Zweck eine Uniform schneidern, die er vor dem Spiegel anprobierte. Dabei stellte er sich vor, was für einen Eindruck er auf die Entführte machen würde, wenn er sich so vor ihr zeigte und mit Schwert und Dolch an seinem Gürtel graziös seine leichte Waffe in der Hand halten würde. Seine Phantasie beflügelte ihn, als er sich im Spiegel sah und seine Gesten einstudierte.

Ayfandis nahm die Warnung des Hirten Tramessis ernst, weil er aus Erfahrung sowohl dessen freundschaftliches Verhalten ihm gegenüber als auch die Gewohnheit der Hirten insgesamt kannte, in solchen Fällen aus Furcht nicht alles zu sagen, was sie wussten. Nachdem seine Tochter die Vorbereitungen für die Abreise getroffen hatte, ruhten sie sich nur für wenige Stunden aus und verließen Hypate noch vor Tagesanbruch. Ayfandis ritt neben seiner Tochter, zwei Diener begleiteten sie. Während alle noch schliefen, ritten sie völlig lautlos den abschüssigen Weg bis zur Brücke von *Frantzis* hinunter. Dort trafen sie auf den Hirten, der sie hocherfreut begrüßte, weil sie seinem Rat gefolgt waren. Ohne weitere Worte veranlasste Tramessis, dass sie sich sofort auf den Weg nach Lamia und von dort so schnell wie möglich weiterreisen sollten.

Eilig ritten sie am rechten Spercheiosufer bis nach Lamia, von wo aus ihre Reise nach *Stylis* weiterging, weil Ayfandis beabsichtigte, in eigener Person mit Ephrosyne

nach Trivae zu reisen, und dort mit dem Brief von Tassos
die Angelegenheiten in seinem Sinn zu erledigen. Die
freundschaftliche Warnung des Tramessis vereitelte den
Anschlag von Tassos und Japetos, die beide, wenn auch aus
unterschiedlichen Gründen, ziemlich bestürzt waren, als
sie von der Abreise des Ayfandis erfuhren.

21
Die letzten Ereignisse

In Trivae verschlechterte sich die Lage von Tag zu Tag. Als die Bauern sahen, dass Thanos mit seiner freundlichen und sanftmütigen Art nichts erreichte und seine gut gemeinten Vorsätze zu nichts führten, fingen sie an, nicht mehr viel von ihm zu halten. Weil er sich auch noch dem unerbittlichen Skias gegenüber liebenswürdig verhielt, erlitt er genau das, was einem passiert, der glaubt, er könne unvereinbare Dinge auf einen Nenner bringen. Er musste nämlich erleben, dass er von beiden Seiten genau die gleiche Kompromisslosigkeit erfuhr. Er lobte Skias wegen dessen standhafter Willenskraft und seiner unnachgiebigen Strenge, weil er glaubte, ihn so zu mehr Mäßigung zu bewegen. Die Bauern wiederum bestärkte er in ihren schwindenden Hoffnungen und mahnte sie zur Geduld mit dem Hinweis darauf, dass er schon bald die Mittel haben werde, ihnen die ersehnte Verbesserung ihrer Verhältnisse zu bringen. Aber Skias hielt ihn für eine kindische und lächerliche Gestalt und glaubte, dass mit dem Ende der Strenge auch der Gehorsam eine Ende haben werde. Für die Bauern war Thanos wie sein Bruder ein Lügner und Betrüger oder eine Art nutzloses und neben dem Wagen laufendes Pferd oder, um ihre eigene Formulierung zu benutzen, das fünfte Rad an ihrem klapprigen Wagen.

Alle waren bis zum Äußersten aufgebracht, weil sie nur
wenig und auch zu spät eingesät hatten und die Ernte gerade bis zur Mitte des folgenden Winters reichen würde.
Sie konnten sich schon den Tag genau ausrechnen, an dem
sie nur noch so viel Vieh hatten, um davon leben zu können, aber es verkaufen mussten, um genug zum Trinken
für die Gelage des Mannes mit der Peitsche und seiner Begleiter besorgen zu können. Thanos bestand ausdrücklich
darauf, dass die Bereitstellung der Nahrung seinetwegen
nicht erhöht werden sollte, und verteilte an die Bauern das
wenige Geld, das er bei sich hatte. Aber auch das brachte
keine wirkliche Erleichterung.

So gewannen im Verlauf der Empörung die Stimmen
der Stärkeren an Gewicht, während man auf die Gemäßigten nicht mehr hörte. Doudoumis und Papa-Vlassis wurden als völlig ungeeignet angesehen. Wie wenig ihre
Stimme noch galt, zeigte sich in dem Moment, als der Bürgermeister auf höheren Befehl hin verlangte, dass die beiden für das Militär Bestimmten sich stellen sollten. Vergeblich bemühten Doudoumis und Papa-Vlassis ihre ganze
Eloquenz, die Bauern davon zu überzeugen, dass sie sich
in ihrem eigenen Interesse den Anordnungen der Regierung fügten. Damit beabsichtigten sie, die Bauern nicht
gegen sie aufzubringen, und appellierten an sie, Verständ-
nis für ihre Situation aufzubringen. Nur der alte Lachanopoulos pflichtete ihnen bei, aber Assimina gab ihm eine
schroffe Antwort und verhalf ihrem Sohn zur Flucht, und
auch Tagaropoulos brachte sich in Sicherheit.

Die Notabeln der Provinz sahen mit Freude, wie das
Durcheinander und die Erregung weiter fortschritten und
sich verstärkten, und schürten das Feuer weiter an, um
den Konflikt zu beschleunigen. Dadurch dass sie den Bau-

ern klar machten, dass es keinen Ausweg gab und sie ihr Dorf verlassen und sich hierhin und dorthin verteilen sollten, wollten sie für die übrigen ein warnendes Exempel statuieren, ortsfremden Neuankömmlingen Vertrauen zu schenken.

Auch wenn die Bauern Thanos nicht alle in gleicher Weise ablehnten, entging ihm doch nicht der Zorn, der in ihnen kochte, obwohl er sich ihnen gegenüber menschlich verhielt. Ihm schien ihre Erregung berechtigt, und obwohl er zu seinem Unglück mit ansehen musste, dass seine Hoffnungen, die Lage der Bauern zu ändern, zunichte gemacht wurden, rackerte er sich umso mehr ab. Er war jetzt blass und sprach kaum noch ein Wort, mied die Gesellschaft von Menschen und zählte nur noch die Tage, bis es soweit war, dass Ayfandis sich zu einer hoffentlich erfolgreichen Vermittlung bereit erklärte. Eigentlich hätte er schon längst eine Antwort erhalten müssen, aber er konnte am Horizont in der Dunkelheit, die alles bedeckte, nicht den kleinsten Hoffnungsschimmer sehen. Nachdem er den bitteren Becher, den ihm sein Bruder zu trinken gegeben hatte, bis auf den letzten Tropfen geleert hatte, war er so mutlos geworden, dass er alles hinwerfen wollte. Dass seine Pläne zunichte gemacht worden waren, war für ihn umso trauriger, als ihre erfolgreiche Durchführung nicht nur ihn, sondern auch viele andere glücklich gemacht hätte. So traf ihn der Schmerz, erleben zu müssen, dass diese Menschen denselben Schiffbruch erlitten wie er und zusammen mit ihm untergingen. Er glaubte, Ayfandis habe ihn vergessen und schenke ihm keine Aufmerksamkeit mehr, weil er nichts zustande gebracht habe, und sein Bruder habe wegen seiner Gleichgültigkeit vielleicht auch nicht mehr den Wunsch, die Verbindung mit ihm aufrechtzuerhalten. Wie könne er unter diesen Umständen noch frei mit Ayfandis sprechen? Was ihm bliebe, sei, nach Thessalien zurückzukehren und wieder in seine Dienste zu treten. Weil er sah, dass ihn ringsum alle in höchstem Zorn ablehnten, übertrug er dieses von außen kommende Urteil schließlich selbst auf sich.

Thanos wusste nicht, dass Ayfandis genau wie er selbst Interesse daran hatte, dass seine guten Absichten zum Erfolg führten und dass mit diesem Erfolg auch das Glück eines anderen Menschen verbunden war. Nachdem Ayfandis sich beeilt hatte, nach Hypate zu kommen, und es ihm gelungen war, aus der Hand des Tassos den besagten wichtigen Brief zu erhalten, hatte er Thanos nicht geschrieben, weil er ja eigentlich nicht vorhatte, persönlich nach Trivae zu kommen und mitzuhelfen, die Angelegenheiten dort erfolgreich zu regeln. Er war schon auf dem Weg und begab sich von Piräus aus, wohin er auf dem Wasserweg gelangt war, nach Athen und von dort schnellstens zum Isthmos. Damit erfüllte er Ephrosynes Wunsch, deren Gesicht sich zunehmend aufheiterte, je mehr sie sich dem beabsichtigten Ziel näherten und ihre Zuversicht wuchs, Thanos eine erfreuliche Nachricht überbringen zu können, der ungerechterweise so viel zu erdulden hatte und den sie nicht mehr verlassen wollte, bevor sein Schicksal geklärt war. Freilich reichten ihre Wünsche nicht über diese glückliche Wendung hinaus, da sie von ihrer natürlichen Zurückhaltung unterdrückt wurden. So wie die Wellen zerrinnen, nachdem sie auf den sandigen Strand getroffen sind.

Der liebevolle und warmherzige Blick ihres Vaters, der in seiner Sorge für sie keine Mühe scheute, ließ all ihre Unruhe verstummen. Wie die Krake am Felsen hängt, so hing sie an ihrem Vater, umsorgte ihn und gab Acht, alles zu erraten, was er brauchte, damit ihre Reise weniger beschwerlich war. So sehr sie sich aber auch beeilten, der Landweg vom Isthmos hatte viele gefährliche Stellen, und es vergingen viele Tage, bevor sie nach Trivae kamen und erfuhren, was sich dort kurz vor ihrer Ankunft abgespielt hatte.

Während die Bauern in höchster Aufregung waren und sich einer drohenden gerichtlichen Verfolgung ausgesetzt sahen, weil sie die beiden Wehrpflichtigen nicht übergeben hatten, wussten sie gleichzeitig auch nicht mehr, wie sie die notwendigen Nahrungsmittel für Skias und seine Begleiter herbeischaffen sollten. Dieser jedoch verdächtigte sie, ihr Vieh zu verstecken, um so zu tun, als hätten sie nichts mehr und könnten die verlangten Nahrungsmittel nicht mehr aufbringen. Um sicherzugehen, inspizierte er alle Stellen wie Schluchten und Höhlen, wo sie das Vieh hätten verstecken können, aber fand in einer Schlucht nur Tagaropoulos, der weggelaufen war. Voll Zorn darüber, dass er kein Vieh entdeckt hatte, jagte Skias ihn mit seiner Peitsche aus seinem Versteck und befahl ihm, sofort ins Dorf zurückzugehen und sich den Behörden zu stellen, die ihn als Wehrpflichtigen durch das Los bestimmt hätten. Jeglicher Hoffnung beraubt, der gerichtlichen Verfolgung zu entgehen, und da auch noch Skias sich gegen ihn gestellt hatte, rannte Tagaropoulos wie von Sinnen in das Dorf. Dort fachte er die Wut aller an und verleitete sie, die sie schon durch die vielfältigen Erniedrigungen, Peitschenhiebe und die noch weitere zu erwartende Unbarmherzigkeit des Skias aufgebracht waren, zu Gewalttätigkeiten auf.

„Es gibt kein vorwärts und kein rückwärts mehr", rief Tagaropoulos, „entweder er oder wir! Entweder wir fahren alle zur Hölle, oder diese Bestie verschwindet vom Antlitz der Erde! Wer Mut hat, soll mir folgen!"

Sein wahnsinniger Zornausbruch, das Feuer in seinem rot angelaufenen Gesicht, seine blutunterlaufenen schrecklichen Augen und der Nachdruck und die Unerschrockenheit seiner Stimme elektrisierten die, die hinzugekommen waren, und flößten ihnen Kraft und Mut ein.

„Die Stunde ist gekommen!" rief Tagaropoulos mit *Stentorstimme* aus. „Vorwärts!"

Er wandte sich um und marschierte mit festem Schritt auf die Hütte von Skias zu, während die anderen ihm folgten.

Ihr Mut stärkte seine Entschlossenheit. Sie drangen zusammen in die Hütte des Skias ein und ergriffen seine Waffen, mit denen sie sich später gegen ihn wenden wollten. Skias sah zwar, dass die Bauern sich zusammengerottet hatten und das Dorf verließen, merkte aber nicht, wie weit sie in ihrer Wut gehen würden, und ging langsam auf sie zu, indem er seine Peitsche schwang.

„Lasst ihn noch ein bisschen näher kommen", rief Tagaropoulos, während er die Waffe lud und sie gleichzeitig unter seinem Umhang versteckte.

Inzwischen war auch Thanos gekommen, der sofort erkannte, dass ein blutiger Zusammenstoß bevorstand. Weil er keine Hoffnung hatte, das grausame Wesen des Skias besänftigen zu können, wandte er sich den Bauern zu, um sie als Klügere dazu zu bringen, nachzugeben.

„Ja", sagte Tagaropoulos, „wir sollen uns bücken, damit ihr auf uns herumtrampeln könnt! Süße Worte von dem einen, Fesseln von dem anderen! Honig und Essig! Weg mit dir, Schlange!"

„Weg mit der Schlange!" wiederholten die Bauern.

Thanos bemühte sich vergeblich, während Skias seine Schritte beschleunigte, und seine Begleiter fast schon zum

Angriff gegen die Bauern vorgingen. Er hob seine Hände und flehte die Bauern weiter an sich zurückzuziehen. Dabei versicherte er ihnen, dass sich schon bald alles zum Besseren wenden werde, weil er einen Brief erwarte, der alle befriedigen werde, und dass Skias und seine Begleiter weggeschickt würden. Diese näherten sich unterdessen und waren schon zu wildem Handeln entschlossen, weil sie weiterhin glaubten, dass die Bauern unbewaffnet seien.

„Worauf wartet ihr noch?" schrie Tagaropoulos, „schießt!"

Im Nu verschossen sie ihre gesamte Munition, und keine Kugel verfehlte ihr Ziel. Der erste, der fiel, war der unglückliche Thanos, und nur Agrigatos kam davon, weil er rechtzeitig fliehen konnte.

Die Bauern sprangen wild auf den Körpern herum, um sicher zu gehen, dass sie ganze Arbeit geleistet hatten. Tagaropoulos trat an den Leichnam von Skias heran und sagte mit satanischer Ironie:

„Die Schlange kann nicht mehr stechen." Die Bauern wiederholten höhnisch: „Sie sticht nicht mehr."

Da erschienen Doudoumis und Papa-Vlassis. Als sie das Blutbad sahen, jammerten sie laut, weil sie neues Unglück ahnten.

„Was habt ihr getan?" schrien sie, „ihr habt uns alle ins Verderben gerissen!"

„Wenn ihr Lust auf die Peitsche habt…", antwortete Tagaropoulos. „Seht mal, mit der ist gar nichts passiert." Dabei bückte er sich und nahm sie aus der Hand des Skias, der in den letzten Zügen der Länge nach auf dem Boden lag.

„Und was ist mit diesem anständigen jungen Mann?" fragte Doudoumis ergriffen. „Was hat er euch getan, dass ihr ihn töten musstet?"

„Haben dir seine süßen Worte gefallen, seine Märchen?

Sollen doch alle vor Hunger sterben, die Hauptsache ist, Doudoumis kann süßen Worten zuhören."

„Der arme Kerl!" antwortete Doudoumis. „Die Kugel hat ihn in die Schläfe getroffen. Man könnte meinen, er sei bewusstlos und schlafe ganz ruhig."

„Er ruhe im Herrn", fügte Papa-Vlassis hinzu. „Sein Antlitz beweist, dass er nichts Böses im Sinn hatte und immer nur gute Worte über seine Lippen kamen. *Der Herr weiß es, der die Herzen erforscht und die Nieren prüft.* Mögen die Schuldigen sehen, was sie angerichtet haben!"

„Wir, wir legen vor Gott und den Menschen Rechenschaft ab", schrie Tagaropoulos.

Plötzlich aber fingen die Bauern an, die Folgen ihres Handelns zu begreifen. Selbst wenn sie nun kurze Zeit von dem Joch verschont wurden, könnte es wieder härter für sie werden, wenn die Behörden und Gerichte auf den Plan gerufen würden, um die Untat zu bestrafen.

Mit solchen Gedanken und Gesprächen miteinander begannen sie in wachsendem Maß, das Geschehen kritisch zu beurteilen. Um ihre Missbilligung deutlich zu machen und zu zeigen, wer für die Tat verantwortlich war und wer nur zugesehen hatte, beschlossen sie, die Behörden davon zu informieren und danach die Toten zu begraben.

Die Nachricht von dem Geschehen verbreitete sich in Windeseile, und auch Ayfandis, der noch unterwegs war, hörte am gleichen Tag davon. Was sich genau abgespielt hatte, erfuhr er nicht, nur dass es in Trivae zu Mord gekommen sei. Und da Ephrosyne anwesend war, als ihm die Nachricht zu Ohren kam, konnte er sie nicht vor ihr geheim halten. Schreckensvoll erreichten sie am Tag darauf Trivae und fanden vor der Tür der Kirche den Leichnam von Thanos. Gleich beim ersten Anblick dieses jammervollen und unerwarteten Bildes fiel Ephrosyne vom Pferd, niemand konnte sie auffangen. Sei es, dass der Sturz so schwer war oder der Schreck beim plötzlichen Anblick des toten Thanos dazu führte: Ephrosyne blieb liegen und stand nicht mehr auf! Die Bauern kamen gelaufen, um dem zu Tode betrübten Vater zu helfen, aber nichts vermochte mehr, sie ins Leben zurückzuholen.

Alle Bauern teilten die untröstliche Trauer des Ayfandis, als sie aus seinem Gestammel erfuhren, warum er gekommen war und dass der gutmütige Thanos für sie nur das Beste gewollt und bei seinem Bruder alles dafür versucht hatte. Das Schlimmste aber war, dass wegen dieser abscheulichen Tat alles umsonst gewesen war und es keine Hoffnung mehr auf eine glücklichere Wendung ihres Schicksals gab. Die Verwünschungen der Täter konnten weder die Toten wieder lebendig machen noch die unheilbare Wunde im Herzen des Ayfandis heilen. Die Mörder, die genau wussten, dass sie eine schreckliche Tat begangen hatten und den Zorn der Menge wie auch die polizeiliche Verfolgung fürchteten, waren mittlerweile geflohen.

Auf Ayfandis' Wunsch hin wurden Thanos und Ephrosyne zusammen beigesetzt, am Ufer des Alpheios im Schatten eines kleinen Wäldchens. Und obwohl das Grab nicht in unmittelbarer Nähe des schuldig gewordenen Dorfes lag, nahmen alle Bauern von Trivae unter Jammern und Klagen an der Beerdigung teil. Geschmückt wurde das Grab von einer Platte, die von einer antiken Stätte übrig geblieben war und auf die Papa-Vlassis mit Kohle die Namen ,Thanos' und ,Ephrosyne' schrieb. Obwohl die Buchstaben sofort verwischt waren, blieben die beiden Liebenden in lebendiger Erinnerung der Bauern, die fortan von den Leiden des Thanos und der Ephrosyne als

Beispiel ihres eigenen Unglücks erzählten. Bis heute behaupten sie, dass zuweilen, bevor die ersten Strahlen der Sonne die Schatten der Nacht verjagen und allein das Fließen des Flusses die Stille durchbricht, unter den Bäumen eine feine Stimme zu vernehmen ist, die „Hosianna" singt.

Der Besucher in Trivae kann die Bauern bitten, ihn zum Grabmal des Thanos und der Ephrosyne zu führen, wo es ganz so ist, wie *Sappho* schreibt: „Kühles Wasser planscht unter den Zweigen des Apfelbaums". Wenn er dann die Erzählung der Bauern von dem unglücklichen Ende des Thanos und der Ephrosyne hört und sich in den Schatten der Bäume an ihrem Grab niederlässt, das von den Wassern des Alpheios umspült wird, zitiert er vielleicht die Worte des Dichters Vergil: „*Verstreut Lilien mit vollen Händen*".

Anmerkungen

(alphabetisch, im Text kursiv gedruckt)

Alpheios: Fluss in Elis auf der Peloponnes, an dem Olympia liegt.

Amphitryon: Gatte der Alkmene; während er sich auf einem Feldzug befindet, nähert sich Zeus Alkmene in der Gestalt ihres Mannes.

Andros: nördlichste Kykladeninsel.

Apollonios: aus Alexandria (2. Jh. v.Chr.), der eine wissenschaftliche Grammatik begründete; trug den Beinamen „der Schwierige".

Archimedes: bedeutender antiker Mathematiker und Ingenieur aus Syrakus (ca. 280-212 v.Chr.).

Aristophanes: athenischer Komödiendichter (ca. 445-385 v.Chr.); von seinen 44 Komödien sind noch elf erhalten, u.a. „Plutos" („Der Reichtum").

Aristippos: griechischer Philosoph aus Kyrene in Nordafrika (ca. 435-355 v.Chr.), Begründer des Hedonismus und Vorläufer des Epikureismus.

Armatolen: christliche griechische Freischärler, die zunächst von den Türken als eine Art Feldgendarmerie zur Bewachung wichtiger Stellen wie Bergpässe und Brücken in schwer zugänglichen Gegenden, wie z.B. in den Bergen Thessaliens, gegen Räuber und Wegelagerer eingesetzt wurden. Der jeweilige Anführer, häufig ein ehemaliger Klefte (s.d.), wurde als Kapetanios (s.d.) bezeichnet. Im Laufe der Zeit verschwand der Unterschied zwischen Armatolen und Kleften, und beide wandten sich zunehmend gegen die

Herrschaft der Türken, um schließlich den Kern der griechischen Freiheitskämpfer zu bilden.

Armenopoulos: byzantinischer Rechtsgelehrter des 14. Jhs. aus Thessaloniki; Herausgeber der „Hexabiblos", eines Gesetzbuches, das im Osmanischen Reich, vor allem im Balkanbereich, und noch zu Beginn des neuen griechischen Staates vorübergehend als Grundlage der zivilen Rechtsprechung benutzt wurde.

Astydamas: athenischer Tragödiendichter des 4. Jh. v.Chr., der sich in einer selbstverfassten, sprichwörtlich gewordenen Inschrift auf der Basis seiner Büste im Dionysos-Theater seiner vielen Siege bei Tragödienaufführungen rühmte.

Augias: sagenhafter König von Elis, dessen Ställe Herakles ausmisten musste.

Beatrice in der Oper: gemeint wohl die Hauptperson der Oper „Beatrice di Tenda" von Vincenzo Bellini.

Boibe-See: heute auch „Karla-See" in Thessalien; in den 60er-Jahren des 20. Jhs. aus landwirtschaftlichen Gründen trocken gelegt; seit längerem gibt es Bestrebungen, ihn zu renaturieren.

Boulouki: türk. Bölük („Kompanie").

Chalkis: Hauptort der Insel Euböa.

Cherub: Plural Cherubim; Engel, die das Paradies bewachen.

Chremylos: eine der Personen im „Plutos" (s. „Aristophanes").

Cupido: (lat.) antiker Liebesgott; (griech.) Eros; oft mit Bogen und Pfeilen dargestellt.

Cymbal: Saiteninstrument.

Das sagt Brutus…: William Shakespeare, Julius Caesar III,1.

Der Herr hat dies vor den Verständigen und Weisen verborgen und es vor den Kindern enthüllt: Matth. 11,25.

der kampanische Bakchos: Anspielung auf den Weinanbau (Bakchos oder lat. Bacchus: Dionysos, Gott des Weins) in Kampanien.

der mit Verstand aus einer tiefen Furche Nutzen zieht, aus der verständige Pläne hervorsprieße: Aischylos, Sieben gegen Theben 594-595.

Derven Aga: militärischer Rang eines Beamten im Osmanischen Reich, der vor allem für die Sicherheit der öffentlichen Straßen und Bergpässe verantwortlich war.

der verfluchte Hunger nach Gold: Vergil, Aeneis III, 56-59.

deus ex machina: lat. „Gott aus der Maschine"; im altgriechischen Drama der durch eine Maschine herabgelassene Gott, der die Verwicklungen löste.

Domokos: Ort im südlichen Thessalien.

Dramessi, Dilessi, Aghii Apostoli: Ortschaften an der Küste zwischen Böotien und Nordostattika.

der Herr weiß es, der die Herzen erforscht und die Nieren prüft: Jeremias 17,10.

ein Redner von Worten und ein Täter von Taten: Ilias IX, 443.

(ein) unterschiedlich Maß ist dem Herrn ein Gräuel: Sprüche Salomos 11,1; 20,10.

Elpinike: Tochter des Miltiades, des athenischen Siegers bei Marathon über die Perser (490 v.Chr.), die für ihre Schönheit bekannt war.

entweder Caesar oder nichts: sprichwörtlich für: „entweder alles oder nichts".

Ephor: staatlicher Kontrollbeamter.

Eratosthenes: einer der 30 Oligarchen („30 Tyrannen"), die nach Spartas Sieg im Peloponnesischen Krieg für kurze Zeit in Athen eingesetzt wurden.

Erebos: in Hesiods „Theogonie" die Finsternis, zu Beginn der Welt aus dem Chaos entstanden; in Homers „Ilias" auch als Bezeichnung der Unterwelt verwendet.

Erste Nationalversammlung: nach der Unabhängigkeitserklärung auf der Ersten Nationalversammlung 1822 in Epidauros fanden noch vier weitere in Astros, Troizen, Argos und Nauplion (alle auf der Peloponnes) vor der Einsetzung Ottos I. als König statt.

Fallmerayer: Jakob Philipp (1790-1861); Geschichtsforscher, der die These vertrat, dass es sich bei den Neugriechen um Nachkommen slawisch-albanischer Einwanderer handele.

Fénelon: Francois de Salignac de la Mothe (1651-1715); Verfasser des Romans „Les aventures de Télémaque" über das Idealbild einer weisen Monarchie.

Fichtenbeuger: der auf dem Isthmos von Korinth wegelagernde Riese Sinis, der Reisende zwischen zwei niedergebogene Fichten band, die diese beim Emporschnellen zerrissen; von Theseus getötet.

Frantzis: Ort südwestlich von Lamia.

Fustanella: traditioneller kurzer Männerrock der Albaner und Griechen; noch heute von der Evzonengarde vor dem Parlamentsgebäude in Athen getragen.

George Sand: Pseudonym der französischen Schriftstellerin Amandine-Aurore-Lucie Baronne de Dudevant (1804-1876); in ihren teilweise recht freizügigen Romanen wendet sie sich gegen bürgerliche Moralbegriffe und tritt für das Selbstbestimmungsrecht der Frau ein.

Griechische Schule: alte Bezeichnung für die Klassen zwischen der ursprünglich nur dreijährigen Grundschule („Demotiko Scholeio") und dem Gymnasium ab Klasse 7, in denen der Altgriechischunterricht begann.

Grossia: türk. Münzen.

Harmonia: Tochter des Ares und der Aphrodite; zu ihrer Hochzeit schenkten ihr die Götter ein von Hephaistos gefertigtes Halsband, das später allen, die es besaßen, Unglück brachte.

Hephaistos: Gott des Feuers und der Schmiedekunst.

Hermesstraße (gr. Ermou): Hauptgeschäftsstraße zwischen dem Syntagma- und Monastiraki-Platz in Athen..

Hesiod: Dichter (um 700 v.Chr.) aus Askra in Böotien; Verfasser der „Theogonie" und der „Werke und Tage", in denen er die Vorstellung von den fünf Zeitaltern entwickelt („Goldenes", „Silbernes", Bronzenes", „Heroen"- und „Eisernes").

Hippokleides: Zitat aus Herodot (s.d.) VI,129.

Hogarth: William Hogarth (1697-1764), englischer Maler, v.a. von Szenen aus dem gesellschaftlichen Leben.

Hundertäugiger Argos: Riese, der auf Befehl der Hera Io, Geliebte des Zeus, bewachte.

Hund in der Krippe: sprichwörtlich (bei Aesop und im Thomasevangelium) für jemand, der mit seinem Glück nichts anfangen kann, aber auch andere nicht daran teilhaben lässt.

Hydra: Wasserschlange, die bei Lerna in der Argolis auf der Peloponnes hauste und von Herakles bezwungen wurde.

Hypate: Ort mit Heilquellen am Oita (s.d.) westlich von Lamia (s.d.).

Ich habe dich gerettet, wie alle Griechen wissen: Euripides, Medea V. 476.

Imam: (arab.-türk.) Vorbeter in einer Moschee.

Jerusalem hat gesündigt, und es ist von Erschütterung heimgesucht worden!: Klagelieder Jeremiae 1,8.

Kaimakam (auch Kaymakam): (von arab. qaim maqam „Stellvertreter"); militärischer („stellvertender Gouverneur") oder ziviler(„Landrat") Verwalter eines Regierungsbezirks im Osmanischen Reich.

Kapetanios, Kapetan-: Bezeichnung für einen Armatolen- (s.d.) oder Kleftenführer; die Kurzform „Kapetan-" als fester Namensbestandteil.

Kapotas: „Mantelmacher"; nach kapota, einem vor allem von Hirten getragener Umhang.

Karamania: alter Name für ein Gebiet, das das antike Phrygien und Kappadokien umfasste, heute um die Stadt Konya in der Türkei; es war berühmt wegen der Schafe mit breiten Schwänzen.

Karitsa: Küstenort am Thermaischen Golf am Nordostabhang des Ossa (s.d.).

Katalanen: katalanische Söldner (die so genannte „Katalanische Kompanie") schlugen 1311 in Böotien das Heer des in Athen herrschenden fränkischen Herzogs Walter von Brienne.

kef: (türk. keyif) „gute Laune, Vergnügen".

kimmerisch: bei Homer leben die Kimmerier am Eingang zur
Unterwelt, wo immer Dunkelheit herrscht.

Kissavos: andere Bezeichnung für Ossa (s.d.).

Kleften: zunächst Griechen, die sich der türkischen Herrschaft
zu entziehen versuchten und v.a. in bergigen, schwer zugänglichen Gegenden ein freies Leben führten und nicht nur türkische, sondern auch griechische Kaufleute überfielen und
ausraubten. Da die Türken nicht in der Lage waren, ihrer
Herr zu werden, übertrugen sie ihnen im Laufe der Zeit ähnlich wie den Armatolen (s.d.) eine Schutzfunktion für bestimmte Gegenden. Die unterdrückte griechische Bevölkerung sah in ihnen immer mehr ihre Beschützer, die sich im
Freiheitskampf entscheidend engagierten, sodass es allmählich zu ihrer Heroisierung kam.

Kleftenlieder: Lieder, die Taten und häufig auch den Tod von
Kleften rühmend besangen.

Klopft an, so wird euch aufgetan: Matthäus 7,7.

König: Otto I., Sohn König Ludwigs I. von Bayern.

Kokoretsi: gegrillte Schafsdärme, die mit Innereien (Herz, Leber,
Milz, Lungen) gefüllt sind.

Kolakretes: Amtsbezeichnung für einen hohen Finanzbeamten
im antiken Athen.

Kolchis: Gebiet am Schwarzen Meer; der griechischen Sage nach
Heimat der Medea, wo sich das „Goldene Vlies" befand, das
von den Argonauten geraubt wurde.

Kotzabassis: jährlich von den Einwohnern eines Ortes gewählte
Vertreter, die dafür zu sorgen hatten, dass die von den Türken
auferlegten Steuern und Abgaben verteilt und eingezogen
wurden; im Lauf der Zeit entwickelten sie sich zu einer Art
Oberschicht, die sich von der ärmeren Bauern abhob.

Koufeta, Sing Koufeto: (von it. „confetto), mit Zuckerguss über-
zogene Mandeln, die in eine „bouboniera", einem Säckchen,
gefüllt werden und in Griechenland allen Gästen anlässlich
einer orthodoxen Trauung überreicht werden.

Koulouri: mit Sesam bestreute Brezel.

Kyra: auch Kera-; Kurzform für „Kyria" (griech. „Frau").

Lambros Photiadis, Neophytos Doukas: griechische Gelehrte und Verfechter des offiziellen Gebrauchs der sich am Altgriechischen orientierenden Katharevousa („Reinsprache") im neuen griechischen Staat.

Lamia: Hauptstadt der Landschaft Phthiotis (s.d.) in Mittelgriechenland.

Larissa: Stadt in Thessalien.

Lepta: Plural von „Lepto"; Untereinheit einer Drachme, neuerdings auch eines (griechischen) Euro.

Lykourgos: sagenhafter spartanischer Gesetzgeber.

Maliakischer Golf: Ägäis-Bucht östlich von Lamia (s.d.).

Marsyas: mythologischer Flötenspieler, der Apoll zum Wettkampf herausforderte, aber von diesem besiegt und enthäutet wurde.

Mastix: Harz einer bestimmten Pistazien-Baumart; u.a. zum Kauen benutzt.

Meder: Bewohner eines seit dem 7. Jh.v.Chr. bedeutenden Staates („Medien") im NW-Iran, der um 550 v.Chr. von Kyros dem persischen Reich einverleibt wurde.

Medusa: eine der drei Gorgonen. Perseus schlug ihr das Haupt ab; für ihre Hilfe schenkte er es Athene, die es später auf ihrem Brustpanzer trug.

Meton-Jahr: ein von dem athenischen Astronomen Meton (5. Jh. v.Chr.) entwickelter Zyklus von 19 Jahren.

Nichts zu viel: griech. „medén ágan"; Inschrift auf dem Apollo-Tempel in Delphi.

Niko-Tsaras: Armatole (s.d.) aus Alassona bei Larissa; später berühmter Klefte (s.d.).

Nomarch: oberster Beamter eines Regierungsbezirks (Nomos) in Griechenland.

Nomarchie: Verwaltungsbehörde eines „Nomos" (s. Nomarch).

Obolos: altgriechische Münze, Untereinheit einer Drachme.

Obwohl er Molke trinkt, hat er doch kräftige Beine: Odyssee XVII, 225.

Oite: Gebirgszug in Mittelgriechenland.

Oka: altes türkisches Flüssigkeitsmaß (ca. 1 ¼ l).

Oreoi: Ort im Norden Euböas.

Orientalische Frage: Diskussion der europäischen Großmächte seit Beginn des 19. Jhs. über die Fragen, die mit dem Niedergang des Osmanischen Reiches im Verhältnis zu seinen Nachbarn und zu seinen christlichen Untertanen entstanden waren.

Oropos: Ort in der Nähe des Amphiareion in Nordostattika, eines berühmten antiken Orakelheiligtums und Heilbades.

Ossa: Gebirgszug in Thessalien.

Othrys: Gebirgszug in Thessalien.

Pagasaischer Golf: Meer zwischen Ostthessalien und dem Piliongebirge.

Paktolos: antiker Name eines Flusses in der Südtürkei, in dessen Fluten der sagenhafte König Midas von seiner unheilvollen Gabe befreit wurde, dass alles zu Gold wurde, was er berührte, und in dem später Goldkörner gefunden wurden.

Palikare/Protopalikare: Bezeichnung für den Idealtypus des tapferen jungen griechischen Freiheitskämpfers. Der Protopalikare (griech. „erster Palikare") stand dem Kleftenanführer zur Seite.

Panaghia : griech. „Allheilige"; Name der Gottesmutter in der Orthodoxen Kirche.

Paris: Sohn des trojanischen Königs Priamos; nachdem er sich für Aphrodite als die Schönste entschieden hat, darf er als Belohnung Helena, die Gattin des Spartanerkönigs Menelaos, entführen.

Patriarchat: Sitz des orthodoxen Patriarchen in Konstantinopel.

Pelops: von seinem Vater Tantalos getötet, der prüfen wollte, ob die Götter allwissend seien, und diesen zum Essen vorgesetzt; allerdings bemerkten sie bis auf die Göttin Demeter den Frevel, die aus Kummer um ihre verschwundene Tochter ein Stück von der Schulter aß.

Penia: eigentlich „die Armut"; im „Plutos" (s. „Aristophanes") personifiziert.

Perikles: bedeutendster athenischer Staatsmann (ca. 500-429 v.Chr.).

Pharsala: Ort in Thessalien, an dem 48 v.Chr. die Entscheidungsschlacht zwischen Caesar und Pompeius stattfand.

Phthiotis: Landschaft im südöstlichen Thessalien.

Pindar: griechischer Lyriker (ca. 520-445 v.Chr.); dichtete vor allem Hymnen auf die Sieger in den großen Wettkämpfen in Olympia, Delphi und Korinth.

Pindos: Gebirge, das die griechischen Landschaften Epirus und Thessalien voneinander trennt.

Platamon: heute „Platamonas"; Küstenort am Thermaischen Golf.

Podagra: Gicht.

Poppo: Deutscher Altphilologe (1794-1866), Herausgeber und Kommentator des Geschichtswerkes des Thukydides (s.d.).

Portaria (24 Dörfer): eines der für ihre landschaftliche Schönheit und ihres Reichtums während der osmanischen Zeit bekannten 24 Dörfer im Piliongebirge; liegt auf der zu Thessalien gehörenden Halbinsel Magnesia.

Präsident: gemeint ist Ioannis Kapodistrias (1776-1831), der von der Nationalversammlung 1828 in Nauplion als erstes Staatsoberhaupt des neuen griechischen Staates gewählt wurde, jedoch wegen seiner Bemühungen um eine neue Ordnung in Konflikt mit den mächtigen Clanführern, vor allem denen der Peloponnes, geriet und in Nauplion ermordet wurde.

Praxiteles: bedeutendster Bildhauer der Spätklassik (4. Jh. v.Chr.).

Prokrustes: wie der „Fichtenbeuger" (s.d.) ein Unhold, der Wanderern ein Bett anbot und sie dafür durch Kürzen oder Strecken („Prokrustesbett") passend machte; von Theseus getötet.

Psomathia: ein hauptsächlich von Griechen bewohntes Stadtviertel von Konstantinopel.

Pythia: Priesterin des Gottes Apollo in Delphi, die die Orakelsprüche verkündete.

Raja(s): türk. eigentlich (behütete) „Herde" (des Sultans); Bezeichnung für die nichtmuslimischen Untertanen; oft Pachtbauern der türkischen Grundherren.

Regentschaft: gemeint ist das aus Graf von Armansperg, Professor von Maurer und Generalmajor von Heideck bestehende bayerische Triumvirat, das nach der Ankunft Prinz Ottos 1833 in Griechenland bis zu dessen Volljährigkeit 1835 die Regierungsgeschäfte führte.

Retsina: geharzter Wein.

rosenfingrige Eos: seit Homer Name der Göttin der Morgenröte.

Sappho: Dichterin aus Lesbos (um 600 v.Chr.).

Sapragoras: ironische Verkehrung der auf Plutarch zurückgehenden Bemerkung „Was hat Sapragoras eine Mitgift nötig?" für einen reichen Mann, der eine Frau mit guten Manieren einer Frau mit einer reichen Mitgift vorzieht.

Schicksal des Esels: Anspielung auf die auf Äsop zurückgehende Fabel vom Löwen, Esel und Fuchs.

Schild drängte den Schild, Helm den Helm und Mann den Mann: Ilias XVI, 215.

Schwarze Suppe: auch „Blutsuppe"; ein Hauptgericht der spartanischen Vollbürger.

Sei klug und denke daran, deine Zweifel zu haben, das ist die Grundlage der Logik: Zitat aus einem der Komödienfragmente des Dichters Epicharm aus Syrakus (ca. 550-460 v.Chr.).

Sely(m)bria: heute türk. Siliwri/; von Megara gegründete griechische Stadt in Thrakien an der Nordküste des Marmarameeres.

Skiathos: Insel der Nördlichen Sporaden (s.d.).

Skiron: Unhold der griechischen Sage, der an einer Engstelle zwischen Megara und Korinth Reisende von einem steilen Fels einer riesigen Schildkröte im Meer zum Fraß vorwarf; später von Theseus getötet.

Skopelos: Insel der Nördlichen Sporaden (s.d.).

Skythen: Volksstämme an den Küsten des Schwarzen Meeres.

Sonne, stehe still zu Gibeon, und Mond, im Tal Ajalon: Josua 10,12.

Spahis: auch „Sihapis", Sing. „Spahi"; ursprünglich christliche,
im Laufe der Zeit islamisierte Angehörige des türkischen
Heeres, die zu Pferd Kriegsdienst leisteten und vom Sultan
mit Landbesitz belehnt wurden.

Spercheios: Fluß in Thessalien, der in den Maliakischen Golf
(s.d.) mündet.

Sporaden: gemeint sind die Nördlichen Sporaden.

Stentorstimme: nach Stentor, einem Griechen vor Troja, der so
laut wie fünfzig Männer rufen konnte (Ilias, V 785-786).

Stremma: Plural „Stremmata"; Flächenmaß (= 1000 qm).

Stylis: Hafenort östlich von Lamia (s.d.) am Maliakischen Golf
(s.d.).

Styx: Unterweltsfluss, bei dem die Götter ihren heiligsten Eid
schwören mussten.

Syros: Kykladeninsel.

Tartaros: die Unterwelt.

Tempe-Tal: vom Peneios-Fluss in Nordost-Thessalien zwischen
Ossa (s.d.) und Olymp gebildetes, ca. acht km langes Durch-
bruchtal.

Teutonia: Anspielung auf den aus Deutschland stammenden
König.

Themistokles: athenischer Feldherr (Sieg über die persische
Flotte bei Salamis 480 v.Chr.) und Staatsmann (ca. 525-560
v.Chr.); später durch das Scherbengericht aus Athen verbannt.

Theokrit: griechischer Dichter aus Syrakus (ca. 300-260 v.Chr.);
mit den „Bukolika" begründet er die bukolische Dichtung
(„Schäferdichtung).

Theophilos: Komödiendichter (2. Hälfte des 4. Jh. v.Chr.).

Thukydides: Bedeutender griechischer Historiker der 2. Hälfte
des 5. Jhs. v.Chr.

Tinos: Kykladeninsel; berühmtester Wallfahrtsort Griechenlands
(Hauptfeiertag 15. August).

Titaressios: Fluss, der am Olymp entspringt und sich mit dem
Peneios-Fluss vereinigt.

Tithonos: der schöne Sohn des trojanischen Königs Laomedon, den Eos (s.d.) so sehr liebte, dass ihm Zeus auf deren Bitten Unsterblichkeit verlieh. Da sie jedoch vergessen hatte, auch um ewige Jugend für Tithonos zu bitten, wurde er wie jeder Sterbliche zum Greis und schließlich von Eos in eine Zikade verwandelt.

Trophonios: mythischer Baumeister vieler berühmter Tempel, der seinen Bruder tötete und danach in einer Erdspalte verschwand.

tsaprasia: türk. capras „schräg, quer".

Typhon: riesiges Ungeheuer mit hundert Schlangenköpfen.

tzirit: türk. cirit; während der Türkenherrschaft beliebter Scheinkampf von Reitern, die mit Stöcken bewaffnet waren.

Ukalegon: In den antiken Dichtungen des Homer und Virgil ein hochgeehrtes Mitglied des Ältestenrates von Troja. Sein Name steht für einen „Nachbarn, dessen Haus brennt".

Väter sollen nicht für ihre Kinder sterben: 5. Buch Moses 24,16.

Vater der Geschichte: Beiname des Historikers Herodot (ca. 490-420 v.Chr.).

Vergil: römischer Dichter (70-19 v.Chr.).

Verstreut Lilien mit vollen Händen: Aeneis VI 883.

Versuchsgut in Tiryns: von Kapodistrias eingerichtet.

Volos: Hafenstadt in Thessalien.

von einer Eiche und einem Fels: Homer, Odyssee XVI, 163.

Wanderer, kommst du nach Sparta: Inschrift auf dem Denkmal für die unter Führung des Leonidas in den Thermopylen gefallenen Spartaner.

Was wir gefangen haben, haben wir zurückgelassen; was wir nicht gefangen haben, haben wir bei uns: In der dem Historiker Herodot zugeschriebenen, aber wohl erst im 2. Jh. n.Chr. entstandenen Biographie Homers (V. 499) stellen Fischerjungen an einem Strand Homer dieses Rätsel, das er nicht lösen kann (Lösung: „Läuse").

wie Öl der Titaressios mündet: Homer, Ilias B 754.

Wlachen: wie Karagounen Hirtennomaden, die sich ursprünglich von dem heutigen Rumänien aus innerhalb der Grenzen des Osmanischen Reiches frei in den Südbalkan ausbreiteten und von da aus auch in die Gebirge Nord- und Mittelgriechenlands einwanderten, von denen sie oft bis in die Ebenen, u.a. in die von Thessalien, zogen.

Xenophon: altgriechischer Schriftsteller und Historiker (ca. 430-350 v.Chr.); bei dem „Oikonomikos" handelt es sich um einen Dialog über Hausverwaltung.

Zehn Redner: Kanon von zehn attischen Rednern des 5. und 4. Jh. v.Chr., der in hellenistischer Zeit zusammengestellt wurde und zu dem u.a. Demosthenes und Isokrates gehören.

ALEXANDROS PAPADIAMANTIS

Der Kirchenscheue

Eine Erzählung aus Skiathos

ÜBERSETZUNG VON
PROF. DR LUDWIG BÜRCHNER

**Mit einem Nachwort von Thomas Plaul
über „Griechen in Görlitz"**

ZWEISPRACHIGE AUSGABE

Vor 30 Jahren, auf der verträumten Insel Skiathos, ver-
liebte sich Kolias in Molota. Ihre Liebe wurde mit einem
einzigen Kuss besiegelt. Dann wurde Molota gezwungen,
einen anderen zu heiraten, und Kolias zog sich als Ein-
siedler in die Berge zurück. Dennoch brachte das Schicksal die beiden wieder zusammen...

**Alexandros Papadiamantis ist ein erstrangiger Vertreter der
neugriechischen Literatur. Er reiht die Grundelemente der
griechischen Identität aneinander, stellt gleichsam die ver-
lorene Verbindung her zwischen der byzantinischen Tradition und dem heutigen Griechenland, beschreibt einfühlsam
die lokalen Volkssitten und wirft einen nachdenklichen, klugen Blick auf die griechische Seele.**

*... seine Erzählungen lesen heißt das Bewusstsein der Ahnen und
der Gegenwart zugleich verspüren – tröstend, aber auch zer-
brechlich –, eine Art Renaissance, die zögernd hervortritt, ganz
wie bei der Lektüre von Melville oder Poe.*

— The Guardian

www.aiora.gr

GEORGIOS VIZYINOS
Die einzige Reise
seines Lebens
ÜBERSETZUNG VON
DIETER MOTZKUS

Mit einer Einführung von Thomas Plaul

ZWEISPRACHIGE AUSGABE

Der junge Schneiderlehrling Jorgos wird aus Konstantinopel in sein Heimatstädtchen gerufen, weil sein Großvater
im Sterben liegen soll. Doch als Jorgos zu Hause eintrifft,
findet er den Großvater höchst lebendig auf einer felsigen
Anhöhe hinter dem Dorf sitzend vor. Die beiden beginnen
ein Gespräch über die vielen Reisen des Großvaters, das
für Jorgos mehrere Überraschungen bereithält.

**Georgios Vizyinos wurde 1849 in dem ostthrakischen Dorf
Vize geboren, das zum Osmanischen Reich gehörte. Er ging
nach Konstantinopel, um den Schneiderberuf zu erlernen.
Vizyinos studierte in Halki Theologie, dann in Athen sowie
in Göttingen, Berlin und Leipzig Philosophie, Philologie,
Psychologie und Pädagogik. Von 1892 an verbrachte Vizyinos die Jahre bis zu seinem Tod 1896 in einer psychiatri-
schen Klinik in der Nähe von Athen. Georgios Vizyinos gilt
als einer der beliebtesten griechischen Erzähler und Lyriker.**

www.aiora.gr